— 개정증보판 —

삶과 철학 이야기

변순용 지음

— 개정증보판 —

삶과 철학 이야기

변순용 지음

어문학사

— 목차 —

개정증보판 서문
정답은 없어도 나의 답은 있어야 한다

내가 매년 대학의 신입생들에게 제일 처음 건네는 말은 "당신은 바로 당신의 삶의 철학자이고, 철학자여야 한다"이다. 이와 더불어 철학은 저 먼 산꼭대기나 깊은 바닷속에 있는 것이 아니라 바로 자신의 삶에 있음을 상기시키고자 한다. 자기 삶에 대해 고민하는 그 순간이 바로 철학자가 되어 의미를 찾고 만들어 나가는 순간인 것이다. 유식해지기 위해서, 지식의 허영을 위해 철학책을 펼치는 것이 아니라, 내가 살아가고 있는 삶의 의미와 방향을 찾아보기 위해서 다른 사람들이 자신의 삶에 방향성에 대해 고민했던 것들을 참조하기 위해 철학책을 손에 들어야만 하는 것이다.

플라톤이나 공자의 책에서 내 삶의 의미와 방향성을 찾는 것이 가능하기나 할까라는 의심이 들 수도 있다. 이해하기도 어려운 내용을 이해해 본들 그것이 내 삶에 어떤 영양가가 있을까 하는 회의가 들기도 할 것이다. 인생이 수학 공식처럼 풀릴 수 있는 어려운 문제이면 좋을 것 같기도 하다. 열심히 수학 공식을 가지고 풀면 풀어질 수 있을 거라는 기대를 할 수 있으니 말이다. 그런데 우리의 삶에서 삶의 물음에 대한 정답은 과연 있을까?

아리스토텔레스가 삶의 기술을 다루는 윤리학의 성격에 대해 말하면서 윤리학에서 수학이나 기하학과 같은 엄밀성을 따지지 말아야 한다고 말한다. 윤리학은 대강의 것을 다루는 학문이라는 것이다. 삶의 물음에 대하여 어찌 보면 정답이 없는 것이 아니라 정답은 하나이면서 또 여럿이 되기도 한다. 마치 우리 모두의 목표가 행복이면서도 우리 각자가 느끼는 행복의 내용이나 방법이 다 다른 것처럼 말이다.

삶에 있어서 정답은 없다. 아니, 아주 많이 있다. 그 많은 답 중에서 나의 답이 무엇인지 찾아야 하고, 그게 왜 나의 답이어야 하는지 생각해보고 나의 답이 아닌 다른 답과 비교도 해보고 따져보기도 해야 한다.

책이 나오고 나서 강의에 사용하다 보니 여기저기 오타도 보이고, 수정의 여지도 있어보여서 2판을 내기로 결심하였다. 내용을 부분적으로 보완하기도 했고, 새로운 장을 덧붙였다. 이 책의 출판을 가능하게 해주신 모든 분들께 심심한 감사의 말을 전하면서 서문을 맺고자 한다.

2021년 유난히 무더운 여름 사향골에서

변순용

서문

삶의 볼륨에 대하여...

처음에 가볍게 쓰려고 했다. 그런데 도중에 점차 무거워지는 부분도 생기면서, 결코 가볍지는 않은 책이 되어 고민이 되었다. 내가 살아오면서 간간이 생각나서 적었던 글들과 여기저기 기고 했던 글들을 모아보면서 누군가와 이야기하고 싶다는 생각이 들었고, 바로 이 생각의 결실이 지금 이렇게 나오게 되었다.

이 책에 실린 글들의 내용상의 순서는 없고, 단지 이 글들의 흐름을 통해 그동안 내가 무엇을 생각하면서 살아왔는지에 대한 흔적을 볼 수 있었다. 흔적은 그 흔적을 낸 주체의 지금 없음을 의미하면서 또 그것이 전에 있었음을 말해주는 것이고, 다시 말해서 부재를 통해 존재를 알려주는 것인데, 바로 이 흔적처럼 이 글들은 나의 사유의 흔적들을 보여준다.

존재와 사유의 상관성을 거창하게 이야기하지 않더라도, 나의 사유는 나의 삶과 분리될 수 없고, 존재의 삶으로부터 던져지는 물음들에 대한 답을 찾기 위해 고민할 수밖에 없기 때문에 사유는 존재로부터 영향을 받을 수밖에 없다. 그런데 존재를 규정하는 수많은 행위와 결정들은 또한 사유로부터 나온다. 지금 현재의 나는 지금까지 내가 살아오면서 내렸던 수많은 결정들의 총체적 결과이고, 이러한 결정에서 나의 사유는 결정적인 역할을 했음을 인정할 수밖에 없고, 존재는 사유로부터 영향을 받을 수밖에 없다.

『참을 수 없는 존재의 가벼움』이라는 소설에 나온 주인공처럼 역사적 흐름이라는 거대한 강물 위에 떠내려갈 수밖에 없는 나뭇가지와도 같은 무력함과 그 무력함에 대해서 분명하게 저항할 수 있는 사유의 위대함을 동시에 느낄 수밖에 없는 인간의 이중적인 면의 교차를 살면서 경험하게 된다.

나는 누구나 자신만의 삶의 책(Book of Life)을 가지고 있다고 생각한다. 이 책의 볼륨이 작을 수도 있고 클 수도 있다. 볼륨이 크다고 해서 반드시 좋은 책이라고 할 수 없듯이 작다고 해서 좋지 않은 책이라고 할 수 없다. 그럼에도 불구하고 자기의 삶의 책의 볼륨을 어떻게 정하고, 어떻게 채워나가는지는 매우 중요한 일이다. 나의 책, 나의 삶의 책을 채워나가면서 삶의 의미들을 나의 의미로 만드는 작업을 하는 게 삶인 것이다.
　이 책에 실린 글들의 부분적인 출처는 아래와 같다.

1장: 변순용, "철학, 철학학 그리고 철학함", 철학과 현실 67호, 2005, pp.
98~104.

2장: 변순용, 책임의 윤리학, 철학과현실사, 2007, pp. 21~27.

6장: 변순용, 삶의 실천윤리적 물음들, 울력, 2014, pp. 40~60.

8장: 변순용, 삶의 실천윤리적 물음들, 울력, 2014, pp. 333~346.

10장: 변순용(2017), "2016년 촛불시위에 나타난 시민의식에 대한 연구",
윤리연구 117권, pp. 71~88.

11장: 변순용(2016), "볼노프의 공간론 연구", 윤리연구 106권, pp.
203~219.

12장: 변순용(2018), "인성 교육의 철학적 방법에 대한 연구", 초등도덕교육
62권, pp. 123~141.

13장: 변순용(2002), "휴머니즘, 타자와 나", 철학연구, 59집, pp. 215~230.

14장: 변순용(2000), "타자의 윤리학", 윤리연구 45호, pp. 47~66.

16장: 월간로봇 2015년 7월호, 8월호, 9월호, 10월호, 11월호.

끝으로 이 책의 출판을 위해 노력해 주신 어문학사 윤석전 사장님과 편집자님들께도 깊은 감사의 말을 전합니다.

2019년 사향골에서

변순용

1장
철학과 철학학?

1.

한국의 대학에서 매 학기 철학과 관련된 교양과목의 강의를 시작하면서 늘 학생들에게 묻는 물음이 있다. 논리학은 논리를 연구한다. 경제학이나 정치학 역시 경제나 정치 현상을 그 연구 대상으로 삼는다. 그렇다면 철학은 '철'을 연구 대상으로 삼는가? 그래서 철학을 공부하면 '철'이 드는가? 이 정도까지 말하게 되면 학생들 입에서 약간의 웃음과 의아함의 표정이 나타난다. '철학'은 일본인의 번역어이다. 때로는 철학이란 번역 자체가 문제가 되기도 한다. 여기서 굳이 학문 용어의 식민지성에 관하여 말하고 싶은 생각은 없다. 마치 음악에 대한 이론적 접근을 하는 것을 음악학이라고 부른다면 아마도 정치학, 경제학 등과 같은 등위의 용어로서는 철학이라는 용어보다는 철학학이라는 용어가 더 적확한 표현일지도 모른다. 예를 들어 '나는 플라톤을 전공하였다'라고 말한다면, 나는 플라톤의 철학을 학문적으로 연구하였다는 것이다. 플라톤의 철학을 공부한 사람이라면 그 사람의 전공은 플라톤 철학학이 되는 셈이다.

2.

철학과 철학학의 구분을 전제로 한다면 '철학학이 없더라도 철학은 있다'라고 말해볼 수 있다. 소크라테스나 공자를 모른다고 해서 철학을 못하는 것도 아니며, 현실의 삶을 살아가는 데 커다란 불편함을 느끼지도 못한다. 친구의 노모께서 나의 전공이 철학이라는 말을 듣자마자 내게 대뜸 태어난 손자의 사주와 관상에 대한 물음을 던지신 적이 있다. 그 분에게 철학은 인생의 사주와 관련된 그 무언가가 철학으로 여겨졌던 모양이다. 여기서 나는 '철학 내지 철학하다'에 대한 이론적인 정의들을 열거할 생각은 없지만, 적어도 그 단어가 내게 뜻하는 바를 몇 자 적어본다. '철학 내지 철학하다(Philosophie oder philosophieren)'는 그 자체로 사유 행위의 결과 내지 사유 행위 그 자체를 의미한다. 물론 모든 사유 행위가 철학이 되는 것은 아니다. 상상이나 공상 혹은 망상도 사유에 속하기는 하겠지만 철학의 범위에 들어오지는 않는다. 철학적 사유의 특징과 종류에 대해서는 이미 수많은 철학개론서에도 언급이 되어 있지만, 나는 철학적 사유의 가장 큰 특징으로 우선 논리적 사유를 들고 싶다. 논리적 사유에서의 '논리'는 넓은 의미의 논리로 사용된 것이므로 논리학에서 말하는 좁은 의미의 논리보다 포괄적인데, 여기에는 도덕의 논리, 가치의 논리, 형이상학의 논리뿐만 아니라 파스칼(B. Pascal)이 말했던 심정의 논리(ordre du coeur)까지도 포함하는 논리이다. 논리적 사유와 구분되면서도 서로 보완적인 역할을 하는 다른 축의 사유는 창조적 사유이다. 여기서 창조적 사유의 과정이 직관이나 통찰로 이해되기도 한다.

창조란 없던 것을 새로 만들어 내는 과정 내지 그 산물이다. 창조적 사유란 기존에 하지 못했던, 몰랐던 새로운 사유를 의미하며, 새로운 지평과 시각을 열어주는 열쇠이기도 하다. 새로운 밝음을 던져주며, 그 빛으로 우리는 깨달음을 얻게 된다. 물론 논리적 사유와 창조적 사유는 때로는 배타적으로 때로는 보완적으로 상호작용을 하게 된다. 이러한 조율을 통해 철학적 사유는 여러 종류의 화음을 만들어 낸다.

3.

철학과 철학학의 구분에는 두 가지 위험이 도사리고 있다. 하나는 철학한다고 하면서 철학학에만 머물게 될 위험이고, 다른 하나는 철학학 없이 철학하겠다고 주장하는 것에 놓여 있는 도그마의 위험이다. 첫 번째 위험은 철학을 전공하는 사람들에게 늘 잠재적으로 깔려 있는 불안 요인이다. 그래서 때로는 자신의 철학학에 대한 과도한 집착으로 나타나기도 한다. 지금까지 존재했던 그리고 존재하는 모든 철학자들 중 자신의 고유한 철학의 체계를 제시한 철학자가 과연 몇 퍼센트가 될 것인가? 여기서 고유한 철학의 체계 역시 역사적인 지평 안에서 정말 그에게 고유한 것이 무엇일까라는 물음을 고려해 본다면, 결국 그의 철학 체계의 고유성은 끊임없는 재해석과 재조합의 고유성이라고 생각될 수도 있다. 이러한 생각이 우회적인 자기기만 내지 자위의 토대로 작용하기도 한다. 그래서 나는 내가 쓴 글들이 정말 나의 고유한 철학인지 아니면 다른 선배 철학자들의 '철학'에 대한 논평

인지 늘 고민하게 된다. 유학시절 처음으로 박사 논문의 첫 장을 지도 교수에게 보여주었을 때 지도 교수의 첫 물음은 "도대체 자네 생각이 무엇인가"였다. 물론 사전에 이미 논문의 주제와 문제 의식에 대해서 논의가 있었기에 그 질문은 나를 당황하게 만들었다. 그 질문을 받고 나는 집에 와서 과연 무엇이 문제인지를 곰곰이 생각해보았다. 나는 나의 생각을 다른 사람의 입을 통해 말하고 있었던 것이다.

두 번째 위험은 철학학 없는 철학에 대한 고집이다. 무조건적 숭배자 못지않게 경계해야 할 대상이 바로 무조건적인 거부자이다. 자기 사유의 오류 가능성을 철저히 배제해 버리는 경우들을 종종 보게 된다. 자기에게 분명하고 자명한 것처럼 보이는 것도 시간이 흐르면서 또는 다양한 경험을 하면서 오류로 판명된 경우들이 허다하지 않는가? 객관성이 검증되기 어렵다면 철학함에는 항상 독단적이지 않으려는 자체의 노력이 더불어 있어야 한다. 다른 사람의 철학에 대해 알고 싶어하는 것도 독단적이지 않기 위한 노력에 속한다. 그러한 노력과 함께 철학학이 철학에 주는 유용성은 우리가 아무런 사전지식이 없이 어느 도시를 여행할 때 참조하게 되는 지도 내지 여행 안내자와 같은 역할의 유용성이다. 물론 지도가 없어도 여행할 수는 있다. 오히려 알려지지 않은 뒷골목에서 여행지의 참 멋과 새로운 맛을 경험해 볼 수는 있다. 그러나 이러한 우연의 행복이 쉽지는 않으며, 오히려 '볼 것'을 못 보고 돌아서야 하는 후회를 갖게 되는 경우가 더 많다. 스페인을 여행하면서 알람브라 궁전에 빡빡한 일정에도 불구하고

두 번이나 가본 적이 있다. 한 번은 보존상의 문제로 인해 하루의
관람객 수를 제한한다는 것을 알지 못한 채 그곳에 너무 늦게 도
착하여서 보지 못했고, 다른 한 번은 마침 그때가 그 도시의 축제
기간이라 입장표 자체가 동나버려서 발길을 돌려야 했던 적이 있
었다. 앞서 여행해 본 사람들의 경험을 안다면, 최소한 그들이 행
한 시행착오로부터 자유로울 수 있을지 모른다. 이것은 철학에
대한 철학학의 유용함일 뿐이지, 철학 자체가 철학학으로 대체되
어서는 안될 것이다. 자기의 철학 없이 철학학에만 빠져 있는 위
험과 철학학 없이 자기의 철학에만 빠져있는 위험은 늘 철학자에
게 상존해있다. 그럼에도 불구하고 나는 오늘도 내가 철학한다고
말하면서 철학학에만 머무르고 있지 않는가 하는 의심을, 그리고
오로지 나만의 고유한 철학을 한다고 내 세계 안에 고립되어 있
지 않는가 하는 의심을 하고 있음을 고백하지 않을 수 없다.

4.

혜센(J. Hessen)은 철학이 두 가지 이유에서 근본적으로 비극이
라고 말한다. "철학자는 세계를 인식하고자 한다. 그 안에는 세계
에 대한 긍정이 놓여 있다. 그러나 그것을 인식하기 위해서는 철
학자가 세계로부터 거리를 두어야 하며, 추상적인 개념들과 논
리적인 관계의 영역에 머물러야 한다. 철학자는 바로 이 영역에
서 숨쉬며 살아야 한다. … 그래서 세계에 대한 긍정으로부터 은
밀한 부정이 싹튼다. 철학자는 정신적으로 세계로부터 떨어짐으

로써만이 세계를 파악할 수 있다."[1] 그리고 두 번째 이유는 유한
자와 무한자의 관계에서 나온다. "철학적인 천재는 자기의 사유
체계를 세움으로써 무한자에 대한 자기의 해소될 수 없는 욕구
로부터 해방되고자 한다. 그래서 무한자를 자신의 정신 안에 사
로잡아서 자기의 정신적 소유로 만들고자 한다. 철학자가 무한한
것을 파악하고자, 즉 인간의 개념 안에 파악하고자 함으로써 그
는 이것이 불가능한 것임을 알게 된다. 존재의 무한한 충만을 하
나의 개념체계로 설명하고자 하는 것은 인간의 지성에게는 허용
되지 않는다. 유한자는 무한자를 파악할 수 없다.(Finitum incapax
infiniti) 무한자에 대한 의지는 유한성에 의해 실패하고 만다."[2]

그래서 철학의 비극은 철학적 인식에 내재하는 본질로부터 유
래한다. "우리가 믿어야 하는 것을 안다는 것, 그것이 바로 철학
의 끝"이라는 가이벨(Geibel)의 말을 인용하면서 그는 비극의 카
타르시스를 전하고자 한다.

결국 철학은 떠날 수밖에 없는 고향에 대한 "향수"와 채워질
수 없는 "욕망"으로 비극이 되어버린다는 얘기다. 우리가 먼 길
을 여행하게 되면 여독(旅毒)과 향수가 생긴다. 이것들은 다시 자
기 집에 돌아오면 치유된다. 여독과 향수가 치유되면 우리는 또
떠날 준비를 하게 된다. 어쩌면 우리는 늘 떠나는 존재인지도 모
른다. 여독과 향수가 괴롭다고 해서 자신의 집에만 머무르고자

---

1   J. Hessen(21950: Org.1947): Lehrbuch der Philosophie Bd. I - Wissenschaftslehre, München-Basel, pp. 37-38.

2   Hessen, 앞의 책, p. 38

할까? 그리고 여행 전의 자기 집과 여행을 다녀온 후의 집은 더 이상 같은 집이 될 수 없다. 아니, 그 집이 달라진 것이 아니라 그 집을 자기 집이라고 생각해온 내가 달라진 것일지도 모른다. 고향을 떠나는 것과 그 떠남에 대한 부정적인 효과가 향수이고 그것이 비극이라면 안 떠나면 된다. 그러나 떠난다는 것은 달리 말하면 어떤 목적지를 향해 출발하는 것이다. 떠남의 욕망이 향수의 괴로움보다 큰 것이기에 감내해야 할 산고(産苦)인 셈이다.

두 번째의 형이상학적 욕망은 품을 수 없는 것을 품고자 하는 이룰 수 없는 욕망이기에 철학은 비극적일 수밖에 없다는 것이다. 그렇다면 품을 수 없음에도 불구하고 품고 싶은 욕망의 근원은 무엇일까? 실낱같은 희망일까? 아니면 "열 번 찍어 넘어가지 않는 나무 없다"식의 욕심일까? 일상적인 삶에서 가능성이 거의 없는 희망과 무모한 욕심을 가진 사람을 어리석다고 말한다. 철학자는 안되는 일을 하려고 하는 정녕 어리석은 자일까? 아니면 과정 그 자체가 결과에 의해 보상받지 않아도 좋을 만큼의 무엇을 주는 것일까? 여기서 소크라테스가 자기 스스로를 현자(Sophon)라고 부르지 않은 이유를 반추해볼 수 있다. 적어도 그에게 철학의 열매인 절대적인 진리는 인간의 소유물이 될 수 없다. 소크라테스에게 있어서 진리는 신의 것이다. 그는 단지 지혜를 사랑한 것일 뿐이다. 소유해서 사랑하는 것도 아니며 사랑하기에 소유하는 것도 아니다. 결국 이룰 수 없는 형이상학적 욕망에 집착하지 않는다면 - 그렇다고 해서 포기하지는 않겠지만 - , 그러면서도 그것을 이뤘다고 착각하지 않는다면, 그 채워질 수 없음으로부터 자유로워질 수 있지 않을까? 이 자유에서 우리는 비극의 반전을 꾀해볼 수 있지 않을까? 철학적인 에로스는 소유하지 않으면서도 사랑하려는 것이다. 무언가를, 누군가를 사랑한다는 것은 그것으로 향하는 우리의 마음이 사랑인 것이지, 결코 그 대상 자체나 그 대상에 대한 소유가 우리의 사랑은 아닐 것이다. 집착하지 않으면서도 추구하고, 도달할 수 없음을 알면서도 성실하게 도달하고자 하는 철학자는 결과에 의해 보상받지 않아도 그 과정 자체에 만족할 수 있어야 하는 것일지도 모른다.

2장
물음을 던지는 학문으로서의 철학

1. 낯설게 보기와 놀라워하기, 그리고 거리두기

우리가 살면서 무엇에 놀라워 한 경험들이 있을 텐데, 어떤 경우일까? 물론 여기에서 말하는 놀라움은 무서움으로 생기는 놀라움은 아닐 것이다. 새로운 것에 대한 낯설음은 당연하다. 더구나 익숙해있던 것이 어떤 새로운 계기에 의해 전혀 다른 것으로 보일 때 마치 믿음에 대한 배신처럼 그 낯설음은 더 심해진다.

이 낯설음에 대해 놀라워하는 것이 바로 물음의 시작이 되기 마련이다. 그래서 플라톤은 "놀라워하는 것, 이것이야말로 철학자의 상태이기에 하는 말이네. 이것 말고 철학의 다른 시작은 없으니까."(Plato, Theaitetos, 155d)라고 말하고 있다.

어느 누구보다도 나에게 익숙한 나의 어떤 순간의 모습이 나에게 낯설게 다가올 때가 있다. 어느 날 세면대 위의 거울에 비쳐진 나의 모습에 낯설어 하면서도 나의 모습에 놀랄 때 그때 자기 스스로에게 물어보게 된다. 너는 누구인가? 다시 말해 나는 누구인가? 낯설음과 놀라움을 통해 자기를 대상화해서 스스로를 바라보게 되며, 이를 자기와의 거리두기라고 할 수 있다. 이것은 자기 스스로를 하나의 대상으로 숙고하는 것을 뜻한다. 주관을 스스로 대상화해서 볼 수 있는 능력을 통해 우리는 보편적 내지 객관적인 '사실'을 깨닫게 된다.

2. 사실과 개념, 설명과 이해의 차이

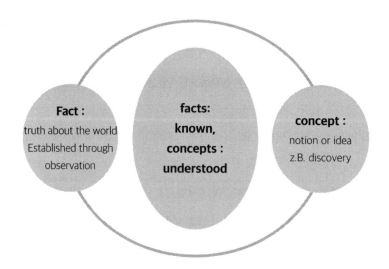

우리가 너무나 잘 알고 있는 '생명'에 대해 생각해보자. 보통은 생명이 무엇인지 물어보면 대체로 살아 있는 것이라고 대답해보지만, 이것은 사과가 무엇인가라고 물어보는 사람에게 사과는 애플이라고 답해주는 것과 똑같은 오류를 범하는 것이다. 다시 말하자면 생명이 무엇인지를 대답하는 것이 그렇게 쉬운 일이 아니라는 것에 놀라워할 수 있다. 생명을 정의하는 다양한 방식들이 있는데 특히 자연과학적 방법에 의거해서, 생리작용을 지닌 대상

을 생명체로 규정하는 생리적 정의는 생명의 본질적 특성을 보여주지 못하고, 신진대사를 생명의 가장 기본적인 특징으로 간주하는 대사적 정의 역시 상당 기간 대사작용 없이도 살아 있는 종이 있다는 점에서 생명을 온전히 설명하지 못한다. 한 개체가 자신의 닮은 개체를 만들어 내는 특성을 가진 것, 즉 생식 작용에 의해 생명을 규정하는 유전적 정의는 일벌이나 노새와 같이 예외적인 경우가 있으며, 유전적 정보를 갖고 있는 핵산 분자(예: DNA)로 생명을 규정하는 생화학적 정의 역시 스크래피 병원균은 숙주의 핵산 분자를 활용해 번식하는 예외적인 종들이 발생하므로 생명에 대한 정의로 적절하지 못하다. 생명을 자유에너지의 출입이 가능한 하나의 열린 체계로 보고 특정한 물리적 조건의 형성에 의하여 낮은 엔트로피, 즉 높은 질서를 지속적으로 유지해 나가는 특성을 지닌 존재로 규정하는 열역학적 정의가 있지만, 이 또한 높은 질서유지 기능이 있다고 해서 그것을 다 생명체라고 단언하기는 어려울 것이다. 반론의 여지가 있는 이러한 과학적 정의를 극복한다 하더라도, 이러한 정의는 예컨대 물이 H_2O라고 설명될 수는 있어도, 이러한 설명으로 우리에게 물이 주는 의미는 충분하게 설명되지 않는다. 그래서 인식의 대상이 될 수 있는 측면, 즉 생명의 외적인 물리적인 사태는 설명될 수 있지만, 인식의 대상이 될 수 없는 생명의 내적인 측면은 이해의 영역이며 형이상학적 전(前)이해를 필요로 한다. 생명이 무엇인가라는 물음에 답하기 위해서는 이러한 자연과학적 지식을 넘어서는 선험적 이해와 해석학적 결단이 요구된다. 철학에 대한 정의가, 시대 이념에 따라 규정된다고 칸트가 말한 것처럼, 생명에 대한 이해 역시 시대적인 이념에 따라 규정되고 해석되어야 한다.

사실은 관찰을 통해 알게 된 세계에 대한 진리이며, 개념은 '발견', '발명' 등과 같이 관념이나 생각이다. 사실은 알려지는 것이고, 개념은 이해되는 것이다.

3. 물음의 의미와 물음의 전이해(pre-understanding):

3.1. 물음(What is it?)의 의미: 속성과 본질에 대한 물음

('있다'의 의미)

다음의 대화를 살펴보자.

아빠와 딸의 대화에서

딸: 이건 뭐야?

아빠: 이건 연필이야.

딸: 연필은 뭐야?

아빠: 무언가를 쓰는 도구지.

딸: 무엇을 쓰는 건 다 연필이야?

아빠: 아니. 글씨를 쓰거나 그림을 그리는 필기구로서 나무로 만들어지고 그 안에 연필심이 들어가 있는 것을 연필이라고 해.

이 대화에서 세 유형의 물음과 답변이 나오고 있다. 사물의 이름, 용도 내지 속성, 필연적 속성으로 점점 심화되어가고 있음을 위의 대화에서 알 수 있다. '이것은 무엇인가'라는 물음은 다양한 수준에서 대답될 수 있다. 이처럼 인간이란 무엇인가라는 물음에 대하여 답하려면 인간의 특징들을 나열하면서 이러저러한 특징이나 속성들을 가진 생명체 내지 유기체라고 정의 내리기 쉽다. 우리는 우리가 알고자 하는 것의 속성들을 통해 그 대상을 이해하고 대상과의 적절한 관계 맺기를 할 수 있다. 그런데 대상의 속성은 우연적인 속성과 필연적인 속성으로 나눠진다. 인간의 피부색은 인간의 속성에서 필연적이지는 않을 것이다. 흑인이든 백인이든 상관없이 인간의 정의에 포함된다. 결국 대상의 필연적 속성을 통해 우리는 그 대상을 규정할 수 있으며, 이러한 필연적 속성을 본질이라고 한다. 철학의 작업은 이러한 본질을 규명하고 확인하는 작업에서 시작하고 끝난다고 하겠다.

3.2. 물음의 해석학적 순환과 의미

우리가 물음을 던지는 이유는 몰라서이다. 그런데 정말 모른다면, 묻고자 하는 것에 대해 아무것도 모른다면 물음을 던질 수 없다. 알기 때문에 물어볼 수 있는 것이다. 우리가 인간이란 무엇인가라고 물어볼 때 묻고자 하는 대상에 대해 이미 알고 있는 것이 바로 전이해(前理解)에 해당한다. 물음의 대상에 대한 무지와 전이해의 순환적 관계를 해석학적 순환이라고 한다.

물음에 대한 전이해를 통해 묻는 자가 가지고 있는 의미지평이 드러나게 되고, 물어지는 대상에 대한 새로운 의미지평이 묻는 자에게 들어와 두 의미지평이 결합되어 새로운 이해가 생겨난다.

예를 들면 내가 가지고 있는 이해의 체계, 나의 앎은 나의 삶의 경험과 역사를 통해 형성되었고, 삶의 경험으로부터 이해의 내용이 달라지기 마련이다. 그래서 동일한 텍스트를 읽는다고 해서 그 의미의 해석이 모두 같을 수 없을 것이다. 이렇게 보면 텍스트를 읽는다는 것은 새로운 텍스트를 써 내려가는 것과 같으며, 텍스트를 읽으면서 독자가 저자가 된다는 해석학의 주장이 이해될 수 있을 것이다.

그렇다면 언제 그리고 왜 물음을 던지는가에 대해 생각해보아야 한다. 아무 때나 시도 때도 없이 물음을 던진다면 지나친 호기심이나 장난 내지 반발 이상이 되지 않을 것이다. 아마 사랑이 무엇일까라는 물음을 진지하게 던질 때는 아마도 실연의 괴로움에 처해 있을 때이지 않을까 싶다. 적어도 사랑에 빠질 때에는 고민을 하지 않을 테니까 말이다. 삶의 맥락에서 무언가 중요한 것이기에 나는 물어보고 싶고 그에 대한 답을 찾아보고 싶어 한다. 따라서 내가 묻는 이유는 그 물음의 대상이 지금 나의 삶에서 매우 중요한 계기가 되기 때문이다.

4. 철학이라는 말의 등장

4.1. Philosophie의 의미[1]

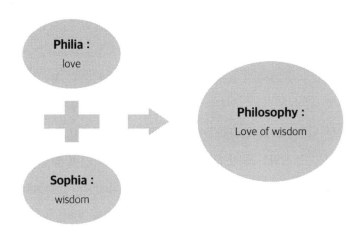

서양철학은 기원전 6세기 이오니아의 자연철학자들로부터 시작된다. 철학(φιλοσοφία)이라는 말과 개념은 플라톤의 시대에 와서야 비로소 찾아볼 수 있다. 이오니아의 철학자들은 자기들의 연구를 철학이라고 안 부르고, 역사라고 불렀다. 자신을 철학자라고 처음으로 부르고, 아마도 그 단어를 사용하였다고 기록된 최초의 사람이 바로 피타고라스(Pythagoras)이다. 기원전 5세기 초에 철학이라는 말의 동사 형태와 형용사 형태가 나타났고, 그 후 기원전 4세기경에 소크라테스학파 사람들(기원전 470~399년경) 사이

---

1   Ritter, J.(Hrsg.): Historisches Wörterbuch der Philosophie, Bd. 7, Basel/Stuttgart, pp. 572-582를 요약 정리한 것임.

에서 철학의 명사 형태가 등장한다.

philein(φιλειν)과 sophia(σοφία)로 구성된 philosophy(φιλοσοφία)라는 말은 호머(Homer) 이래로 관습적으로 사용되어 오던 philo(φιλο)라는 단어와 임의의 명사 내지 형용사와의 결합 형태를 가지고 있다. 이것은 예를 들어 마시는 즐거움(φιλοποσία), 식사(φιλοτροφία), 학습(φιλομαυία), 부, 승리, 명예 등과 같은 특정한 사물 내지 영역에 대한 만족과 관심, 사랑 내지 정열을 표현한다. 이 말은 뒤에 결합되는 말의 의미를 가지거나 함으로써 갖게 되는 즐거움이나 행복을 뜻한다. "Sophia"는 5세기경에 앎이나 인식을 의미하는데, 낮은 단계에서는 수공업이나 반복된 작업을 통해서 알게 됨, 그리고 어떤 사태에 대한 친숙함을 뜻하다가 보다 고상한 의미에서는 영리함, 판단력을 뜻하게 되고, 아마도 삶의 공적인 영역인 정치적인 영역에서는 삶의 본질적인 문제들에 대한 실천적인 고려를 뜻하게 된다.

철학의 동사 형태와 형용사 형태가 아테네의 폴리스에서 사용되기 시작하였다. 기원전 5세기 중반의 민주화로 인해 이전까지 귀족들에게만 제공되었던 특정 덕목(aretē) 함양을 목적으로 하는 교육이 공적인 관심사, 즉 폴리스 전체와 관련된 관심사가 되었다. 그래서 모든 자유로운 시민이 정치적인 덕을 교육받게 되면서 소피스트(Sophist, σοφισταί)라고 불리우는 공식적인 교사들은 보편적인 앎과 특수한 앎, 즉 지식(Sophia)을 전달하였다. 가르치고 배우거나 내지 이러한 앎에 관심있는 자로서 지적인 것을 다루는 그런 사람들이 "철학한다(philosophieren, bilden sich)"라고 말해지는 것이다.

인간이 "철학하는" 형태는 말, 대개는 논쟁이다. 대화하고 논쟁하고 주장을 공격하거나 방어하거나 또는 양 측면을 모두 포함한다. 기원전 5세기경의 "철학한다"와 "철학적"의 증거는 말과 그에 대한 반론으로 이뤄지는 논쟁과 관련이 있다. 설득력있고 근거가 충분한 논증이 "철학적"이었던 것이다.

소피스트와 소크라테스가 당대에 "철학"이라는 단어를 어떻게 사용했는지에 대해서는 소크라테스의 제자들의 기록에서도 찾아볼 수 있다. 우선 크세노폰(Xenophon), 이소크라테스(Isokrates) 그리고 플라톤(Platon)에게서 명사형인 "철학"이 전승되었다. "철학"은 포괄적이면서도 일반적인 의미에서 간단하게 연구(Studium) 내지 형성(Bildung)을 의미한다. 그래서 소크라테스는 전쟁 후에 아테네에 귀환해서 그 당시 아테네 청년들에게서 철학이 어떤 상태에 있는지 알고자 하였다. 철학에는 음악이나 천문학 등 다른 분야들과 마찬가지로 기하학도 포함된다. 이런 것들에 관련된 사람들이 바로 "철학한다", 즉 연구하고, 자기를 형성(도야)한다. 크세노폰은 소크라테스와의 대화 속에서 "나는 연구를 통해 사물들에 대해 알게 되며, 이것은 자신의 완성을 위해 노력하는 인간이 할 일이다"라고 말하고 있다. 아테네 청년들의 교육열과 철학적인 선생들의 행동은 플라톤의 초기 대화편에 잘 드러나고 있다. 소피스트가 거주하는 집에서 벌어지는 토론에서와 같이, 여러 주제들에 대한 열띤 논쟁과 논쟁의 경쟁에서의 승리에 대한 즐거움 등 이 모든 것이 "철학한다"로 불려질 수 있다.

이런 철학적인 활동에 대한 비판도 제기되었다. 플라톤의 대화편 「고르기아스(Gorgias)」편에 나오는 칼리클레스(Kallikles)처럼 과도한 그리고 몰두된 철학함에 대해 경계하기도 하였다. 철학은 "젊은 시절 적절한 정도로 한다면 매우 좋은 것"이지만, 교육 자체를 위해서 계속할 경우에 철학은 웃음거리가 되며, 실천력있는 정치적인 활동과 대립될 것이다. 잘못된 추론을 끌어내는 이상한 논증들을 철학이라고 부르면서 누구라도 즉시 "철학으로 끌어갈 수 있다"고 주장하는, 플라톤의 대화편 「에우티데무스(Euthydemus)」에 나오는 "언어의 대가(Redemeister)이며 모든 것에 반대하는 자(Alleswiderleger)"를 고려해 본다면, '철학'과 '철학하다'라는 말이 비난의 의미로도 사용되었다는 것이 놀랄 만한 일이 아니다.

철학 내지 지식(sophia)을, 돈을 받고 물건을 파는 것처럼, 학생들에게 줄 수 있는, 그래서 마음대로 할 수 있는 지식이라고 생각하는 소피스트들에 반하여, 플라톤은 철학을 앎을 향한 "자기 노력"이라고 말한다. 그의 대화편 「변론(Apologie)」에서 소크라테스는 다른 소피스트들에게 자신의 무지를 강조하고 신탁에서 말해진 지혜를 향해 노력함을 강조한다. 대화 속에서 검증하고 반박하는 이러한 연구가 소크라테스에게 있어서는 삶의 태도이다. "앎을 위한 노력 속에서 나는 살고, 그 때문에 검증하고 반박한다." 물론 아테네인들에게는 소크라테스도 다른 소피스트들처럼 '철학하였다'로 보였을 것이다. 자신을 고소한 이들에게 소크라테스는 그들이 "모든 철학하는 자들에게 보통의 주제들, 즉 신과 세계에 대해 말하고 대화 속에서 근거가 약한 입장을 강하게 한다"고 비난한다. 소크라테스적인 자명함 속에서 "철학하다"는 진리에 대한 앎을 향한 노력이다.

죽음 직전의 소크라테스의 최후의 대화를 보고하는 「파이돈(Phaidon)」은 소크라테스의 행위를 다른 '철학하는 자'들과는 개념적으로 분명히 차이가 나게, 즉 "실제적인", "올바른", "진정한", "진실된" 철학이라고 언급하고 있다. 소크라테스는 "진정한" 철학자들은 기꺼이 죽거나 즐거이 죽어야 한다고 요청한다. 그는 이에 대한 설명을 '영혼의 형성(Geistesbildung)과 육체의 형성(Koerperbildung)'의 비유에서 끌어낸다. 육체는 감각으로 기만하지만, 정신은 그에 반해 최고로 정확하게 그때그때의 것을 파악하며 진리를 찾는다. 육체를 사랑하는 대신에 논리, 주장과 논증을 주로 함으로써 '철학적인' 삶을 이끄는 자는 이미 행복의 땅을 소유하는 것이고, 이러한 행복의 땅은 그의 영혼이 육체로부터 자유로워야 비로소 향유할 수 있다. 철학은 영혼(die Seele)을 정신적인 것(das Geistige)으로 향하게 함으로써 삶 속에서 영혼을 육체의 감옥으로부터 해방시키는 과제를 갖는다. 죽음, 즉 육체로부터의 영혼의 영원한 분리는 철학자들이 열망하는 행복이다. "철학을 올바르게 추구하는 자는 오로지 죽음만을 위해 노력한다." 이런 의미에서 철학하기는 나중에 「파이돈」에서 나오는 것처럼 "선호되는 죽음"이다.

비록 「파이돈」에서 이데아론의 기본 특징이 설명되고 이데아의 수용이 진정한 철학하기라는 것에 대한 의심이 허용되지 않을

지라도, '철학(Philosophie)'과 '철학하다(Philosophieren)'라는 단어가
분명하게 내용적으로 이데아에 대한 앎과 관련되는 것이 아니라
오히려 이데아에 대한 부분에서 이 단어들이 나오지 않는다는 것
이 눈에 띈다. 여기서 이 말들에는 신비주의 종교의 언어에서나
볼 수 있는 이례적인 감정이 실려있다. '철학하다'는 독단적이고
일시적인 지적인 작업 대신에 영혼을 구하기 위하여 삶 전체로
향하는 것이다. 소피스트들이 철학하기의 요청으로 행복을 약속
한다 할지라도, 어느 누구도 'Philosophieren'으로 이해되는 것을
종교에서나 찾아볼 수 있는 행복의 표상과 결합시키는 정도까지
가본 적이 없다. 아주 열정적으로 철학은 영혼의 행복이라고 재
평가되면서, 동시에 제한된다. 육체에 매인 인간은 정신적인 것
으로 완전히 향할 수 없으며, 인간의 앎은 지상에서 완성될 수 없
기에 철학은 현세에서는 단지 일시적일 뿐이다.

인간에게 가능한 앎과 완전한 신적인 앎의 차이는 「향연(Sym-
posion)」에서 철학을 "앎의 추구(Streben nach Wissen)"라고 정의내
림으로써 개념적으로 기초된다. 무언가를 좋아한다면(gern haben,
φιλει), 그것이 그에게 속하기 때문에 'φιλειν'은 '밀접한 사이로부
터 생기는 경향'이다. 자기가 좋아하는 것을 항상 그리고 지속적
으로 가질 수 없다는 것은 우리의 일상적인 경험이다. 와인애호
가나 동성애처럼 애정의 대상이 없을수록 그 대상을 갈망하기 마
련이다. 플라톤은 이러한 부재의 결핍(Mangel des Entbehrens)을 사
랑(φιλειν)의 본질로 해석한다. 가지지 않은 것을 갈망하는 것처럼
진리(소피아, Sophia)를 갈망하는 자는 그것을 가지지 못한다. 따라

서 필로소피아(φιλοσοφία)는 가지지 못하는 앎의 추구이다. 소피아(Sophia)와 필로소피아(Philosophia)가 지금까지 같은 의미로 혹은 명확한 구분없이 사용되었다면, 플라톤에서는 Sophia가 Philosophia의 궁극적인 목적이 되었다. Philosophia는 지(知, Wissen)가 아니라 "무지(Unwissenheit)와 지(Wissen)의 매개자"이며, 앎으로 이끄는 길이다. 그래서 "신은 철학하지 않으며 따라서 지혜로워지려고 노력하지도 않는다." 왜냐하면 그들이 바로 지혜 자체이기 때문이다. 지혜에 대한 추구로서의 철학하기는 '신에게의 동화'라고 할 수 있다.

「파이돈」과 「향연」에 나오는 필로소피(Philosophie)의 개념은 분명하지만 그럼에도 불구하고 '진정한 철학하기'의 내용은 열려 있다. 이것은 대화편 『국가』에서 분명히 설명되었고, 플라톤의 어떠한 저작에서도 -『국가』에서 기획한 것을 시라쿠스에서 실현하는 것을 서술하는 7권을 제외하고는 - Philosophie라는 단어가 『국가』의 중간 부분만큼 자주 나오지는 않는다. 이를 통해 플라톤의 철학 개념을 잘 이해할 수 있다. 정의와 국가 안에서의 정의의 실현에 대한 이 대화편의 주도적인 물음이 5권에서 7권까지의 장광스러운 외유에 의해 중단되는데, 이 부분에서는 정의롭고 최선의 국가를 현실화하기 위해서는 철학자의 통치가 필수적이라고 설명하고 있다.

철학자가 국가에서 왕이 되거나 아니면 현재의 왕이나 통치자가 진정한 그리고 충분하게 철학하지 않는다면, 그리고 정치적 권력과 철학이 일치하지 않는다면, 그리고 지금 서로 분리되어 이 두 가지 중 하나만을 추구하는 잡다한 무리들을 제외하지 못한다면, 국가에서의 불행은 결코 끝이 나지 않을 것이며, 나는 인간에게도 그럴 것이라고 생각하네.[2]

이러한 요청이 일상적인 생각에 반한다는 것이 비록 조롱거리가 되진 않지만 놀랍게도 철학과 철학자에 대한 다음과 같은 악평에 직면하게 된다. 철학과 철학자는 "국가를 위해서는 불필요하며", "대부분의 철학자들은 자기의 일을 통해 완전히 타락했다고 말하지는 못하지만 정상적이지 못하다."[3]

"한적한 구석에서 젊은이들과 수다 떠는" 사람들은 실제적인 결정을 내릴 수 있는 통상적인 의견들에 적합하지 않은 것처럼 보인다. 「테아이테토스(Theaitet)」에서 플라톤은 시장으로 가는 길을 단 한 번도 찾지 않으면서 트라키아인 처녀에 대해 웃어버리는 우스꽝스러운 철학자를 묘사하고 있다. 「파이돈」에서 철학자는 즐거이 죽어야 한다는 소크라테스의 주장과 관련된 대화에 참여하는 자 중에 하나가 사람들은 이것을 분명히 훌륭하다고 할 것이라고 경멸하듯이 답하였는데, 왜냐하면 이들의 생각에 의하면 철학자들은 아무런 가치도 없기 때문이다.

철학에 대한 악평과 비난에 대하여 플라톤은 그것이 도대체 무

2   Platon: Resp. 473 c11-e2.
3   Platon: Resp. 487 d.

엇인지를 규정하고자 한다. 모든 애호가가 자기의 애호에서 일부분만이 아니라 모든 것을 다 가지고 싶어하는 것처럼, 앎의 애호가 즉 철학자는 이런 혹은 저런 앎이 아니라 그러한 앎 모두를 가지고 싶어 한다. 배우기를 즐기는 사람은 필로마테스(Philomathes)이다. 배우려는 열정을 가진 자, 즉 교육받고 보기 좋아하고 듣기 좋아하는 자로서의 철학자에 대한 통상적인 이해를 플라톤은 로고스(Logos)와 진리를 중시하는 사람으로 좁혔으며, 그래서 중요한 구분이 생겨났다. 배우고자 열망하는 자는 단지 의견(δόξαι)만을 가지며, 그래서 철학자가 아니라 필로독스(Philodox)이며, 이에 반해 철학자는 참된 앎(에피스테메, επιστήμη)을 원한다. 참된 앎이란 '존재하는 것', '항상 변하지 않는 것'을 지향하며, 무지는 '존재하지 않는 것'을 지향하며, 의견은 '존재하지 않으면서도 존재하는 것처럼 보이는 것'을 지향한다. 존재하면서도 변하지 않는 것을 다른 대화편에서 '이데아(Idea)'라고 불렀기에, 철학자의 '참된 앎'은 이데아에 대한 앎이고, 궁극적인 심급에서는 모든 이데아의 궁극적인 원인 즉 선의 이데아에 대한 앎이 진리의 근거이자 존재의 근거이다. 철학자가 '항상 동일하게 있는 것' 그리고 그것의 궁극적인 근거인 '선의 이데아'를 안다면, 그가 '참된 앎'으로 의미하는 것, 즉 최선의 국가의 안정성을 유지하고 국가를 위협하는 타락으로부터 방어하려는 것에 대한 설명이 될 것이다.

당대의 널리 퍼진 타락한 철학 개념에 대하여 『국가』의 제7권에서는 진정한 철학자라고 부를 수 있는 사람들의 과제와 일을 체계적으로 설명하고 있다. 교육받은 모든 시민들이 다 철학자라고 불려지지 않으며, 오직 소수만이, 즉 특정한 자질을 가진 자만이 철학자가 될 수 있다. 모든 종류의 교육에 열심인 자는 더 이상 철학자가 아니며, 고도의 지혜로 이끌어주는 특정한 학문(수학, 기하학, 입체기하학, 천문학, 음악학)을 배우는 자가 철학자이다. 철학교육의 목적, 즉 철학자의 앎을 플라톤은 변증론(Dialektik)이라고 불렀다. 철학자는 그때그때의 본질의 로고스를 파악함으로써 존재자의 본질과 학문들 간의 상반된 유사성을 동시에 볼 수 있는 변증론자(Dialektiker)이다. 변증론(Dialektik)은 모든 앎의 결론이며, 이것은 "다른 모든 인식의 기초에 놓여 있는 요석이며, 이것 외에는 어떤 다른 인식도 정당하게 설정되지 않으며, 이것으로 끝나게 된다. 앎에 대한 추구는 변증론적인 앎에서 그 목표에 도달한다." 철학의 목적으로서의 변증론(Dialektik)은 그 때문에 후기 저작에서 플라톤이 철학자를 특징짓는 앎에 대해서 자주 선호되는 표현이 되었다. 아리스토텔레스가 변증론을 논증 절차의 하나로 규정한 것은 역사적으로 아주 드문 전환이었지만, 그 반면에 철학이라는 단어는 최고의 존재학의 표현으로 나아갔다.

결론적으로 플라톤이 철학의 개념에 기여한 바는 철학의 이론적 측면과 실천적 측면의 구분에 있으며 철학은, 첫째 항상 불변하는 존재자에 대한 앎의 추구, 둘째 무엇이 진리이고, 어떻게 그것이 진리인지를 고찰하려는 태도, 셋째 올바른 로고스를 추구하려는 영혼에 대한 관심으로 정의된다. 아리스토텔레스가 주장하는 것처럼 원칙학(Wissenschaft von den Prinzipien)으로서의 철학은 4세기 중반부터 널리 퍼지기 시작하였다.

4.2. 동양

1862년 네덜란드의 라이덴(Leiden)대학에서 유학했던 니시 아마네(西周, 1829~1897)는 법학과 경제학을 전공하였지만, 공리주의와 실증주의도 공부하였다고 한다. 그는 『백일신론(百一新論)』(1874)에서 philosophy를 희철학(希哲學)이라고 처음으로 번역하였다. 철(哲)은 '밝다, 총명하다, 사리에 밝다'라는 뜻이며, 어두워 보이지 않으면 모르는 것과 반대로, 밝으면 잘 보이고 알게 된다. 희철학의 뜻은 '밝히고 알며 슬기로움'(哲)을 '바라며'(希) '배우기를 힘쓴다'(學)이다. 희철학이 줄어서 철학이라고 부르게 되었다. 실제로 유가문화권에서 공자나 맹자를 성인(聖人)이라 칭하고, 공자의 제자들 중에서 뛰어난 10명의 제자들을 십철(十哲)이라고 부른다.

앎에 대한 탐구는 대체로 빛과 관련되어 비유적으로 언급되어 왔다. 어두웠다가 밝아지면 보이지 않던 것들이 보이게 되어 알게 된다. 로고스의 어원도 무언가를 보게 해준다는 의미이고, 보게 해줄려면 빛이 있어 밝아야 한다. 계몽주의(Enlightenment)라는 단어에도 빛(light)이라는 의미가 들어가 있다. 이러한 의미를 담고자 한 것이 바로 철(哲)란 단어의 선택이었을 것이다. 기존의 동양철학적 담론에 있던 용어들을 활용해서 번역하고자 했다면 아마도 명학(明學), 이학(理學) 정도가 아니었을까 추정된다. 이러한 기존의 용어보다는 아마네는 새로운 용어를 만들어 낸 것이다. 그래서 당대의 중국학자들은 자신의 연구가 바로 서양에서는 철학이라고 불린다는 것을 알게 된 것이다. 동양에서는 철학이라는 단어가 이때 만들어진 것이었지만, 이미 오래전부터 철학은 있어 왔다.

5. 철학의 탐구 방법의 예시: 개념 분석

5.1. 필요충분조건에 의한 방법:

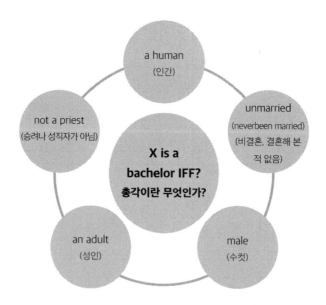

우리가 비교적 잘 알고 있는 총각이 무엇일까? 아마도 이 질문에 결혼하지 않은 남자라고 답한다면, 바로 5살의 남자 아이나 60대의 미혼의 남자를 보고 사회에서 총각이라고 부르지 않을 거라는 이의제기를 받을 것이다. 그래서 결혼 적령기에 결혼하지 않은 남자로 수정한다면, 이 역시 결혼하지 않은 상태인 경우에 총각이 포함되겠지만 이혼한 남자도 여기에 포함되므로, 세 번째

수정 내용은 결혼 적령기에 결혼해 본 적이 없는 남자가 될 것이다. 그런데 우리가 결혼 적령기의 결혼해 본 적이 없는 남자가 설령 스님이거나 신부님일 경우 총각이라고 부르지 않기 때문에 승려(혹은 사제)가 아니어야 한다. 그래서 총각이라는 개념을 이해하기 위해서는 결혼 적령기, 결혼해 본 적 없음, 수컷, 남성, 스님이거나 사제가 아니어야 함이라는 요인이 모두 결합되어야 한다.

○ 다섯 가지 조건들이 각각 총각이 되기 위한 필요조건이 됨.
○ 다섯 가지 조건들의 결합이 총각이 되기 위한 충분조건이 됨.
○ 필요조건이 충분조건일 필요는 없다.: 산소가 불이 나기 위한 충분조건은 아니다.
○ 충분조건이 필요조건일 필요는 없다.: 세 번의 시험결과의 평균이 C가 나왔다 해서 세 번 모두 C를 맞았다고 볼 수 없다.

5.2. 기준에 의한 분석:

앞에서 제시한 총각에 대한 개념적 이해는 비교적 쉽다. 그렇다면 자유, 행복 등을 이렇게 이해하려고 하면 이러한 분석이 쉽지만은 않을 것이다. 그리고 모든 개념을 필요조건이나 충분조건으로 규정하기는 매우 어렵다. 그래서 필요조건이나 충분조건은 아니지만 분석하려는 의미 관련이 있는 요인 즉, 기준이나 준거(criterion)들을 통해 개념을 이해하려고 한다. 예를 들어 '행복한 삶'을 생각해보자. 우리가 행복한 삶을 살기 위해서는 그것이 무엇인지를 먼저 알아야 한다. 그래서 우리 주변의 행복한 삶을 살고 있다고 생각되는 사람들을 살펴볼 것이다. 행복한 삶을 위한 기준이나 준거들을 찾아내고 이를 통해 행복한 삶을 알 수 있을 것이다. 그런데 이러한 방법도 문제점이 있다. 만약 예를 들어 자기 스스로 행복하다고 생각하는 100명의 사람 중에 99명의 사람이 특정한 혈당 수준을 가진 사람들임이 밝혀졌다고 해서 혈당의 특정 수준이 행복의 기준이 되지는 않을 것이다. 그래서 이러한 실수를 범하지 않기 위해서 우리는 정의하려는 개념 X를 위한 '중요한' 기준(Criterion)을 찾아야 한다.

아래 그림에서 보는 것처럼, 필연적 관계와 기준적 관계로 구성되는 개념적 관계와는 별도로 경험적 관계는 철학적 탐구, 즉 분석을 통해 밝혀내고 우리의 언어로 형성된 것이다.

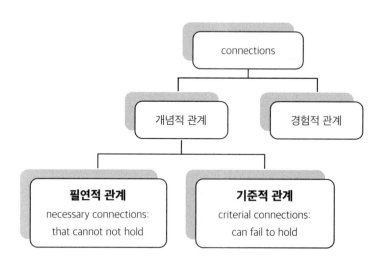

5.3. 변증법에 의한 방법의 예시[4]

변증법(Dialektik)이라는 단어는 고대 그리스어인 'dia-legesthai'에서 유래되었는데, 이는 '담소나 환담을 나누다'를 의미한다. 말과 대답에서 대화 상대자는 진리에 접근하게 된다. 그래서 변증법은 근본적으로 논쟁의 기술이다. 오늘날까지도 변증법에서는 사유가 모순 속에서 수행되며 보다 포괄적인 관계들을 목표로 한다. 특별한 과제는 반박하는 테제를 찾는 것뿐만 아니라 이전의 테제를 지향하는 종합테제를 구성하는 것이다. 특정한 변증법적 사유운동은 세 단계로 전개된다.

첫 번째 단계에서는 특정한 테마, 개념 혹은 논증을 확정하는 것이 중요하다. 예를 들어 교사가 '자유'라는 단어를 칠판에 쓰면, 학생은 이것을 적극적인 표상들과 결합시킬 수도 있고, 개인적, 사회적, 정치적 자유 등을 추가할 수도 있다. 주제를 공부하면서 동시에 자유개념이 경계선상에서 확인될 수 있고 이런 의미에서 보완이 필요하다는 것이 명확해진다.

두 번째 단계에서는 자유에 대한 부정과 함께 변증법적 운동이 시작되는데, 우선 필연성에 대한 반대에서 그리고 강제와 결정에 대한 설명을 요청하게 된다. 학생이 이 수준에서 변증법적 접근을 쓰게 하려면, 그때그때 타당한 근거들이 제공된 양극 사이에서 논증이 움직인다. 보통 이러한 왕복은 예를 들어 인간은 자유로우면서도 자유롭지 못하다는 식의 타협으로 끝난다.

---

4   변순용 역(2016), J. Rohbeck, 『철학·도덕 교육의 교수법』, 어문학사, pp. 274~279. 참조.

세 번째 단계는 변증법적 격변을 가져오는 관점의 놀라운 전환에서 일어난다. 이제 지금까지 대립되는 것의 상호작용을 지배했던 것보다 포괄적인 관계를 발견하게 된다. 이러한 맥락이 바로 모순의 범주(헤겔에게서의)가 의미하는 것이다. 우리의 주제는 자유와 필연성의 이전의 대립명제를 통일시키는 자유에 대한 보편적인 의미를 추구하는 것이다. 윤리학에서는 그것은 도덕적인 구속의 필연성하에서 자유로운 통찰을, 짧게 말하면 도덕적인 행동으로의 자기구속화를 의미한다.

항상 피곤해

피곤은 결코 바람직한 상태는 아니다. 피곤한 사람은 느리고, 비생산적이며, 예민할 뿐만 아니라 신경질 내고, 또한 스스로도 안 좋게 느낀다. 그는 목적 없이 전원에 서 있는 그런 모습이다.

그렇지만 피곤한 사람은 목표를 향해 노력하는 사람이 아닌가? 피곤한 사람은 자신의 목표를 단 일분이라도 눈에서 놓치지 않으려고 하는 사람 아닌가? 피곤한 사람만이 자신의 가장 중요하고 최종의 목적인 잠에 대한 경고, 즉 잠을 항상 져야 할 짐처럼 여기면서 끌고 다닌다. 또한 그는 자신의 목표에 분명히 도달할 유일한 사람이다. 왜냐하면 언젠가 인간의 본질은 필요한 수면을 염려하는데, 그것이 없다면 더 이상 불가능하기 때문이다. 이제 피곤한 사람은 도리어 그가 목표지향적인 사람이고 궁극적으로는 성공한 사람이라는 것이 분명해진다.

그렇지만 이에 대한 반대도 있으며, 더 나아가 목표가 추구되

고 도달되는지에 대하여 관심없는 사람은 늘 다시 빠져나오고 다
른 사람들에게 있어서 분명히 그리고 실제로 그 누구에게도 도움
이 되지 않는 사람이다. 피곤한 사람은 중요한 것에 항상 부주의
하고 집중하지 못하며, 그래서 다음과 같은 주장이 제기된다. 사
람에게 있어서 중요한 것으로 여겨지는 것들은 정말 무엇인가?
우리의 지각과 우리의 느낌은 단지 주관적일 수 있기 때문에 개
별적으로 중요한 것들만이 존재한다.

5.4. 현상학적 방법의 예시

이 사유 방향은 보다 특별한 방식으로 학생의 경험들을 연결
하는 것을 허용한다는 장점을 가지고 있다. 이런 경험들이 직접
적으로 접근가능하다는 착각을 가지고 있어서는 안 된다. 그래서
지각을 현상학적 숙고의 주제로 삼기 위해서는 방법적인 지도가
요청된다.

현상학은 우리 생활세계의 일상적인 '현상'을 전면으로 내세
우는 철학적 방법이다. 이 배후에는 현대 학문의 신뢰성의 '위기
(Edmund Husserl)'가 있으며, 인간의 근원적인 경험을 덮어두고 있
는 (자연)과학적인 그리고 기술적인 의미의 표준들의 지배에 대한
비판이 놓여 있다. 이와 반대로 현상학은 지각, 체험, 세계의미들
을 일상적인 삶의 실천 속에서 자유롭게 놓아두는 것을 목적으로
한다. 여기서 자명하지 않은 것 내지 은폐되어 있는 것들을 분명
해지게 의식적으로 만드는 것이 중요하다. 현상학의 주제는 그래
서 지각과 체험으로 의도하지 않아도 생기는 의식 내용, 사유와

감정의 경향들이다.

이러한 노에시스적(noetisch, 사유하는) 관찰은 일상의 사용에서 임의적인 대상들에게서 검토되고 연습된다. 그래서 나는 유로화 동전을 놓고, 이에 대해 발생하는 연상들을 말하도록 하였다. '유예된 지각'을 통해, 그 뒷면이 덮여 있는 채로 기대의 지평이 주제가 될 수 있다. 새 동전이 이미 외국에서 들어와 있고, 동전을 돌리면 당연히 독일의 상징인 독수리가 있어야 한다고 생각하는데 다빈치가 그린 인간의 모습이 새겨진 이태리 동전을 보면 놀라게 된다.

놀라운 전환의 방법 또한 일상적인 경험에서 전이될 수 있다. 이중의 실망으로 - 인지적뿐만 아니라 정서적 의미에서 - 지금까지 자명한 것들이 숙고될 수 있다.

또 다른 방법은 짧은 시간 동안 발생한 사건의 지연 내지 확장이다. 자기 몸의 동시적인 움직임에서 하나의 지각에 대한 기술은 마찬가지로 생산적이다. 여기서 관점의 교환이 매우 중요한 역할을 한다. 나는 다른 존재의 입장에 처해본다.

핀

2.5센티미터의 길이다. 이것은 끝이 뾰족하고 얇다. 이것은 바로 핀이다. 이것은 불쾌하다. 이것은 칼처럼 위협적이지는 않지만, 악의적이다. 핀이 있다는 것을 알지 못한다면 핀을 거의 알아챌 수 없다. 핀은 작지만 그의 방식대로 한다면 매우 강하다. 그것의 수동적인 공격의 종류는 오랜 관찰과 숙고 끝에 화나게 만

든다. 그것은 작은 위험이면서도 핀은 그것에 아무것도 할 수 없다. 왜냐하면 핀은 인간의 생각에서 나온 것이다. 핀은 의지를 갖지 않는다. 하나의 핀은 매우 고독하게 작용할 수 있지만 그것의 가벼운 찌름은 항상 내 생각에는 자리를 차지하고 있다. 나를 전율케 한다. 이제 비로소 핀이 기여하는 목적에 생각이 다다른다. 핀은 예를 들어 옷감처럼 또는 벽에 걸린 포스터처럼 사물들을 연결한다. 하나의 핀과 고열로 인한 환각을 연결한다. 근본적인 불안, 끊임없이 내 피부에 핀의 찌름을.

맥주에 의한 흥분

지친 하루 뒤에 집에 와서 시원한 음료를 마시면서 피로를 푸는 것보다 아름다운 것은 없을 것이다. 식탁 위에 놓여 있는 사과주스 같은 노랗고 투명한 액체가 반쯤 채워진 글라스가 있음을 본다. 혀의 미각세포들은 이미 그것에 대해 미리 준비하고 있다. 그것을 본격적으로 맛보면서 욕망이 커져간다. 식탁까지가 멀어 보이고 충분히 마실 수 있음에도 불구하고, 차갑고 달콤한 촉촉함을 입술에 느낄 때까지 더 이상 참기 어렵게 된다.

혀의 감촉이 느껴질 때에도 우리는 전율을 느낀다. 그 액체는 혀 전체로 퍼지면서 기다렸던 맛의 부분들이 입 기관의 전면에서 불만족스럽게 남아 있으면서 성급한 목표를 추구하면서 그 뒤의 쓴맛에 다가가게 된다. 이런 맛을 내는 여러 물질의 유독성으로 인해 그것의 센서는 확실히 구토를 궁극적인 보호조치로 야기하기 위해서 가능한 한 입안의 저 안쪽에 있다. 쓴맛의 정도가 겉보기에는 중대한 가치를 능가하지는 못하고 보다 쓴 쓸개즙도 가리지 않는다 할지라도 몸은 거부감으로 경직된다.

나는 그렇지 않다면 맥주를 거부하지 않는다. 그러나 사과주스를 기대했다면, 이것은 실제로 가혹한 실망이다. 식탁 위에 있는 글라스 안에 있는 것에 대한 성급한 결론을 내려서는 안 된다. 생각할 수 없는 것들이 매우 많다.

3장
자유에 대한 이야기

내가 처음 학문적인 관심을 가진 것은 자유의 문제였다. 석사 학위 논문의 주제를 왜 자유로 택했는지를 논문을 계획하고 공부하고 쓸 때에도 나는 미처 알지 못했었다. 80년대 대학 사회의 경험을 지금 다시 돌이켜보면, 당시 지독하게 획일화되어 있고 경직되어 있었던 대학의 문화 속에서 나는 방황하였었다. 학부 시절 내게 끊임없이 다가왔던 것은 내가 공부하고 있는 것의 정체성 문제 그리고 집단과 그에 속한 개인의 갈등 문제였다. 첫 번째 문제는 그래도 나름의 해결책을 찾았고, 지금 내가 공부하는 분야를 선택하게 된 동기가 되었다. 자유의 문제는 바로 두 번째 문제에서 비롯된 나의 궁금증이었다. 예를 들어 스키를 타고 싶은데 스키를 탈 줄 모른다면 나에게 스키를 탈 자유가 있을까? 그리고 스키를 타고 싶은데 스키를 탈 줄 안다면 그러면 스키를 탈 자유가 있을까? 스키를 타고 싶고 스키 탈 줄 알지만 스키 타러 갈 시간이 없거나 스키 타러 갈 돈이 없거나, 지구온난화 때문에 눈이 안 오는 경우라면 과연 내가 스키 탈 자유가 있을까? 이처럼 스키 탈 자유는 스키를 타고 싶은 것만 가지고는 누릴 수 없는 자유인 것이다. 그러나 여기서 말하고 싶은 자유의 또 다른 계기는 바로 인간과 그가 속한 공동체와의 관계 속에서의 자유의 문제이다. 공동체적인 삶은 인간의 숙명이고, 그 숙명 속에서 인간의 자유는 끊임없이 제기되는 문제인 것이다.

자유로운가? 자유에 대한 정의만 하더라도 철학사에서 나오는 것이 200여 가지가 넘는다. 실로 자유의 문제는 인간의 사유가 시작한 이래 부단히 제기되어온 윤리학의 가장 중요한 주제였다. 철학사에서 제기되어온 자유란 무엇인가에 대한 물음을 여기서 상세히 나열하지는 않겠지만 자유개념의 전개과정을 살펴볼 필요는 있을 것이다. 고대 그리스에서 자유롭다는 것은 그 어원적 의미를 따져보면 적의 노예로 살아야만 하는 전쟁포로와는 달리 자기 나라 땅에서 어느 누구의 지배도 받지 않은 채로 동등하게 살아가는 사람에게 해당되는 것이었다. 호머 이후의 시대에는 이 의미가 보다 명확하게 폴리스적인 언어로 수용되어, 법이 지배하고 권력과 정의가 조화를 이루는 그런 폴리스에 사는 사람을 자유로운 사람이라고 하였다. 이처럼 고대 그리스인들의 사고에서 자유는 자기 스스로를 결정하는 인간의 자유나 의지의 자유로 이해된 것이 아니라 국가에 대한 시민의 자유, 즉 국가시민의 자유로 이해되었으며, 결국 공동체 내의 개개인은 개인이 공동체 속에서 그리고 공동체가 개인 속에서 실현될 때 혹은 공동체와 개개인이 조화를 이룰 때 적극적으로 자유로워지는 것이다.

고대의 정치적인 자유개념이 스토아적인 의미의 자유개념으로 넘어오면서 탈정치화되었고, 중세에 들어와서는 새로운 차원에서 논의되기 시작하였다. 이 기간 동안에 자유의 문제는 인간과 신의 관계에 대한 문제로 변하게 되었다. 아우구스티누스는 왜 신이 인간을 자유로운 존재로 창조하였는가라는 문제를 제기하였고, 아퀴나스는 신이 모든 것의 궁극적 원인이자 기본 원칙이라면 인간이 자유롭다는 것이 가능한가라는 물음을 던졌다.

근대에 와서 이러한 신중심적 관점은 인간중심적 관점에 의해 대체되었다. 인간은 자율(autonomie)에 대한 의식을 자각하게 되었고, 이제 자유는 더 이상 신과의 관계에서 논의될 필요가 없어졌다. 자유의 문제는 이제 이성이나 그 밖의 다양한 인간의 본질들과의 관계 속에서, 그리고 다시 사회와의 관계 속에서 논의되기 시작하였다. 근대적 자유개념은 그중에서도 특히 인간의 이성에 그 기초를 둘 수밖에 없었다. 근대철학이 인간의 인식에 주된 초점을 맞추면서 인식론이 주류가 되었던 것처럼, 자유론 역시 이성적 자유개념이 주류가 되었던 것이다.[1] 그러나 인간의 인식이 인간 이해의 중요한 단서이기는 하지만 인간을 전체적으로 이해하는 데에는 분명히 부족할 수밖에 없다. 나도 나 자신을 이성적으로 이해하고 설명하지 못하는 부분이 있다. 그래서 나는 이성과 의지가 일치하지 않음에 주목하게 되었다. 의지가 이성에 대해 무조건적인 복종을 해야 한다는 칸트의 주장이 부분적으로는 공허하게 들리기 시작하면서, 칸트와는 달리 의지가 이성의 명령

---

1   칸트는 인간의 의지가 보편타당한 이성이 제시한 도덕법을 자기의 준칙으로 삼아 행하는 것(정언명법을 따르는 것)을 인간의 자유라고 보았다. 즉 인간의 자유는 이성적 존재자의 자유가 되는 것이다.

에 따라야만 하는 것이 아니라 오히려 우리는 의지가 선택의 자유를 가지며, 그래서 자유의 근거는 이성보다는 의지 쪽에서 찾아져야 한다는 생각이 들었다.

생각컨대, 자유에 대한 이념(Idee) 혹은 욕망(désir)은 '하고 싶은 것(Wollen)'과 '할 수 있는 것(Können)'의 차이에서 생겨난다. 할 수 있는 것에서부터 당위(Sollen)가 나오며, 이 당위는 적극적인 '해야만 하는 것(Tunsollen)'과 소극적인 '해선 안 되는 것(Nicht-Tunsollen)'으로 나눠진다. 전지전능한 신(神)의 자유를 논할 필요가 없는 것처럼, 인간이 하고 싶은 것을 모두 다 할 수 있다면 굳이 자유를 필요로 하지는 않을 것이다. 의지의 형이상학을 전개했던 쇼펜하우어도 인간이 자신의 삶을 의식하면 할수록 모든 삶이 고통이라는 것을 알게 된다고 주장한다. 이 고통의 근원도 결국 하고 싶은 것과 할 수 있는 것의 차이에서 비롯된다. 이렇게 보면 우리가 추구하는 자유는 고통의 근원이자 고통의 쾌락인 것이다.

자유에 대한 이러한 형식적 정의는 구체적으로 자유가 무엇인지에 대한 실질적인 내용을 제시해주지는 못하지만, 자유의 이념을 통해 현상적인 자유를 판단할 수 있을 것이다. 시공간의 다양성하에 구체적으로 드러나는 자유의 현상을 이해하는 데에는 유용할 것이다. 자유에 대한 물음은 영원히 열려져 있는 문제이며, 우리가 할 수 있는 것은 자유의 존재론적 가능성과 윤리적인 필연성에 근거해 자유의 존재론적 현실성을 주장하는 것이라고 본 하르트만은 자유의 문제에 가장 중요한 핵심을 지적하고 있음을 알 수 있다.

결국 공동체적인 삶 안에서의 개인의 자유에 대한 고민은 이렇게 이성과 의지, 욕망과 능력의 차이에 대한 물음으로 이어졌고, 이것은 다시 '할 수 있는 것'을 제한하는 것이 무엇인가에 대한 물음을 가져왔다. 여기서 할 수 있음이란 인간의 행위능력을 의미하는데, 여기서 해야만 하는 것과 해서는 안되는 것을 구분하는 것이 바로 책임이라는 생각이 들었다.

4장
책임에 대한 이야기 1

1. 책임의 역사

책임의 역사는 윤리학의 역사와 같이 시작하지만, 이 개념은 19세기 후반에 들어서야 비로소 윤리적인 담론의 전면에 등장하기 시작하였다.(Bayertz 1995: 3 참조) 책임에 대한 최초의 단행본의 형태로서는 1884년 Lucien Lévi-Bruhl의 L'idée de responsabilité 와 3년 후 니체의 도덕계보학의 두 번째 논문에서 다룬 "책임의 유래에 대한 오랜 역사"를 꼽을 수 있지만[1], 책임개념은 여전히 윤리학의 주변 개념에 머무는 수준이었다. 책임개념은 현대 윤리적인 담론들 속에서 특히 베버(Max Weber), 바이셰델(Wilhelm Weischedel), 요나스(Hans Jonas), 레비나스(Emmanuel Levinas), 렝크(Hans Lenk) 등에 의해 중심적인 이론적 대상이 되었다. 제1차 세계대전 말에 베버는 의향윤리와 책임윤리의 구분을 도입하였다. "모든 윤리 지향적 행위는 2가지 서로 근본적으로 상이한, 그리

---

1   두 번째 논문의 제목은 「책임, 양심의 가책, 그리고 그와 유사한 것들(Schuld, schlechtes Gewissen und Verwandtes)」이다.

고 상반된 원칙하에 놓여 있다 - 그것은 의향윤리적이거나 책임
윤리적이다."(Weber 1992: 237)[2] 바이어쯔는 책임윤리의 발전 단계
들을 세 가지로 구분한다.

> 우선 책임의 개념이 도입되지도 않았고 일반적으로 받아들
> 여지지 않은 채, 책임의 고전적인 모델들이 생겨난 단계이
> 다. 두 번째 단계는 인간 행위 구조의 근본적인 변화의 맥락
> 에서 이 개념의 실현을 모사하는 단계이다. 끝으로 책임 확
> 대의 필연성에 대한 실제적인 논의가 행해져야 하는 단계이
> 다.(Bayertz 1995: 4 참조)[3]

여기서 왜 이 개념이 현대에서 보다 중요해졌는가라는 물음이
제기된다. 책임이라는 개념은 현재의 인간이 처해있는 새로운 상
황과 연결되어 있다. 인간의 힘이 기술을 통해 점점 커지고 사회
구조들이 점점 복잡해짐에 따라 행위의 복잡한 인과관계 속에서

---

2   책임윤리란(Verantwortungsethik) 행위의 예측 가능한 결과가 중요시되는 것이고, 의
    향윤리(Gesinnungsethik)는 행위의 결과가 아니라 행위의 선한 의도가 중요시되는 것
    이다. 그래서 책임윤리는 정치가의 영역에서, 의향윤리는 개별적이고 사적인 영역
    에 적합하다.(Müller 1992: 112-113. 참조)

3   첫 번째 단계에는 예를 들면 I. Kant의 자율과 책임능력(imputabilitas), J.S. Mill의 자
    유개념, D. Hume의 인간 오성론에서 다뤄진 인과성과 책임개념이나 이와 유사한
    개념들에 대한 연구들이 속할 것이다. 두 번째 단계로는 하이데거의 현상학적 방법
    으로 책임에 대한 연구를 했던 W. Weischedel이나 G. Picht 등을 들 수 있으며, 끝
    으로 세 번째 단계에는 H. Jonas, E. Levinas, H. Lenk, D. Birnbacher 등이 해당될
    수 있을 것이다.

원인을 찾거나 또는 책임자를 규정하는 것이 점점 어려워지는 정도만큼 책임개념은 새롭게 정의되어야 한다. 기술을 통해 커지는 인간의 힘은, 이미 역사 속에서 드러난 바와 같이, 한편으로는 꿈의 실현이라는 의미를 갖지만 다른 한편으로는 늘어나는 위험을 의미하기도 한다. 계몽주의시대에서 인간의 이성과 그의 산물인 기술에 대한 신뢰가 보편적이었다면, 이러한 믿음은 양차 세계대전, 원자폭탄의 사용, 생태계의 위기 등을 통해 무너졌다고 할 수 있을 것이다. 이 모든 것이 인간의 자기성찰의 계기가 되었으며, 이성에 대한 회의와 기술에 대한 불신은 힘의 사용에 대한 책임개념의 강조를 가져왔다. 책임개념이 복잡한 사회구조와 연결되면, 책임져야 할 사람이나 책임의 대상을 구체적인 상황에서 규정하기가 더 어려워진다.

우리는 항상 법인의 책임이나 생태계에 대한 책임 등과 같이, 책임의 새로운 유형과 직면하게 된다. 어떻게 그리고 어느 정도나 인간이 현대 사회에서 책임질 수 있는가? 이 물음과 관련해서 특히 제도적 내지 집단적 책임에 대한 논의가 윤리학의 중요한 주제가 된다. 하딘(G. Hardin)이 제시한 '공유의 비극(the tragedy of commons)'에서 제시된 예와 같이(Hardin 1968), 공동책임 내지 집단책임은 복잡하고 익명적인 사회 안에서 쉽게 무책임이 될 수 있다. 현대 사회에서 인간은 교체 가능한 하나의 부품처럼 여겨지기 쉽고, 그래서 체계의 책임(Systemverantwortung) 내지 제도의 책임(Institutionsverantwortung)에 대해서 논의하기도 한다. 이런 책임유형에서 개개인은 어떠한 책임도 질 수 없다. 왜냐하면 헤프

너가 주장한 것처럼 이런 책임은 이제 시스템 속에 포함되어 있기 때문이다.(Haefner 1984: 89 참조) 이런 입장에서 본다면, 책임은 "일관성 있는 것처럼 보이는 하나의 보편적인 개념이지만, 그 이면에는 매우 상이한 의미, 해석, 내지 관점을 숨기고 있는 개념이다."(Lenk 1987B: 572)

2. 책임의 인간학적 의미

인간학적인 관점에서 보면 책임의 문제는 본래 인간의 이중성에서부터 나온다. 책임은 인간 존재의 본질적 특징에 속한다. 인간만이 책임질 수 있는 존재로서 고찰된다. 책임을 질 수 있는 능력이 인간의 중요한 본질로서 이해되며, 바로 이 때문에 이 개념은 철학적 인간학에서 중요하다.

인간은 책임질 수 있는 존재이다.(Lenk 1992: 15)

서구 사회에서 책임에 대한 단어(respondeo, responsum, responsibility, la responsabilité, Verantwortung)들은 항상 대화와 언어능력을 전제로 한다. 책임(Ver-antwort-ung)이라는 단어 속에 들어있는 대답(Antwort)은 한편으로는 물음과 그 물음을 묻는 자를 필요로 한다.(ant와 wort) 또 물음은 그 물음이 행해지기 이전의 문제가 되는 단계와 그 물음이 제기되는 어떤 기준을 전제로 한다. 다른 한편으로는 대답을 하기 위해서는 물음을 들어야 하고, 또 들을 수 있는 능력과 자세가 준비되어야 한다는 점에서 볼 때, 책임은 들으

려는 의지와 들을 수 있는 능력을 전제로 한다. 책임에 대한 물음
이나 책임에 대한 호소를 듣고자 하지 않는다면 책임에 무감각
해질 것이다. 물음에 대한 경청이 바로 책임이라는 과정의 출발
점일 것이다. 예를 들면 사회나, 신, 양심, 이성 등이 물음을 묻는
자가 될 것이다. 물음에 대한 대답과 그 대답에 대한 판단을 통해
책임의 귀속이 결정된다. 그러므로 책임의 과정은 묻는 자, 대답
하는 자, 판단하는 자로 구성될 것이며, 여기에 물음, 대답, 판단
의 내용이 첨부되어야 할 것이다. 책임(Ver-ant-wortung)은 물을 수
있고 또 그에 대한 답변을 할 수 있는 특정한 인간의 존재 능력의
표현이며 또한 인간들 사이에서 발생하는 것이다. 인간의 본질적
인 특징으로서의 책임은 인간 이해의 실마리로서뿐만 아니라, 자
유개념과 같이 윤리학의 근본개념이다.

책임개념은 지금까지 늘 자유개념과 연결되어 다루어져왔다.
일반적으로 윤리학의 흐름에서 의지의 자유, 결정의 자유로 대
표되는 자유가 책임의 필연적인 조건으로 여겨져왔다. 이 두 개
념은 윤리학의 필연적인 전제로서 작용한다. 그러나 책임개념은
윤리학의 역사에서 늘 자유개념의 뒷전에 머물러 있었다고 해
도 과언이 아니다. 이런 견해에 반대하여 홀은 "무엇보다도 질서
(Ordnung)가 책임의 필연적인 조건이다. 인간이 (신적인 내지 사회적
인) 질서에 대해 책임이 있기 때문에 그리고 그 이름하에 책임지
게 되기 때문에, … 질서가 책임의 근거이지 자유가 아니다"(Holl
1980: 27)라고 주장한다. "인간이 자유롭지 못하지만 그럼에도 불
구하고 '책임이 있다' 내지는 '책임은 자유를 내포하지 않는다'라

는 것은 이미 고대 희랍의 문학과 철학에서 보여진다."(Holl 1980: 13) 질서는 인간 삶의 필연적인 형태이다. 이 질서는 인간이 갖게 되는 관계들로부터 생겨난다. 만약 책임이 자유의 전제 없이도 가능하다는 전제를 받아들인다면, 책임과 질서의 관계는 책임과 자유의 관계보다 더 근원적일 것이다. 아이에 대한 부모의 책임이나 요나스적 의미의 존재책임(die Seinsverantwortung)은 자유를 책임의 근거로 전제하지는 않는다. 공동체의 삶 내지 사회의 질서들을 해하는 행위들은 처벌받는다. 그렇지 않다면 인간과 사회는 더 이상 존속할 수 없었을 것이다. 인간은 질서 안에서 살며, 혹시 자연 속에서 혼자 살지라도 인간은 자기 자신이나 혹은 자연과 연결되는 어떠한 형태의 질서를 만들어 낼 것이다. 질서의 목적은 무엇인가? 또는 왜 질서를 필요로 하는가라는 물음들을 던져볼 수 있을 것이다. 질서는 무언가를 정리하는 과정 내지이 과정의 규칙일 것이다. 인간은 질서지향적인 존재이면서 동시에 그 질서를 깨고 거기에 맞설 수 있는 존재이다. 책임의 문제는 바로 이러한 인간 본질의 근본적인 갈등 구조에서 비롯된다고 볼 수 있다.

5장
책임에 대한 이야기 2
- 같음의 윤리에서 다름의 윤리로

근대의 철학이 인식론 중심의 철학이었다면, 현대철학은 현상학과 실존주의를 중심으로 존재론 위주의 철학이라고 나는 보고 있다. 그런데 인식에서 존재로 옮겨왔던 관심이 이제는 윤리의 문제로 옮겨가고 있다. 윤리학의 흐름에서도 근대윤리학이 자율성, 인격, 동등성에 주된 관심을 두었다면, 현대윤리학에서는 차이와 다름에 대한 관심이 중요해지고 있다. 자유의지를 가진 독립적인 개인의 동등성과 상호성에 근거한 윤리적인 요구들 못지않게 오히려 동등하지 않고 상호적이지도 않은 관계에서 요구되는 윤리적인 요청의 당위적인 호소력을 볼 수 있다. 슈바이처와 레비나스, 요나스 모두 절대적인 책임에 대하여 언급하고 있다. 같음에서 나오는 책임이 아니라 다름에서 나오는 책임은 더 강력한 요청을 제기한다.

악마의 사전에서 책임은 "신, 운명, 행운, 우연 혹은 이웃에게,

그리고 점성술의 시대에서는 별에게 쉽게 떠넘겨질 수 있는 짐"[1]
으로 정의된다. 책임은 서양의 사고 속에서는 대답해야 할 짐이
고 동양에서는 떠맡아야 할 짐인가 보다. 서양에서 책임이라는
단어는 15세기 이후부터 여러 언어권에서 특히 정치나 법의 영
역에서 사용되기 시작하였지만, 그 의미는 자유의 개념과 더불어
윤리학의 역사에서도 다양하게 논의되어 왔다. 오늘날 책임은 우
리의 법적, 정치적, 도덕적 사유에서 중심적인 위치를 차지하는
개념이며, 우리가 일상적으로 사용하는 개념이지만, 실상 이 개
념은 "시간이 지남에 따라 발전하고 성장하는 개념"[2]이면서 "일
관성있는 것처럼 보이는 하나의 보편적 개념이지만, 그 이면에는
매우 상이한 의미, 해석 내지 관점을 숨기고 있는 개념"[3]이다.

현대윤리학의 주된 경향은 이론적인 부분에서의 발전보다는
실천적인 부분의 심화과정이라고 생각된다. 강단윤리보다는 시
장윤리가 중요시되고 있다. 이론적인 부분에서는 근대윤리학의
논의의 틀을 벗어나지 못하고 있지만, 환경 및 생태윤리, 생명윤
리, 정보윤리 등의 실천윤리 분야에 대한 현실적인 필요성이 제
기되고 이에 대한 논의가 다양해지고 있다. 시장윤리의 필요성이
윤리적인 담론의 현실화를 위해서는 불가피하지만, 어느 한쪽으

---

1   Ambrose Bierce(Übers. von Haefs, Gisbert, 1996; Orig. 1911): Des Teufels Wörterbuch,(-
     Orig: The Devil's Dictionary), Zürich, p. 117.

2   J.R. Lucas(1993): Responsibility, Oxford, p. 5.

3   Hans Lenk(1987): Gewissen und Verantwortung als Zuschreibung, in: Zeitschrift für
     Philosophische Forschung 41, p. 572.

로의 쏠림은 문제가 있다. 그래서 개별 실천윤리 분야의 다양한
논의들을 꿰어 낼 수 있는 이론적인 그리고 방법론적인 논의가
필요해지고 있다. 여러 실천윤리 분야의 공통된 주제는 바로 책
임이다. 할 수 있는 것들의 영역에서 해선 안 되는 것, 해야만 하
는 것을 규정하는 것이 바로 책임인 것이다.

책임의 대상이 점차 확장되어가고 책임의 한계가 모호해져 감으
로써 책임의 대상을 규정하는 것이 점점 더 어려워져가고 있다. 따
라서 대상을 규정하기 위해서는 실천적 차원에서 책임이 발생하
는 영역이 먼저 논의되어야 할 것이다. 현대윤리학의 특징인 실천
및 응용윤리 분야에서 제기되는 다양한 문제들은 결국 인간의 책
임에 대한 논의로 귀결되게 된다. 예를 들면 환경 및 생태 윤리에
서도 결국 자연이나 생태계에 대한 인간의 책임이 핵심 부분이 되
며, 생명윤리 분야에서도 인간의 생명에 대한 책임의 수위 조절이,
정보윤리에서도 컴퓨터 및 인터넷상의 인간의 행위에 대한 책임에
대한 규정이 중요한 문제가 되고 있다. 따라서 책임의 대상이 점차
다양해지고 있음을 알 수 있다. 문제는 새롭게 등장하는 대상에 적
절한 책임을 규명하고 그에 적절한 실현의 방법을 찾는 것이다.

예를 들면 인간 배아와 관련하여 생각해볼 수 있는 책임을 책
임 관련자 내지 책임주체의 측면에서 여러 가지 형태로 분석해
볼 수 있다. 인간 배아를 실험 대상으로 삼고자 하는 연구자들이
져야 할 책임, 그 인간 배아의 생물학적 부모가 져야 할 책임, (그
리고 우리가 인정할 수 있다면) 미래적 형태의 잠재성을 가진 존재,
즉 배아 그 자체가 져야 할 미래적 책임 등일 것이다. 인간 배아

를 실험 대상으로 삼는 연구자들의 책임문제는 우선 일반적으로는 과학기술의 책임문제와 유사한 수준에서 논의될 것이며, 더나아가 그 대상이 인간 배아라는 특수성으로 인해 책임의 대상, 관련자, 범위, 준거, 책임실현의 영역이라는 측면에서 새로운 분석이 가능해질 것이다. 또한 '충분한 정보에 의한 동의(informed consent)'에 의해 이뤄지는 인간 배아의 실험에 대해서도 역시 그배아의 생물학적 부모에게 그 배아의 존재에 대한 책임이 제기된다. 실험 대상으로 제공되기로 동의된 배아, 착상 시도를 준비하는 단계에서 생물학적인 비교준거에 의해 제외된 배아, 착상에 실패한 배아를 동일하게 보아서는 안될 것이다. 배아의 인격적, 도덕적 지위에 대한 논증을 바탕으로 한 걸음 더 나아가 배아 존재의 존재론적 책임을 논할 수 있을 것이다. 이외에도 여기에서 드러난 세 가지의 책임 형태 간의 상호작용의 책임, 즉 메타적인 책임도 발생할 수 있다.

정보기술의 발전과 관련된 실천적 차원에서 책임의 주체와 대상을 어떻게 규정해야 하는지를 간략히 고찰해보자. 먼저 정보네트워크상에서의 어떤 행위의 결과가 미치는 범위는 가히 세계적이라고 할 만큼 엄청나다는 점은 책임의 주체를 심각하게 고려하도록 만든다. 그러나 정보네트워크상에서는 자아정체성의 혼란이나 다중자아의 정체성이 야기되기 쉽고, 또한 책임회피가 쉽게 일어날 수 있기 때문에 누가 특정행위의 주체인지가 분명히 파악되기 어렵다. 정보의 접근가능성이 무한대로 확장되는 정보네트워크에서는 어떤 의미에서 모든 사람이 책임의 주체일 수 있고 또 모두가 책임의 대상일 것을 요구한다고 볼 수도 있다. 따라서 정보기술영역에서의 책임주체는 단순히 인과적 책임의 차원에 국한되어 이해될 것이 아니라 존재론적 책임차원으로 확대되어야 한다. 즉, 정보기술영역에서의 책임은 주체의 특성상 포괄적이고 적극적인 책임을 요청한다. 한편, 정보기술영역에서의 책임의 주체에 대한 물음은 보다 실제적인 영역에서 논의될 수 있다. 정보사회에서의 행위자는 정보를 취급하는, 즉 정보를 생산하고 소비하는 자이다. 따라서 책임의 주체라는 관점에서 볼 때 우리는 정보이용자로서의 책임과 정보제공자로서의 책임을 고려할 수 있다. 그리고 책임의 대상이라는 관점에서 보면 프라이버시, 기술에의 접근가능성, 재산권, 표현의 자유, 그리고 정보의 질과 신뢰성이라는 다섯 가지 차원이 책임이 발생하는 주요 영역이라고 할 수 있다. 구체적으로 살펴보면, 정보이용자와 관련된 책임으로는 예컨대 정보가 지닌 가치를 선별하는 문제, 정보독점의 문제, 정보검열의 문제 등이 관련된다. 그리고 정보제공자와 관련된 책임으로는 예컨대 정보접근가능성에 대한 제재 문제, 지속적인 정보공급의 문제, 정보의 질과 신뢰성에 대한 문제 등이 관련된다.

따라서 책임의 구체적인 내용과 준거들은 개별 분야마다 달라질 수 있지만, 책임의 의미, 구조와 기능을 밝혀내는 과정에서 실천윤리 분야의 근간이 될 수 있는 이론적인 토대를 규명할 수 있을 것이다. 나는 근대의 윤리학이 자유의 윤리학이었다면 현대의 윤리학은 책임의 윤리학이라고 생각한다.

6장
공동체의 도덕적 책임에 대하여

1. 공동체의 책임?

도덕적 행위의 주체를 자율적인 의지를 가진 인간으로 한정하는 기존의 전통적인 윤리학의 입장을 벗어나서, 집단에게도 도덕적 지위가 부여될 수 있는가를 집단의 책임문제를 통해 살펴보고자 한다. 지금까지 집단의 책임문제는 행정학이나 경영학, 교육학이나 신학에서 조직론을 중심으로 다뤄지긴 했지만, 윤리학의 시각에서 집단의 도덕적 책임에 대한 논의가 한국에서는 많지 않다. 따라서 집단의 도덕적 책임의 근거와 유형, 그 실현방법을 모색해 보고자 한다는 점에서 집단의 행위에 대한 새로운 이해를 얻을 수 있을 것이다.

특히 현재 한국사회에서 사회 내의 각 집단들의 이익이 서로 상충될 경우 조직적인 힘의 대결 양상으로 전개되고 있는 실정이다. 현대 사회에서 개개인보다는 조직이나 집단이 막강한 영향력을 행사하고 있음을 고려해 볼 때, 집단의 도덕적 책임에 대한 요청은 불가피하다. 법 영역에서는 집단의 책임이 부분적으로 인정되고 있지만, 도덕적인 책임이 집단 그 자체에게 부여되기에는 여러 정당화의 노력이 필요하다. 특히 이러한 정당화의 전략은 집단의 종류와 성격에 따라 상이할 수밖에 없다.

니버의 책 제목인 『Moral Man Immoral Society』가 시사하는 바와 같이 도덕적 인간으로 구성된 사회도 비도덕적일 수 있는 집단의 특성이 존재한다. 사회 안에는 여러 수준의 집단들이 있으며, 더구나 현대 사회에서 이 집단들이 이익집단화되면서 자기 집단의 권리를 주장하게 된다. 특히 집단의 이익과 권리에 대한 주장과 함께 책임이 강조되어야 함에도 불구하고 집단의 책임에 대한 논의가 미약하거나 지나치게 추상적인 수준에서 거론되는 경우가 적지 않다.

개인의 도덕적 책임뿐만 아니라, 현대 사회에서 새롭게 제기되고 있는 환경문제나 생명문제에서 제기되는 사회적 책임에 대한 철학적 논의가 활발히 논의되고 있다. 전통적인 관점에서 보면 도덕행위의 주체는 항상 개별적인 인간 존재였다. 집단의 도덕적 책임을 개인주의적 시각에서 보려는, 즉 집단의 도덕적 책임을 그 집단 구성원에게 귀속시켜야 한다고 보는 방법론적 개체주의(Methodological Individualism)의 주장도 있지만, 집단 그 자체의 속성상 그 구성원 각자에게 도덕적 책임이 귀속될 수 없는 경우도 있다. 도덕적 책임을 발생시킨 조직이나 집단에서 그 소속 구성원의 경우 자기가 알지도 못하면서 자기의 직무와 역할을 성실히 수행한 경우에 우리는 집단의 도덕적 책임을 구성원 개개인에게 묻기가 어려운 경우가 바로 그러한 예일 것이다.

공동체의 도덕적 책임에 대해 논의하기에 앞서 공동체의 도덕적 책임의 존재를 반대하는 입장을 살펴볼 필요가 있다. 이러한 입장을 그레이엄(Keith Graham)은 크게 세 가지로 정리하고 있다.(van den Beld 2000: 53-61 참조) 첫 번째 입장은 공동체는 실제로 존재하지 않기 때문에 공동체에게 책임을 부과해야 한다는 것은 환상에 불과하다는 것이고, 두 번째 입장은 비록 공동체가 존재한다 하더라도 공동체는 행위자인 개인과 본질적으로 상이하므로 공동체에 대한 도덕적인 논의 자체가 불가능하다고 주장한다. 세 번째 입장은 앞의 두 입장보다 유연함을 보이지만 공동체의 도덕적 책임 논의가 가지는 본질적인 한계를 주장하고 있다. 공동체가 도덕적인 수동자(moral patient)보다는 도덕적 능동자(moral agent)로서의 중요한 특징을 갖는다 하더라도 그것은 단지 2차적이고 간접적인 방식으로 행위를 하는 것이므로, 공동체에게 도덕적 책임을 부과해야 하는 물음은 인간인 행위자에게 묻는 것과는 달라야 한다는 것이다. 여기서 첫 번째와 두 번째 입장은 존재론적으로 가능한 논의이지만, 현실적인 필연성의 측면에서 거부될 수밖에 없다. 결국 세 번째 입장에서 공동체의 행위와 개인의 행위의 구분에서, 실제로 개인들이 현실에서 수행하는 다양한 행위들 역시 공동체의 구성원으로서 수행하는 행위들을 포함하고 있다는 것과 개인의 행위능력과 유사한 공동체의 행위능력을 통해 도덕적 책임을 물을 수 있는 가능성을 찾아야 한다.

사회가 발전하면서 여러 형태의 집단이 생겨날 뿐만 아니라, 여러 수준으로 보다 세분화되어가고 있으며, 이 집단들은 이미 법의 영역에서는 책임의 주체로서 인정되고 있다. 가장 중심적인 문제는 다음과 같다. 집단이 도덕적 책임을 질 수 있는가? 개별적인 집단 구성원의 도덕적 책임과는 달리 집단 자체의 도덕적 책임이 존재하는가? 집단이 도덕적 책임을 어떻게 이행하는가? 이 물음들을 통해 알 수 있듯이, 공동체의 도덕적 책임의 구조를 분석해 볼 필요가 있다.

2. 공동체의 유형과 그로부터 제기되는 책임의 문제들은 무엇인가?

물론 공동체라는 개념 자체가 다양하게 세분화될 수 있겠지만, 여기서는 그 공동체의 수준을 몇 가지로 구분하고자 한다. 위에서 제시된 문제들에 답하기 위해서는 먼저 공동체의 종류(human collectives, groups, organizations and institution)를 구분해야 한다. 그래서 우선 서구 사회에서 공동체의 도덕적 책임에 대한 논의에서 가장 많이 논의되는 프렌치(P. French)의 구분과 행위의 측면에서 논의한 마링(M. Maring)의 구분을 대표적으로 살펴보겠다.

우선 프렌치는 집합체와 결합체, 통계적인 의미의 집단으로 구분하고, 특히 집합체를 두 가지로 구분한다. 헬드(Virginia Held)나 쿠퍼(David Cooper)가 본 것처럼, 구성원들의 시공간적 지속성을 가진 집단과, 집합체에 속하면서도 비교적 도덕적 비난을 받거나 책임이 있다고 여겨지는 공통된 특성을 지닌 집단을 구분하고 있다. 여기서는 프렌치의 공동체에 대한 구분을 근거로 하여 공동체를 다음과 같이 크게 두 가지로 구분하고자 한다.(French 1972: 37-49 참조)

1. 집합체(aggregate collectivity):

구성원이 변하면 공동체의 정체성도 변함

1) 무작위 집합체(random collective)

  (1) 구성원들 일정한 시공간적 지속성을 지님

  (2) 집단행동을 결정하는 과정이 없음

  (3) 유대감이 결여

  예: 군중, 버스정류장의 사람들

2) 비난받거나 책임있다고 여겨지는 공통된 특성을 가진 공동체

  예: 인종차별주의자

2. 결합체(conglomerate collectivity):

1) 공동체의 정체성이 조직에 속한 개인의 정체성과의 결합에
  의해 없어지지 않음

2) 세 가지 특징

  (1) 내부조직 내지 의사결정과정의 존재

  (2) 규칙화된 구성원의 행위의 기준

  (3) 정해진 구성원의 역할 및 지위

  예: 정당, 의회, 군대, 적십자, 기업 등

마링은 행위의 관점에서 개별적인 행위와 집단행위를 구분하
고 있다.(Maring 2001: 109 참조) 개별적인 행위는 개개인이 대표자
나 대리인이 아니라 자신의 이름으로 자신의 생각과 책임하에 수
행하는 행위를 의미하며, 모든 도덕적인 판단에서 1차적인 행위

(Primaeres Handeln)이다. 다수의 사람들의 행위를 의미하는 집단행위는 다시 좁은 의미의 집단행위(Kollektives Handeln im engeren Sinne)와 조직행위(Korporatives Handeln)로 구분한다. 좁은 의미의 집단행위는 "군중들의 행위, 동일한 목표를 가진 다수의 행위, 전략적이면서도 경쟁적인 조건하에서이거나 아니면 서로 독자적인 다수의 조정되지 않은 행위"(Maring 2001: 110)이다. 조직행위는 "과제지향적, 목표지향적, 구조화된, 분업적인 사회적 형성물"(Maring 2001: 110)의 행위이다.[1] 그는 조직행위와 관련된 책임을 내적인 책임과 외적인 책임으로 구분한다. 내적인 책임은 조직 내에서 발생하는 책임이며, 외적인 책임은 제3자, 사회, 세계 등에 대해 발생하는 책임이다. 여기서 외적인 책임은 다시 조직 자체로서의 조직의 책임, 구성원의 일부 내지 전체가 져야 하는 책임, 일부나 전체의 구성원들과 조직이 공동으로 부담해야 하는 책임으로 구분된다. 또한 그는 좁은 의미의 집단행위와 조직행위 모두에서 구성원들에게 책임이 소급될 수 있는 경우와 소급될 수 없는 경우를 인정하고 있다. 이러한 구분에 프렌치의 구분을 적용해 보면, 전자는 집합체의 수준에서, 후자는 결합체의 수준에서 발생하는 행위를 의미한다.

집합체에게 도덕적 책임을 물을 수 있는가? 그렇다면 도덕적 책임이 집합체의 구성원 개개인에게 분할되느냐 혹은 공유되느

---

[1]　여기서 마링은 조직을 "역할로 구조화되어 분업적인 권력구조를 가진 목표지향적인 체계"로 규정하고 있다.(Maring 2001: 112, 140. 참조)

냐의 문제가 또 제기된다. 결합체와는 달리 특별한 의사결정 구조나 내부조직, 정해진 규칙 등이 없는 집합체에게 도덕적 책임을 어떻게 물을 수 있겠는가? 이 물음에 답하기 전에 도덕적 책임 발생의 유형을 두 가지 경우로 구분하여 생각해볼 수 있다. 집합체 자체가 문제가 되는 사태의 직접적인 원인을 제공하는 경우와 직접적인 관여나 참여를 하지 않았지만 무관심이나 방관, 혹은 침묵, 묵인 등을 통해 문제가 되는 사태의 발생에 간접적인 요인이 되는 경우를 구분해 볼 수 있다. 이 두 경우에 책임의 실현과 관련하여 중요한 문제는 도덕적 책임이 구성원 개개인에게 분할될 수 있느냐의 문제이다. 이것은 책임의 분할 내지 분배의 개념으로 봐야 할지 아니면 공유의 개념으로 봐야 할지의 문제이다. 법적 책임이 분할되는 경우는 있지만, 도덕적 책임은 직관적으로 나누어질 수 있는 파이가 아니기 때문이다.

한편, 결합체의 도덕적 책임에 관한 가장 중요한 문제는 (1)구성원 개개인에게 돌려질 수 있는 책임과 그렇지 않은 책임을 구분하는 문제, 그리고 (2)구성원 각자에게 귀속될 수 없는 공동체 자체의 도덕적 책임이 존재하느냐 하는 문제, 또 그런 책임이 존재한다면 (3)공동체가 그런 책임을 어떻게 실현하느냐 하는 문제일 것이다. 첫 번째 문제에서의 책임은 집합체의 도덕적 책임과 비교 검토되어야 할 것이다. 두 번째와 세 번째 문제에서는 공동체 행위에 대한 다양한 분석모델에 따라 공동체 전체의 책임이 어떻게 발생하며 또 어떻게 실현되는가가 살펴질 것이다.

4. 구성원의 도덕적 책임과는 상이한 공동체 자체의 도덕적 책임 이 존재하는가?

요나스는 현대 사회의 두드러진 특징으로 거대 주체(Supersubjekt)의 등장을 들고 있다.(Jonas 1987: 274-5, 296-7 참조) 전통적인 입장에서, 아니 현대 사회에서조차도, 행위의 주체는 분명히 개인이다. 그럼에도 불구하고 사회 내 여러 수준의 집단, 조직, 기업 등의 책임에 대한 논의가 지속적으로 제기되는 것은 현대 사회에서 개개인이 가지는 행위의 힘에 비해 여러 유형의 공동체의 행위가 가지는 힘이 점차 증가되어가고 있기 때문이다. 공동체의 책임이 그 공동체 구성원 각자에게 소급되어 부과될 수 있다면, 공동체의 책임문제는 쉽게 개인의 책임문제로 전이될 수 있을 것이다. 이를 테면, 루이스(H. D. Lewis)는 "가치는 개인에게 속하므로 도덕적 책임자는 오직 개인"(May & Hoffman 1991: 4)이며, 따라서 "도덕적 책임은 오직 개인에게만 부과될 수 있다."(French 1972: 8)는 전통적인 견해를 대변하고 있다. 이러한 견해에도 불구하고 현대 사회에서 제시되는 책임의 사례들은 집단주체들의 행위에 도덕적인 책임의 물음을 던질 수밖에 없는 필연성을 보여주고 있다(Van den Beld 2000: 61 참조)[2] 이에 대한 가장 대표적인 예로서 기업의 사회적 책임(CSR: Corporate Social Responsibility)에 대한 논의

2 L. May(1992): Sharing Responsiblity, Chicago Univ. Press, Chicago, p. 53, 161-162; S. Scheffler(1995): "Individual Responsibility in a Global Age", Social Philosophy and Policy, 12, p. 232. 참조.

를 들 수 있다.[3]

CSR을 통해서 알 수 있는 것처럼 기업에게 도덕적 행위자로서의 역할을 요구해야 한다는 현대 사회의 필요적인 요청을 확인해 볼 수 있을 것이다.

그러나 구성원들에게 소급될 수 없는 공동체 고유의 도덕적 책임에 대한 논의는 딜레마에 빠지게 된다. 우선 구성원들에게로 소급될 수 없는 고유한 책임의 존재를 인정하게 되면, 그 책임을 져야 하는 주체가 구성원이 아니라 공동체여야 한다는 것이다. 구성원들에게 분배될 수 없는 책임은 결국 조직화된 무책임(die organizierte Unverantwortlichkeit)이 될 수 있기 때문이다. 그렇다고 해서 공동체의 고유한 책임이 구성원들에게 분배될 수 있다고 하면 그것은 결국 방법론적 개체주의를 인정하는 것이 되고 결국 공동체의 고유한 책임이라는 전제로부터 벗어나게 된다. 결국 공동체의 도덕적 책임의 문제에서 구성원들에게 소급될 수 없는 공동체 고유의 책임의 정당화 및 실현방법이 중요한 문제가 된다.

3　"1990년대 초반 이후 CSR의 중요성은 눈에 띄게 커졌다. 최근 구글 검색 사이트에서 '기업의 사회적 책임'이라는 키워드로 검색하면 3만 개 이상의 사이트를 찾을 수 있다. 인터넷에서는 기업 웹사이트에 있는 10만 개의 페이지를 포함하여 약 1,500만 웹페이지들이 CSR 분야를 다루고 있다. 아마존에서는 이 주제에 대해 600권 이상의 도서가 검색된다. 1천 개 이상의 기업들이 사회, 환경, 인권 분야에서의 실천을 관리하기 위한 행위규범을 개발했거나 그에 참여하고 있으며, 현재 2천 개 이상의 기업이 CSR 활동에 대한 보고서를 발행하고 있다. 1980년대 중반 미국에서는 사회t적 뮤추얼 펀드들이 별로 없었다. 그러나 2005년에는 1995년에 비해 펀드 수가 10배 이상 증가하였고, 이후로 200개가 넘는 사회적 펀드가 넘쳐나고 있다."(D. Vogel(2006), 『기업은 왜 사회적 책임에 주목하는가』, 김민주·김선희 역, 거름, pp. 30-31.)

프렌치는 집단의 도덕적 책임이 인정된다 해서 그것이 바로 그 구성원들의 책임까지 입증해주는 것은 아니라고 주장한다. 그는 "A라는 공동체가 n이라는 사건에 대해 책임이 있고, A는 x, y, z 라는 개인들로 구성되어 있다는 것으로부터 각각의 x, y, z가 n에 대해 책임있다는 것이 연역되지는 않는다."(French 1972: 25)고 주장한다. 예를 들면 "많은 사람들이 베트남전에서 사용된 대인용 폭탄에 의한 피해에 대해 그 폭탄을 제조 판매한 허니웰 회사(the Honeywell corporation)에게 책임있다고 말하면서도, 그러한 피해에 대해 그 회사의 구성원들에게 책임을 묻는 것은 정당하지 못하다고 생각한다"(French 1972: 25)는 것이다. 그는 공동체의 도덕적 책임의 문제에서 중요한 세 가지 물음을 던지고 있다(French 1972: 25-6 참조) 첫째는 공동체가 그 구성원들의 행위들로 간단하게 환원될 수 없는 방식으로 행위할 수 있는가? 둘째는 공동체가 실제로 행한 것과는 다른 것을 했어야만 했다는 것이 의미있는 말인가? (혹은 공동체의 행위기준이 존재하는가?) 셋째는 공동체가 실제로 취한 행위와는 다른 행위를 할 능력이 있는가? 이 물음들이 긍정되어야 공동체의 도덕적 책임의 문제를 논할 수 있을 것이다.

행위 주체로서의 공동체를 인정하는 데 있어서 공동체의 행위능력을 어떻게 보느냐의 문제는 도덕적 책임을 질 수 있는 주체의 행위능력의 문제와 연관되어 있다. 분명히 인간의 행위능력과 공동체의 행위능력을 같다고 볼 수 없다. 그렇다면 공동체의 행위능력을 어떤 측면에서 보느냐에 따라서 책임의 주체가 될 수 있는 능력, 즉 책임능력을 인정해야 하느냐의 문제로 귀결된다.

프렌치는 기업의 책임문제에 있어서 기업의 내적 결정구조(Corporation's Internal Decision Structure: CID-Structure)와 의도(Intention), 이성(reason)을 강조한다.(May & Hoffman 1991: 141-144 참조)[4] 렝크(H. Lenk)는 공동체의 행위능력이 비록 숙고의 구조와 자기 목적성이 결여되어 있다는 점에서 개별적 인간의 행위능력과 구분되지만, 그럼에도 불구하고 내적 결정구조와 행위능력(달리 행할 수 있는 능력)을 가지고 있으므로 이것에 기초하여 공동체의 자율성을 확보할 수 있다고 본다.(Wieland 2001: 134 주 86 참조) 이런 맥락에서 베어하네(P. Werhane)는 1차적(직접적, Primäres) 행위와 2차적(간접적, Sekundäres) 행위를 구분한다. 여기서 "2차적 행위는 1차적 행위에 근거하며, 행위와 그 행위의 결과를 공동체나 공동체의 목적에 의해 해석되며, 구성원들의 1차적 행위에 의존해 있는 행위이지만, 간단하게 1차적 행위로 소급될 수 없는 행위이다."(Wieland 2001: 117) 게저(H. Geser)는 조직과 기업의 도덕능력에 대해 논의하면서 공동체는 초개인적 행위자(überindividuelle Akteure)라고 주장한다.(Geser 1989: 28 참조) 결국 도덕적인 집단행위 주체(der moralische kollektive Akteur)의 문제는 도덕적인 개별행위 주체의 특징들, 이를테면 양심, 동정, 의지 등을 가지고 있지 못하기 때문에 행위의 주체로 인정될 수 없다는 주장에 의해 비판받는다. 이것은 집단행위 주체와 개별행위 주체의 동일성에 대한 물음에 대한

---

4   P. A. French(1979): "The Corporation as a Moral Person", American Philosophical Quarterly, Vol.16, no.3. 참조.

대답이라고 생각된다. 그러나 현대 사회에서 나타나는 집단행위 주체가 사회에 미치는 영향력과 행위의 다양성으로 인해 집단행위 주체가 져야 하는 도덕적인 책임에 대한 요청은 거부되기 어렵다. 하이드브링크는 현대적인 책임개념이 인과성(Kausalität), 의도성(Intentionalität), 관계성(Relationalität)의 기본요소로 구성된다고 주장한다.

> 인과성은 행위의 원인과 결과의 관계와 관련되는 객관적인 기본조건이며, 의도성은 행위자의 의도, 인식과 자발성을 포함하는 주관적인 행위의 조건이고, 관계성은 규범적인 조건으로서 특정한 가치, 규범이나 법체계와의 관계이며, 이를 통해 행위자는 자신의 행위에 대해 책임을 져야 하는 것이다.(Heidbrink 2003: 190)

결합체의 성격을 가진 공동체의 행위는 이 세 가지 책임의 요소를 충족시킬 수 있을 것이다. 이러한 다양한 노력들은 모두 공동체의 (개인들에 비해 상대적으로) 독자적인 행위능력을 인정함으로써 공동체의 고유한 책임을 정당화하려는 시도이다.

이러한 결합체의 책임능력의 조건을 규정하는 구체적인 시도로는 파인버그(J. Feinberg)[5]와 콜렛(J. A. Corlett)의 연구를 들 수 있다. 파인버그는 개인의 도덕적 책임의 요건으로, 첫째 행위자가

---

[5]   J. Feinberg(1970): Doing and Deserving, Princeton Univ. Press, Princeton, p. 223. 참조.

문제되는 행위를 직접 행해야 하며 (적어도 인과적으로 기여했어야 하며), 둘째 인과적인 기여가 잘못이어야 하고, 셋째 행위의 잘못된 측면과 결과의 직접적인 관계가 있어야 한다고 주장하는데 (French 1972: 51참조), 콜렛은 파인버그의 조건에 다음과 같이 의도성, 자발성, 인지가능성을 덧붙인다.

> 어떤 결과나 일의 상태와 관련하여 책임은 결합체에게, 첫째 결합체가 문제가 되는 행위를 실제로 했거나, 아니면 적어도 결합체의 행위, 부작위 내지 그러한 행위를 하려는 시도가 문제 상황에 대하여 기여적 과실(causal contribution)이 있는 정도(즉 인과적인 의미에서 해로운 결과에 대한 책임이 있는 정도)에 따라, 둘째 결합체가 그러한 결과와 관련된 의도적인 (intentional) 행위자인 정도, 즉 결합체의 행위, 작위 내지 시도가 결합체의 요구와 신념에 의해 야기된 정도에 따라, 셋째 결합체가 그러한 결과와 관련되어 자발적인(voluntary) 행위자인 정도에 따라, 넷째 결합체가 그러한 결과에 대하여 충분히 알고서(epistemic) 행위한 정도에 따라, 다섯째 인과적인 기여 행위가 잘못된(faulty) 정도(즉 해로운 결과에 대해 비난의 의미에서 책임있다고 여겨지는 정도)에 따라, 여섯째 해로운 결과가 결합체의 과실에 의한 것이라면, 결합체의 행위가 가진 잘못된 측면과 그 행위의 결과 사이에 인과적 관계(causal connection)가 성립되는 정도에 따라, 부과되어야 한다.(Corlett 2006: 148)

콜렛은 위의 여섯 가지 기준이 충족되면 결합체에게 도덕적 책임을 부과할 수 있다고 주장한다. 그래서 결합체의 규칙 체계가 그 결합체의 공식적인 대표자나 대의 조직에 의해 결정을 내리고, 이러한 결정이 결합체의 필요와 표방하는 목표체계에 의해 이뤄진다면, 결합체는 비록 간접적인 의미의 행위자일지라도 의도적으로 행위했다는 것이 입증되는 것이다.(Corlett 2006: 154 참조) 이런 맥락에서 투멜라도 집단의 의도를 '우리-의도(we-intention)'라고 주장한다.(Toumela 1991: 249-77 참조) 의도성은 법철학의 논의에서 제시되는 의도성(mens rea)의 조건에 해당이 되는 것이며, 자발성은 잘못된 행위(actus reus)의 조건에 해당이 된다. 이런 의미에서 볼 때 의도성이 결합체의 도덕적인 책임을 묻는 데 있어서 필요조건은 되지만 충분조건은 아닌 것이 된다. 그는 파인버그가 제시한 세 가지 조건 이외에도 의도성, 자발성, 인지가능성이 충족되어야 비로소 결합체가 도덕적 책임의 담지자가 될 수 있다고 본다. 그러나 그의 논의에서 의도성과 자발성이 어떻게 명확히 구분되는지, 결합체의 의도성과 자발성이 결합체 구성원의 일부, 즉 내적 결정 구조에서 힘을 행사하는 일부의 구성원들의 의도성, 자발성과 어떻게 구분되는지에 대해서는 명확하게 제시하지 못하고 있다. 결국 결합체의 행위가 규칙에 근거하는, 목표지향적인 내적인 결정 메커니즘의 존재를 통해 이 세 가지 조건은 논리적으로 구분되어지긴 하지만, 현실적으로는 결합체의 구체적인 행위로 나타나게 된다.

내적 결정구조를 가지는 결합체의 경우에 행위능력과 책임능

력이 인정된다면, 그러한 것들이 결여되어 있는 집합체의 경우
는 어떻게 정당화될 수 있는지에 대해 살펴봐야 할 것이다. 집합
체의 도덕적 책임의 경우에 대해서는 쿠퍼(D. Cooper)와 헬드(V.
Held)의 상반된 주장을 통해 논의될 수 있다. 우선 쿠퍼는 집합체
의 경우에는 도덕적 책임을 물을 수 없다고 하면서 결합체의 책
임을 주장하는데, 이것은 분배될 수 있는 책임과 분배될 수 없
는 책임으로 나눠지며, 후자가 체계(System)의 책임이라고 주장한
다.(French 1972: 136 참조)[6] 그러나 헬드는 특정 조건하에서는 집합
체에게도 도덕적 책임을 물을 수 있다고 주장한다. 그녀는 집합
체와 결합체를 의사결정과정의 유무에서 찾으며, 집합체에게는
분배될 수 있는 책임이, 결합체에게는 분배될 수 없는 책임을 물

---

6   그는 집단의 분배될 수 있는(collective and distributive) 책임과 분배될 수 없는(collective
    and non-distributive) 책임을 구분하면서, 집단의 분배 불가능한 책임의 예를 다음과
    같은 가상적인 상황으로 설명하고 있다.: "19세기의 미국 서부의 변방에 있는 작은
    마을을 상상해보자. 법과 질서의 유지를 위해 시민들은 자경단을 구성하였지만, 처
    음부터 자경단은 그 마을의 정의를 실현하기 위해서가 아니라 이방인이나 다른 마
    을로부터 마을 주민들의 이익을 보호하는 것이 주된 목적이었다. 언제부터인가 마
    을 주민들의 권리를 보호하고 이방인을 추방하는 것이 당연한 관례처럼 여겨지게
    되었다. 이러한 관례가 오랫동안 지속되다가 어느 날 그 마을에 들른 낯선 카우보
    이에게 부당한 결정이 내려지고 마을에서 추방당하게 되었다. 그 지역의 어느 신문
    에 다음과 같은 기사가 나왔다.: 폭력적인 자경단이 카우보이에게 부당한 행위를
    한 것에 대해 책임을 져야 한다."(French 1972: 137) 그는 집단의 분배될 수 없는 책임
    이 개인의 책임과 관련될 수 있는 세 가지의 경우를 제시한다. "우선 어떤 구성원
    도 책임이 없는 경우, 둘째는 가장 일반적인 경우인데, 일부의 구성원들이 책임이
    있지만, 그럼에도 불구하고 집단의 책임이 존재하는 경우이며, 세 번째는 구성원
    각자가 개별적으로 모두 책임있다고 생각되면서도 집단의 책임이 이 구성원들이
    짊어질 책임의 합보다 더 중요하다고 생각하는 경우이다."(French 1972: 136)

어야 한다고 본다. 그녀는 집합체(random collection)의 행위 중에서
특히 부작위의 문제를 예로 들면서, 집합체가 주어진 상황에서 요
청되는 행위를 하지 않았을 경우에 책임의 문제가 발생한다고 설
명한다.(French 1972: 158 참조) 그 예를 다음과 같이 설명하고 있다.

> 지하철에 정상적으로 보이는 7명의 사람들이 있다고 가정
> 해보자. 이들은 서로 전혀 모르며, 각기 따로 앉아 있다. 이
> 들 중 두 번째로 키가 작은 사람이 일어나서 가장 키가 작은
> 사람을 통로로 밀어놓고 다른 사람들이 다 보는 곳에서 때
> 리고 나서 목을 졸랐다. 만약 남은 다섯 명의 사람들이 아무
> 런 조치도 취하지 않은 동안에 결국 그가 죽고 말았다면, 우
> 리는 "그들이 가해자를 진압했어야만 했다"는 판단을 할 수
> 있는가? 남은 다섯 명 중 어느 누구도 혼자서 그를 진압할
> 수 없었다는 것도 가능하다. 그렇지만 적어도 둘 이상의 사
> 람들이라면 스스로에게 피해를 입지 않으면서도 가해자를
> 진압할 수 있었을 가능성이 매우 높다. 그 자리에 있던 사
> 람들이 많은 것이 아니어서 혼란이 일어나지는 않았을 것이
> 다. 이러한 경우에 우리는 집합체(random collection)에게 결합
> 체(group)로서 행위를 하지 못한 것에 대해 도덕적으로 책임
> 이 있다고 말할 수 있을 것이다. (French 1972: 158 참조)

그녀는 집합체와 결합체의 책임을 비교하면서, "집합체 R이
m, n, o로 구성된 집합체이고, R이 도덕적으로 책임이 있다면, m,

n, o가 도덕적으로 책임있다"(French 1972: 161)고 주장한다. 그러나 "동일한 구성원으로 이루어진 결합체라면 R의 책임은 m, n, o의 책임과 동등하게 나타나지 않는다. 왜냐하면 결합체는 구성원들이 집단으로 행위하는 의사결정의 방법을 포함하고 있으며, 이러한 결합에 대한 도덕적 책임의 분배는 개연성이 없어 보인다."(French 1972: 161-2) 그녀의 주장을 받아들이면, 결국 집합체는 주어진 상황에서 이성적으로 요청되는 행위를 결정하고 실현하지 못한 것에 대해 도덕적인 책임을 져야한다.(French 1972: 161 참조) 위의 예에서 남은 다섯 명의 구성원들이 집단적인 행위를 결정하지 못한 것에 대해 도덕적인 책임을 물을 수 있다.

쿠퍼는 구성원들에게 분배될 수 없는 책임을 체계의 책임이라고 부르고 있고, 헬드는 분배될 수 있는 것은 집합체의 책임문제이고, 분배될 수 없는 것이 결합체의 책임문제라고 보고 있다. 그러나 우선 집합체의 경우 분배될 수 있는 것과 공유되는 것은 분명한 차이가 있다. 헬드가 제시한 위의 예에서 한 명의 죽음에 대해 다른 다섯 명에게 물어지는 책임은 분배된 책임이 아니라 공유되는 책임이라고 생각된다. 만약에 이것이 분배될 수 있는 책임이라면 그 다섯 명의 방관자들은 각각 한 사람의 죽음에 대해 1/5의 책임을 진다는 것인데, 법적인 영역에서는 몰라도 도덕적인 영역에서는 그 구성원들 각자가 한 사람의 죽음에 대해 책임이 있는 것이다. 쿠퍼의 체계책임도 결국 사회 관습이나 제도에 의해 일어나는 일에 대한 책임의 성격을 규명했다는 점에서는 의미가 있지만, 그러한 책임을 어떻게 실현하느냐의 물음은 결국 더 어려운 문제를 드러낸다. 예컨대 그러한 관습이나 제도의 수정, 즉 체계의 소멸을 책임의 실현으로 보기는 어렵기 때문이다.

5. 공동체의 책임에 대한 논의의 성격은 무엇인가?

프렌치는 도덕적으로 책임을 진다는 것, 즉 도덕적인 행위자가 된다는 것은 무엇보다도 의도적인 행위자를 전제로 한다고 본다.(French 1984: 38) 그렇지만 그는 도덕적 인격이 생물학적인 실체에만 국한될 필요는 없으며, 권리와 책임이 부과될 수 있는 존재면 된다고 주장한다. 공동체의 책임을 주장하는 대부분의 논의들은 우선, 공동체의 의도의 존재를 인정하고(mens rea의 전제), 둘째 공동체의 행위는 구성원의 개별적인 행위로 환원될 수 없다는 것(actus reus의 전제)을 기본적인 전제로 가지고 있다. 그러나 첫 번째 전제는 공동체의 내적 결정구조를 통해 해결될 수 있다고 보지만, 두 번째 전제는 문제가 있다. 우선 공동체의 행위는 물리적으로 보더라도 결국 그 공동체 구성원들의 행위로 환원되어질 수밖에 없다. 그래서 공동체의 책임에 대한 논의에서 중요한 것은 결국 공동체의 행위가 개인의 개별적인 행위를 통해 이뤄진다는 것이 부정되어서는 안되지만, 그렇다고 해서 공동체 자체의 책임이 개별적인 행위자에게로 환원될 수 있는 것이 아님을 강조하는 것이다. 공동체의 행위는 분명히 개별적인 구성원들의 행위를 통해서 실현된다. 그렇다고 해도 공동체의 행위의 결과에 대한 책임이 개별적인 구성원들에게 배분될 수 없는 부분들이 존재한다. 그러한 부분들이 존재하는 이유는 공동체의 의도 혹은 집단의지

(der Gruppenwille)가 존재하기 때문이다. 그래서 공동체의 책임문제는 결국 공동체 구성원이 자신이 하지 않은 행위에 대해서도 책임져야 하는 상황을 야기하기도 한다. 자기가 하지 않은 행위에 대한 책임의 근거는 책임 사태를 불러일으킨 공동체의 구성원이라는 사실로부터 나온다.

결합체의 성격을 갖는 공동체는 "개체적인 인간보다 상위의 사회적, 상징적인 의미로 구조화되고 해석되는 수준에서 의도를 가진, 목표 지향적이지만 개개인에게로 소급될 수 없는 2차적인 의미에서의 행위를 할 수 있다."(Maring 2001: 133) 결합체의 성격을 갖는 공동체는 결국 행위의 체계이다. 모든 행위의 체계는 행위의 결과에 대해 도덕적인 책임이 부여되어져야 한다. 따라서 결합체의 성격을 갖는 공동체의 행위에도 도덕적인 책임이 부여되어져야 한다.(Maring 2001: 133 참조)

공동체 자체의 책임이 광범위하게 적용되는 것을 피해야 하며 개인의 책임과도 분명히 차별화되어야 한다. 그래서 공동체의 책임은 적용에 있어서 엄격한 제한이 가해져야 한다. 왜냐하면 구성원들의 책임과 구별되는 공동체의 책임을 인정하는 것이 조직화된 무책임 현상을 초래할 수 있기 때문이다. 그래서 공동체 내에서 분배될 수 있는 책임에 대한 디자인이 요청된다. 구성원들에게 분배될 수 없는 책임은 구성원 전체에 의해 공유되는 책임으로 간주되어야 할 것이다. 공유되는 책임이 결국 무책임으로 변해진다면(조직화된 무책임의 현상) 그러한 공동체는 지속성을 보장받지 못할 것이다. 이럴 경우 공동체의 존재의 의미가 심각하게 위협받거나 상실되는 경우가 발생하게 된다.

7장
먹거리의 윤리학

나는 이 글에서 '우리는 먹는다'라는 말에서 생략된 것에 대해 생각해보고자 한다. '오늘 뭘 먹을까?'라는 물음은 우리가 식사 때마다 하는 고민이다. 나는 매일 학교 앞에 있는 여러 식당 중에서 그날의 날씨에 따라, 기분에 따라, 동행자에 따라, 주머니 사정에 따라 먹을 것에 대한 선택에서 고민하게 된다. 때론 먹는 것이 귀찮게 여겨져 건너뛰거나, 건너뛴 한 끼는 영원히 돌아오지 않는다는 생각에 한 끼 때우거나, 아니면 정말 반가운 친구와의 정겨운 식사가 즐겁기도 하다.

인간은 자연에서, 그리고 사회 속에서 먹을 수 있는 것과 먹을 수 없는 것을 구별해야 하고, 먹을 수 있는 것에서 다시 먹어도 되는 것, 먹어야만 하는 것 그리고 먹어서는 안 되는 것을 구별해 내야 한다. 인간은 그래서 먹을거리에 대한 끊임없는 고민을 하게 된다. 잡식동물들은 자연이 차려놓은 많은 먹을거리 중에서 어떤 것을 먹어야 하는지를 알아내기 위해서 뇌의 많은 공간과 시간을 할애해야 한다. 자연 속에서 먹을 수 있는 것과 먹을 수 없는 것 사이에서 고민하던 인간은 이제 슈퍼마켓에 진열

되어 있는 그 수많은 먹을거리 중에서 어느 것을 택하느냐는 고민에 빠지게 된다. 이 고민 속에서 새로운 먹을거리에 대한 추구(neophilia)와 안전한 먹을거리에 대한 의존(neophobia)은 갈등하게 된다. 또한 우리는 좋은 먹을거리와 나쁜 먹을거리의 구분을, 즉 먹을거리에 대한 가치판단을 은연중에 하고 있다. 아이가 피자나 햄버거와 같은 패스트푸드를 김치나 떡보다 좋아한다면 부모는 고민에 빠진다.

먹는 행위를 통해 인간은 자연의 순환에 참가하게 된다. 자연으로부터 영양분을 흡수하는 신진대사 작용을 통해 인간은 자연과 소통하게 되는 것이다. 먹는 행위는 자연의 법칙에 속하는 행위이다. 먹는 행위는 인간이 인간 밖의 환경과 상호작용을 하면서 인간 외적인 것을 자기화하는 과정이다.

먹는 행위는 생물학적인 행위이면서 동시에 문화적 행위이다. 우리는 문화권마다 다양한 먹을거리와 그에 대한 조리법을 가지고 있다. 나라마다 지역마다 음식 문화가 있으며, 또 금기시되는 먹을거리가 존재한다. 그러다 보니 문화적 차이로 인한 오해와 편견이 발생하기도 한다. 고유한 음식 문화를 통해 우리는 동질감과 연대감을 형성하게 된다. 어느 나라, 어느 문화권에서도 모든 잔치에는 항상 음식과 여흥이 수반된다. 소문난 잔치에 먹을 것이 없다면 그것은 좋은 잔치가 아닐 것이다. 오랜 여행길 끝에 먹게 된 우리 음식에 대한 강렬한 욕구는 아마 누구라도 한 번쯤은 경험했을 것이다.

먹는 행위는 분명 배고픔의 충족이라는 본능적인 성격을 갖지만, 정신적인 측면과의 관련성도 강하게 가지고 있다. 우리는 어떤 목적을 위해 때로는 단식하기도 하고 절제하기도 한다. 아무리 배가 고파도 먹어서는 안 되는 것이라면 우리는 그것을 거부한다. 또한 우리는 배가 터지도록 먹을 수 있다. 아마도 지구상에 소화제의 도움을 받으면서까지 먹는 존재는 인간뿐일 것이다. 먹는 행위는 정신의 작용을 통해 제어되어야 하는 성격을 갖는다.

먹어야 할 것의 선택은 바로 어떻게 먹어야 하는가에 대한 물음으로 이어진다. 예컨대 식당에서 불가피하게 혼자 먹어야 하는 경우를 생각해보자. 일본에서는 혼자 먹는 사람을 위한 식당도 있다고 하지만, 식당에서 혼자 먹는 경우를 즐거워하는 경우는 많지 않을 것이다. 원래 음식은 같이 먹는 것이고 그래서 나누어 먹는 것이고, 음식에는 그래서 자연스럽게 이야기가 덧붙여진다. 음식에는 음식을 하는 사람의 관심과 애정이 담겨져 있기 때문에 익명의 다수를 위해 만들어진 밖에서 사 먹는 상품으로서의 음식과 집에서 정성껏 마련된 음식은 결코 비교되기 어려울 것이다.

여기 소개되는 세 권의 책은 무엇을 먹어야 하는가에 대한 물음과 관련이 있다. 『사육과 육식 - 사육동물과 인간의 불편한 동거(Hunters, Herders, and Hamburgers)』는 역사학자인 리처드 불리엣(Richard W. Bulliet)이 인간과 동물의 관계를 사육(domestication)이라는 측면에서 분석한 것이다. 그는 인류의 역사를 거시적으로 전기 사육시대(predomesticity), 사육시대(domesticity), 후기 사육시대(postdomesticity)로 구분하고 각 시대의 유형적인 특징을 밝혀내면서, 사육화의 기원에 대한 여러 가지 추론적인 설명을 제시하고 있다. 특히 그는 사육화의 기원에 대해서는 우리가 알고 있던 통설의 문제점을 제시하고(동물의 자연선택이나 인간의 선택적이며 의도적인 교배에 의해 사육되었다는 주장), 그는 사육화가 시작된 이유를 종교적인 행사, 특히 희생제의로부터 찾고 있다.

그가 구분한 전기 사육시대는 인간과 동물의 경계가 모호해서 동물이 사냥의 대상인 동시에 숭배의 대상이 되었던 시기이며, 사육시대에는 인간의 이해관계에 따라 동물이 철저히 대상화되었던 시기이고, 후기 사육시대는 그러한 대상화가 상품화로 정점을 이루며, 인간과 동물의 격리가 산업화의 과정을 통해 진행되면서도 전기 사육시대적인 정서가 다시 생기는 시기라고 분석하고 있다.

사육시대에서는 인간과 동물의 접촉이 빈번하였고, 동물의 교미장면이나 도살장면은 그 시대의 사람들에게 새로운 사실이나 충격적인 사건이 되지 않았는데, 동물들과 격리된 삶을 사는 후기 사육시대의 현대인들이 사육동물을 접하게 되는 상황은 애완용 동물을 기르거나 아니면 슈퍼마켓에서 볼 수 있는 것처럼 깨끗해 보이는 용기에 담긴 고깃덩어리거나 패스트푸드점에서 보게 되는 프라이드치킨을 보는 경우라는 것이다. 최근에 공장식 농장(factory farming)에서 벌어지는 가축의 도살장면이 현대인들에게는 매우 충격적으로 다가오는 이유를 그는 다음과 같이 설명한다. 우리는 프라이드치킨이나 비닐로 포장된 소고기를 보면서 그것이 어떻게 거기에 그렇게 있게 되었는지를 망각하고 있다는 것이다. 또한 우리의 아이들이 보는 텔레비전의 만화프로그램이나 이야기책을 보면 동물들은 대체로 의인화되어 나온다. 그래서 미국에서 상영된 〈베이브(BABE, 1995)〉라는 영화에서 주인공인 돼지가 도살 직전에 두려워하는 것을 보고 나서 고기를 먹지 않겠다고 말하는 아이들이 나오게 되는 것이다. 나는 어렸을 적 언제부터인가 대학시절까지 육식을 하지 않았다. 그렇다고 해서 내가 의식적인 채식주의자였던 것도 아니었다. 내가 육식을 하지 못했던 것은 어린 시절 어머니 손에 이끌려 갔던 동네의 재래시장에서 닭의 도살장면을 보게 되었고, 그 장면이 너무나 생생하게 기억되었기에 육식을 하지 못했었던 것이다. 현대인들의 이러한 정서적인 반향이 후기 사육시대의 주요한 특징이다. 최근에 동물의 권리나 복지, 혹은 고통에 대한 관심은 현대인들의 이러한 정서적인 반향과 무관하지 않을 것이다. 얼마 전 모 일간지에 미국산 소고기의 수입에 대한 사회적 논쟁이 벌어질 무렵, 한국산 소고기의 안전성을 강조하는 광고에 문구와 함께 푸른 목장을 배경으로 순진하게(?) 서 있는 송아지의 모습을 찍은 사진이 게재된 것을 본 적이 있다. 여기서 느껴지는 아이러니가 바로 불리엣이 주장한 후기 사육시대의 정서적 반응일 것이다.

『잡식동물의 딜레마(Omnivore's Dilemma: The Natural History of Four Meals)』에서 저널리스트인 마이클 폴란(Michael Pollan)은 산업적 음식사슬, 전원적 음식사슬, 수렵 및 채집 음식사슬로 구분하고, 이를 실제로 그 사슬을 식탁에서부터 역추적하면서 현대인의 음식 문제를 진단하고 있다. 잡식동물의 딜레마는 초식동물이나 육식동물과는 달리 인간은 먹을 것이 정해지지 않았기 때문에 어느 것을 먹어야 한다는 자연적인 필연성과 먹는 것에 대한 불안으로 끊임없이 인류를 고민하게 만든다는 것이다.

그는 산업적 음식사슬을 추적하는 과정에서 일반적으로 미국의 슈퍼마켓에는 약 4만 5천 가지의 물품이 있는데, 그중 4분의 1 이상에 옥수수가 들어있음을 알게 되었다. 식품뿐만 아니라 치약, 화장품, 일회용 기저귀, 쓰레기봉투, 표백제, 숯, 성냥, 배터리, 잡지 표지의 광택제뿐만 아니라 슈퍼마켓 건물의 벽판과 이음재, 리놀륨과 유리섬유와 접착제 등의 제조에 옥수수가 관련되어 있다. 식용, 사료용, 산업용 옥수수의 재배가 그 당시의 정치적, 사회적, 경제적 상황에 맞춰 증가하였으며, 특히 사료용 옥수수는 현대 미국의 목축산업에서 공장식 농장의 구성에 매우 중요한 역할을 하게 되었다. 시장경제에서 가장 중요한 기준이 되는 효율성을 제고하기 위해 만들어진 공장식 농장은 집중적인 가축 사육시설(CAFO: concentrated animal feeding operations)로 대표되는데, 싱어가 『동물 해방』이라는 책에서 가축사육의 잔인함을 생생하게 묘사했던 가축사육시설이다. 폴란이 분석한 산업적 음식사슬의 문제는 크게 두 가지로 요약될 수 있는데, 첫째는 초식동물의 사료가 풀이 아니라 옥수수와 기타 영양보충제와 각종 호르몬, 그리고 항생제라는 것이고, 둘째는 사육시설의 비위생성, 비자연성과 사육행위의 잔인함이다. 물론 이외에도 옥수수 재배의 증가가 가져오는 생태학적 손실의 문제, 고기의 생산과 소비에 드는 에너지의 비효율성 등에 대해서도 설득력 있는 논지를 피력하고 있다.(싱어의 분석에 의하면 1파운드의 닭고기를 위해서는 3파운드의 곡물이,

1파운드의 돼지고기를 위해서는 6파운드의 곡물이, 1파운드의 소고기를 위해서는 13파운드의 곡물이 필요하다.)

전원적 음식사슬을 추적하면서 폴랜은 현대인들이 선호하는 유기농의 문제를 산업유기농의 문제와 초유기농(beyond organic)의 문제로 구분하고 있다. 이것은 대량생산체제를 가지며 장거리 유통 가능성을 지닌 산업유기농을 변질된 유기농으로 볼 것인지, 아니면 유기농의 시장 적응화로 볼 것인지의 문제이다. 산업화된 유기농을 비판하면서 진정한 유기농이라고 주장하는 소규모의 근거리 유통체계를 지향하는 초유기농의 경우 로컬푸드 운동이나 대도시 구매 모임을 통해 대안을 모색하고 있다. 다양하게 쓰이고 있는 유기농의 진정한 의미를 찾는 과정에서 근본적으로 유기농식료품이 다른 식료품에 비해 비싸야 하는 아이러니를 느끼게 된다.

폴랜의 이야기를 듣다 보면 먹을거리의 문제는 결국 농업과 축산업이 경제적인 논리로 산업화되어가는 현상에서 파생되는 문제이며, 경제적 효율성과 생태적 효율성의 갈등 문제로 여겨진다. 이제 이 분야에서 강조되었던 경제적 효율성을 추구하면서 발생하게 되는 문제들로 인해 점차 생태적 효율성의 중요성이 부각되고 있다. 미국산 소고기의 안정성에 대해서는 미국 내에서도 많은 논란이 있으며, 더구나 그것을 수입하고자 우리나라에서 국민들 사이의 불안이 제기되는 것은 당연하다고 생각된다. 그러나 미국산 소고기의 안정성 못지않게 중요하게 생각해야 할 것이 있다. 그것은 우리가 좋아하는 한국산 소고기가 곡물사료나 항생제, 잔인한 사육 및 도살행위로부터 과연 안전한가라는 것이다. 즉 지속가능한 사육에 대한 물음을 우리 자신에게 먼저 돌려보아야 할 것이다. 이 책을 다 읽으면서 내 머릿속엔 우선 가공된 식품은 가능한 한 먹지 말아야 한다는 생각(생물학적, 생태학적인 안정성을 위해서), 그리고 내가 먹는 것이 어디로부터 어떻게 내 앞에 놓여 있게 되었는지에 대해서 관심을 가져야 한다는 생각이 들었다.

철학자인 피터 싱어와 농부 출신의 변호사인 짐 메이슨이 쓴 『죽음의 밥상』이라고 번역된 제목이 매우 도발적이지만, 이 책의 원제목은 『먹을거리에 대한 윤리(The Ethics of What We Eat)』이다. 저자들은 이 책에서 전형적인 마트 쇼핑과 육가공 식품 애호 가족, 유기농식품과 해산물을 주로 먹는 양심적 잡식주의 가족, 완전 채식주의 가족들의 집에서 그들이 선택한 먹을거리를 추적하면서, 대량 사육시스템의 문제, 광고와 각종 품질보증제도를 이용한 식품업자와 대형마트의 장난과 거짓, 지역 생산 음식의 진실, 공정무역상표가 붙은 제품의 이면, 윤리적 소비 내지 지속가능성의 가능성과 사회적 책임, 외식과 가정식의 경제학, 유전자 조작 식품의 문제, 비만의 윤리적 문제, 육식주의의 문제 등을 분석하고 있다. 이 책을 통해 현대 사회에서 먹을거리에 관련한 매우 다양한 윤리적인 이슈들을 찾아볼 수 있다.

우리가 먹을거리를 선택하는 현대적인 기준은 맛, 가격, 편리함이다. 여기에 건강에 대한 기여도가 점차 강조되고 있는 실정이다. 그러나 이 책의 저자들은 여기에서 보다 중요한 기준으로 동물의 고통과 생태적 지속가능성을 포함시켜야 한다고 주장한다. 그들은 식생활의 윤리적인 문제를 제기하면서 윤리적인 식품 소비를 해야 한다고 주장한다. 시장에서 먹을거리를 구입하는 행위가 이제는 정치적, 경제적, 윤리적 의미를 지니는 행위가 된다는 것이다. 예컨대, 보다 많은 사람들이 유기농식품을 사게 된다면, 이것이 공장식 농업이나 이를 후원하는 정부, 경제적 효율성만을 중시하는 생산자들에게 중요한 압력으로 작용하게 된다는 것이다.

저자들이 설명하는 '고기 생산 공장(CAFO)'에서는 동물의 고통에 대한 고려는 전혀 없으며, 단지 수익성과 효율성만이 강조되고 있는 실정이다. 그들은 닭, 돼지, 소들의 인지 능력과 정서 능력을 입증하는 자료를 제시하고 있으며, 이들이 고통받는다는 것을 극명하게 드러내고자 한다. 더구나 소의 사육과정에서 이미 90년대 말에 유럽의 광우병 사태로 인해 전 유럽에서 금지된 동물사료가 아직도 미국에서 허용되고 있다는 사실은 매우 충격적이다. 뿐만 아니라 곡물사료가 소의 '사육장 위장확장증'에 의한 질식사의 원인이 되기도 한다. 이와 같은 다양한 이유로 사육장의 소의 수명도 과거에 비해 많이 단축되었다.

현재 시장에서 사용되는 각종 인증 제도의 경우에도 사육과 유통과정의 문제와 해결을 보증하기에는 어려우며, 소비자들의 선택을 기만하게 유도하는 경우들이 빈번하게 발생하고 있을 뿐만 아니라, 지역 경제를 살리며 환경 및 에너지의 문제를 줄이는 로컬푸드 운동이 지역이기주의로 흐를 수 있는 문제점과 공정무역을 위한 여러 노력들의 성과들도 제시하고 있다. 또한 육식용 고

기의 생산이 갖는 물과 에너지의 비효율성을 들어 육식의 문제점
을 지적한다.

결론적으로 저자들은 먹을거리에 대한 윤리적인 고려사항을
다음과 같이 제시한다. 첫째 우리는 우리가 먹는 음식이 어떻게
만들어졌는지 알 권리가 있으며(투명성), 둘째 식품 생산의 비용
을 다른 쪽에 전가하지 말아야 한다. 셋째 중요하지 않은 이유로
동물에게 고통을 주는 것은 잘못이다.(인도주의) 넷째 노동자들은
타당한 임금과 작업조건을 보장받아야 한다.(사회적 책임) 끝으로
생명과 건강의 유지는 다른 욕망보다 정당하다.(필요성)

이 책에서 저자들은 공장식 농장에서 사육 도살된 육류의 윤리
적, 생태적 문제를 제기하면서 이에 대한 매우 강도 높은 비판을
한다. 육식보다는 채식의 필요성을 강조하면서도 적어도 우리가
먹을거리를 선택하는 데 있어서 적어도 그것이 나와 남들에게,
또 생태계에 어떤 영향을 미치는지에 대해서 생각해 보기를 권고
한다.

지금까지 살펴본 내용을 통해 이제 우리는 먹을거리의 선택에
대해 심각한 고민을 하게 된다. 폴랜, 싱어와 메이슨의 논의를 통
해 살펴본 현대식 축산업의 문제점은, 불리엣의 분석에 의해 보
면, 사람과 동물의 격리로 인해 사람들에게 많은 충격으로 다가
온다. 폴랜은 인도적인 사육방식을, 싱어와 메이슨은 육식보다는
채식을 강조하는 해결책을 우리에게 제시하고 있다. 물론 싱어와
메이슨은 동물의 고통에 대한 도덕적 민감성을 육식에 대한 거부
의 중요한 근거로 제시하고 있다. 그러나 현대식 축산업의 문제

가 있기 때문에 경제적인 효율성을 추구하는 잔인한 사육방법에 의해 제공된 육류를 선택하는 것을 거부해야 한다는 주장은, 특히 불리엣이 지적한 후기 사육시대의 특징을 고려해 본다면, 설득력있게 다가올 것이며 현대인들의 정서적인 동조를 끌어낼 수 있을 것이다. 그러나 그렇다고 해서 육식 자체가 문제라는 견해는 일반적인 지지를 받기 어려울 것이다. 육식은 채식 못지않게 인류의 오랜 습관이며, 인간은 누구나 자기가 먹을 것에 대한 선택의 자유와 미각의 자유를 갖고 있기 때문이다.

폴랜이나 싱어의 고발처럼 현대식 목축산업의 실상과 그로부터 우리가 체감할 수 있는 동물의 고통문제는 분명히 해결되어야 할 것이다. 그것이 인간을 위해서든, 동물을 위해서든 간에 말이다. 그러나 동물 그것도 고등동물의 고통에만 민감해야 할까? 쾌락과 고통의 감수 능력을 비교적 고등동물에게로 한정하는 데에는 많은 철학적, 윤리적 문제가 드러난다. 하등동물이나 식물에게 고통의 감수 능력이 없다는 것을 어떻게 입증할 수 있는가? 싱어는 야생 무지개송어에 대한 실험 결과를 소개하면서 물고기도 고통을 느낄 수 있음을 말하고 있다. 이제 나무의 고통, 숲의 고통에 대해서도 그것이 인간의 고통과 다른 차원이라 할지라도, 고통이라는 단어 대신에 다른 단어를 선택한다 하더라도, 모든 생명체는 나름의 고통을 가지고 있지 않을까? 슈바이처(A. Sch-weitzer)는 생명체의 살려는 의지에 대한 경외(Ehrfurcht)를 가져야 한다고 주장한다. 모든 생명체는 동등하다는 동등성이라는 도덕적 원칙과 그럼에도 불구하고 자연의 불가피한 생명체들 간의 차등성의 원칙, 생명체들 간의 사랑의 원칙이라는 삼협화음에서 슈바이처는 생명 경외를 주장한다. 그는 인간이 살기 위해 어찌 할 수 없는 다른 생명체의 훼손이라는 자연법칙의 저항할 수 없는 폭력에 대해 인간은 살아있는 모든 것에 대한 책임을 져야한다고 응답한다. 동물윤리에서 주장되는 종의 정의(Artgerechtigkeit)에서 벗어나버린 정당하지 못한 고통의 문제를 인도적인 사육, 지속가능한 사육으로 완화시킬 수 있지 않을까?

이 세 권의 책을 통해 먹을거리의 문제에는 경제적이며 산업적인 효율성에 대한 관심과 생태윤리, 생명윤리, 동물윤리적인 관심들이 얽혀있음을 알게 된다. 먹을거리의 공급, 유통과 소비 과정에서 제기되는 문제를 해결하기 위하여 미국에서 진행되는 로컬푸드와 대도시 공동 구매, 채식주의와 비건(Vegan), 인도적 사육 방법, 가족형 농장, 여러 종류의 신뢰할 만한 인증 제도, 슬로우푸드, 초유기농(beyond organic), 근거리 소비주의(locavores) 등과 같은 새로운 대안적인 생산, 유통, 소비의 형태들의 특징과 문제점들이 제시되고 있다.

우리 사회에서는 먹을거리에 대한 불감증이 만연되어 있어서, 아니 어떻게 보면 너무나 쉽게 믿어서, 혹은 너무 바빠서 생각해 보려 하지 않기에, 특정 먹을거리가 문제가 있다고 알려지기 전까지 우리가 시장에서 사는 먹을거리를 애써 의심하지 않는다. 소비자들은 먹을거리에 대한 어떤 문제가 나오면 그 먹을거리에 대해 너무나 분명하게 등을 돌린다. 중국산이 한국산이나 북한산으로 너무 쉽게 둔갑해 버리고, 먹을거리의 안전성에 대한 검사

기준이나 인증 제도의 객관성과 실효성이 확립되어있지도 않은 상태에서 과연 어디서 먹을거리에 대한 정보를 얻을 수 있을까?

먹을거리에 대한 윤리 문제를 생각해 볼 때, 우리가 과연 먹을거리의 선택에 얼마만큼의 시간과 노력을 들여야 하는가? 현대의 바쁜 삶 속에서 이제는 우리가 선택하는 먹을거리에 대해 더 많은 시간과 돈을 들여야 한다는 게 너무 무리한 요구처럼 받아들여지기도 하지만, 이제는 먹을거리가 우리 앞에 오게 되는 경로와 그 방법에 대해 물어보고, 그 먹을거리의 이야기에 귀를 기울이고자 하는 의지가 요청된다. 이제는 우리가 우리의 먹을거리에 대한 심각한 고민을 해야 할 때이다. 왜냐하면 '잘 산다는 것(Well-being)'은 '잘 먹는다는 것(Well-eating)'과 직결되어 있기 때문이다.

8장
말하기와 말 듣기 그리고 철학 멘토링

1. 말하기와 말듣기의 어려움

요즘 우리 사회에서는 소통의 부재에 대한 문제가 심각하게 제기되고 있다. 말을 한다는 것은 사유한다는 것인데 이성이라는 뜻이 로고스에 붙여진 이유가 바로 이것이다. 그렇다면 우리가 말을 하는 이유는 과연 무엇일까? 나는 그 이유를 '다름'에서 찾고 싶다. 같다면 말할 필요가 없을 테니 말이다. 나와 생각이 다르고, 느낌이 다르고, 행동이 다르니까 말하고 싶어진다. 왜 다른지에 대해서 묻고 싶어진다. 이것은 테제에 대한 안티테제의 물음이다. 다름과의 의사소통을 통해 처음의 다름과 다른 또 하나의 다름이 생겨난다. 이 다름은 테제와 안티테제와는 또 다른 것이다. 끊임없는 다름의 변증법이 바로 우리가 말을 하고, 말을 해야만 하는 이유일 것이다.

말하는 것도 싫고 말을 듣는 것도 싫다는 것은 타자와의 소통을 거부하는 것이고, 이것은 자만이거나 고립을 나타낸다. 그런데 우리는 심지어 나와 다름을 싫어하고 미워하기까지 한다. 그럴 필요가 없는 것인데도 말이다. 겨울이 싫어도 겨울은 오기 마

련이고 올 수밖에 없다. 물론 겨울이 없는 따뜻한 남쪽 나라로 가
면 되겠다 싶지만, 마음속의 겨울까지 피해갈 수는 없을 것이다.
이와 마찬가지로 우리는 다를 수밖에 없다. 이러한 다름에서 같
음을 찾아나가는 과정이 내가 다른 사람과 더불어 살아가야 하는
삶의 연대성의 표현이기도 하며, 이성적인 숙고의 과정이기도 하
다. 이것이 바로 집단적 이성의 효과이면서 동시에 인간의 불완
전함이 보완될 수 있는 원동력이다. 그래서 말하기와 말 듣기가
제대로 되지 않는 집단은 결국 동맥경화로 터져버리는 혈관처럼
사단이 나게 마련이다. 나와 달라서 말을 해야 하고 또 나와 다르
기 때문에 말을 들어야 한다.

　다름을 인정하더라도 욕심이 문제인 경우도 있다. 남도 나와
같기를 바라는 마음이 지나쳐 생기는 욕심일 수도 있고, 욕심에
의해 그런 마음이 생기기도 한다. 이 욕심들을 버릴 줄 알아야 하
는데, 이것이 쉬운 일이 아니다. 더구나 이 욕심을 포장하거나 위
장하기까지도 한다. 이러한 것들을 분별해 낼 줄 아는 지혜가 필
요한 것이다. 물론 살다 보면 그럴 수도 있다. 그러기에 인간이고,
그러기에 더욱 노력해야 한다. 우리는 말을 해야 하며, 말을 들어
야만 하는 존재인 것이다.

2. 멘토링의 본질과 의미

　멘토(mentor)라는 말의 기원은 고대 그리스의 신화에서 유래된
말이다. 이타카 왕국의 왕인 오디세우스가 트로이 전쟁을 떠나
며 자신의 아들 텔레마코스를 잘 보살펴 달라면서 자신의 친구에

게 맡겼는데, 이 친구의 이름이 바로 멘토(Mentor)였다. 이러한 유래를 가진 멘토에 관한 정의를 보면 '경험이 풍부하며 신뢰받는 상담자', '현명하고 충성스러운 조언자' 등 매우 다양하게 정의되며, 이러한 멘토의 후원과 지원을 받는 사람을 멘티(mentee)라고 한다.

멘토링은 멘토와 멘티의 관계에서 시작된다. 이러한 관계는 일방적이거나 위계적인 것이 아니라 상호성에 근거한다. 일방적인 흐름으로 멘토링이 이어진다면 그것은 멘토링이 아니라 일방적인 교육이 되어 버린다. 여기서의 상호성은 동등한 두 주체의 상호성이 아니라 도움을 주는 주체와 도움을 줄 수 있게 하는 주체이다. 도움을 주고받음은 상하적 일방성으로 해석되어서는 안 된다. 도움을 줄 수 있음과 도움을 줄 수 있도록 해줌은 상호적 쌍방성으로 이해되어야 한다.[1]

물론 멘토링의 대상이 되는 멘토링의 내용이 있어야 하며, 이 내용의 형식은 대화(Dialektik)이다. 대화는 서로 다르기 때문에 이루어진다. 아마 철학적 대화가 강단에서가 아니라 시장에서부터 시작되었다는 것은 결코 우연한 일이 아니다. 신참과 고참은 서로 다르고 다를 수밖에 없다. 멘토는 멘티에게 그리고 멘티는 멘토에게 도움을 주고받는 것이다. 멘토에게 익숙하고 능숙한 것들이 멘티에게는 어렵고 힘들게 여겨질 것이고, 멘티에게는 당연한

---

1   멘토링을 통한 멘토와 멘티의 쌍방적 수혜 관계에 대한 예시를 현장교사와 교대 학생들 간의 멘토링을 통해 확인해볼 수 있다. 류현종, 「현장 교사와 교대 학생 간의 멘토링 사례 연구」, 『교육과학연구』, 12권 2호, 2010, pp. 279-309. 참조.

것들이 멘토에게는 과거의 잊혀졌던 기억과 익숙해진 현상에 대한 새로움을 던져준다. 따라서 멘토링은 멘토, 멘티, 멘토링의 내용이라는 3요소가 있어야 가능해진다.

지금까지의 대학생 멘토링교육에 대한 선행 연구로는 상담학이나 심리학의 선행연구들과 직업교육과의 연계하에 이뤄진 연구[2]들이 있고, 이와는 달리 교육기부의 형태로서 대학생들이 저소득층 학생들에게 하는 멘토링 프로그램에 대한 연구들이 있지만, 이런 연구들은 이 논문에서 다루는 대학교양교육에서의 철학적 멘토링과는 크게 관련성이 떨어진다. 부분적으로는 글쓰기 강좌에서 멘토링을 통한 글쓰기교육에 대한 연구[3]도 있고, 교대와 사대의 경우 교육실습이라는 강좌를 통해 이뤄지는 멘토링교육에 대한 연구들도 있다.

그렇지만 이 글에서 다루려고 하는 철학적 멘토링은 특정 강좌에서 사용되는 멘토링교육과는 차별화되어야 한다. 철학의 내용과 방법을 토대로 하여 삶의 다양한 문제들에 대한 이해를 통해 보편적이고 좋은 해결책을 모색하고자 하기 때문이다. 우리가 수많은 철학자들의 삶의 철학의 결과들을 살펴보는 이유는 단순한 지적 유희나 허영을 위한 것이 아니다. 우리 자신의 삶에 대한 성

2　한국직업능력개발원, 『대학에서의 직업교육 활성화를 위한 멘토링 시스템 모형 개발』, 2002. 참조.

3　김양선, 「대학 글쓰기에서 첨삭-상담-고쳐쓰기 연계 교육의 효과 연구: 한림대학교 글쓰기 멘토링 수업의 사례를 중심으로」, 『교양교육연구』, 6권 4호, 2012, pp. 377-406. 참조.

찰을 통해 반성해보고, 현재의 삶에 대한 숙고를 통해 보다 나은 삶을 살기 위한 것이다. 이런 의미에서 이것은 교양교육, 특히 인문교양교육에서 철학적 멘토링이 필요한 이유를 설명해 줄 것이고, 철학적 멘토링의 본질과 의미가 교양교육에서 효과적으로 드러날 수 있을 것이다.

3. 자기숙고로서의 의미

철학은 자신의 삶에 대한 숙고이고, 소크라테스의 철학은 소크라테스 자신의 삶에 대한 철저한 반성이자 숙고의 과정이면서 동시에 그 과정의 결과일 것이다.

> 철학은 반성이다. 반성이 곧 철학이다. 다시 말해 철학은 실재를 철저하게 반성하며 사색하는 학문이다. 그런가 하면 자신을 냉철하게 반성적으로 성찰하는 학문이 곧 철학이다. 이렇듯 철학과 반성은 별개가 아니다. 철학하는 것은 반성하는 것이고 반성하는 것이 곧 철학하는 것이다.[4]

그러나 철학이 이러한 자신의 본분을 망각하고 철학에 대해 집착하면서 철학이 '철학학'이 되어버리는 문제점을 드러내게 되었고, 이로 인해 철학은 자신의 터전, 즉 구체적인 삶의 현장에서 밀려나기 시작하였다. 현대 한국사회에서 인문학의 위기도 이러

---

4   이광래 외, 『마음, 철학으로 치료한다』, 지와사랑, 2011, p. 15.

한 맥락에서 이해해볼 수 있으며, 이에 대한 학문공동체 내에서의 반성이 필요하다. 그렇다고 해서 철학학 자체가 문제라는 것은 아니다. 철학학은 철학적 멘토링에서 매우 필요하다. 다만 철학학에만 집착하는 것이 문제라는 것이다. 철학한다고 하면서 철학학에만 머물러서도 안되고, 철학학 없이 철학하겠다는 태도 역시 또한 문제라는 것이다. 철학함에 있어서 기존 철학자들의 사유에 대한 무조건적인 숭배도 문제겠지만, 그 반대로 무조건적인 배척 역시 문제라는 점이다. "자기 사유의 오류 가능성을 철저히 배제해 버리는 경우들을 종종 보게 된다. 자기에게 분명하고 자명한 것처럼 보이는 것도 시간이 흐르면서 또는 다양한 경험을 하면서 오류로 판명된 경우들이 허다하지 않은가? 객관성이 검증되기 어렵다면 철학함에는 항상 독단적이지 않으려는 자체의 노력이 더불어 있어야 한다."[5]

철학적 멘토링은 "아무런 사전지식이 없이 어느 도시를 여행할 때 참조하게 되는 지도 내지 여행 안내자와 같은 역할"[6]을 한다. 미지의 삶에 대한 숙고, 즉 "반성적 사색과 철학적 반성은 실패나 상실로 생기는 우울함이나 슬픔, 나아가 좌절감이나 절망감에 빠져나오는 출구이자 마음 치유와 마음 성형의 입구이다."[7] 인류의 철학적 멘토였던 소크라테스를 여기서 다시 생각

5   변순용, 「철학, 철학학 그리고 철학함」, 『철학과 현실』, 67권, 2005, pp. 100-101.
6   변순용, 앞의 논문, 2005, p. 101.
7   이광래 외, 앞의 책, 2011, pp. 20-21.

해보아야 한다. 대화편 『프로타고라스』에서 소크라테스가 프로타고라스에게 배우고자 하는 마음에 조급해 하는 히포크라테스에게 던진 질문이 바로 "자네 자신은 어떤 사람이 되려고 그러는 건가?"(Protagoras, 311b)이다. 이 질문과 관련하여 소크라테스는 "일반인이자 자유인인 사람에게 적합한 교양을 위해서 배우는 것"(Protagoras, 312b)이라고 히포크라테스의 대답을 유도한 후에 그의 조급함을 다음과 같이 경계하고 있다.

> 자네는 자네 영혼을 걸고 어떤 종류의 모험을 하려고 하고 있는지 알고 있나? 자네 몸이 쓸모 있게 될지 형편없게 될지를 걸고 모험을 하면서 자네 몸을 누군가에게 맡겨야 했더라면, 자네는 맡겨야 할지 말아야 할지 이리저리 살펴보고서는, 친구들과 친척들을 불러서 조언도 구하면서 몇 날 며칠을 검토했을 거야. 그런데 자네가 몸보다 훨씬 더 중하게 여기고 있는 영혼을, 그게 쓸모 있게 되는지 형편없게 되는지에 따라 자네의 모든 일이 잘될지 못될지가 달려 있는데도, 갓 여기 온 이 외지 사람에게 자네의 영혼을 맡겨야 할지 말아야 할지, 그것에 관해서 아버지와 형과도 우리 동료들 가운데 누구와도 상의하지 않고서는…. (Protagoras, 313a~b)

여기서 우리는 소크라테스적 멘토와 프로타고라스적 멘토를 구분해 볼 수 있을 것이다. 예를 들면 전자는 삶의 목적이 무엇이라고 결코 직접 말해주지는 않을 것이고, 삶의 목적을 생각하는 사람들이 실제로 가지고 있는 삶의 목적이 가진 문제점들을 분석하고 비판할 것이고, 후자는 사적인 영역과 공적인 영역에서의 잘 살기 위한 방법을 구체적으로 제안해 줄 것이다. 그러나 현실적으로 멘토의 두 이념형 중에서 우리는 어느 한쪽을 고집할 수는 없을 것이며 현실적으로 두 유형이 혼합되어 있는 멘토를 지향해야 할 것이다.

우리가 인문교양의 중요성을 역설하면서도 결국 인문교양의 핵심적 목표는 "좋은 인간이 되는 것"이다. 인문교양의 형성에서 가장 중요한 역할을 하는 것이 바로 철학이고, 철학적 멘토링이 인문교양교육에서 가장 핵심이 되어야 하는 이유도 바로 여기에 있다.

4. 치유로서의 의미

인간은 본질적으로 아픈, 그래서 병든 존재(homo patiens)이다. 신체적 고(苦)와 정신적 통(痛)을 이분법적으로 보지 않더라도, 인간의 삶은 늘 고통과 함께하기 마련이다. 그래서 치료(cure)와 치유(care)를 구분하는 이유도 여기에 있다. '신체적 고'에 대한 치료에는 현대 의학의 발전으로 상당한 진전을 보이고 있지만, '정신적 통'에 대해서는 현대 의학에서 해결하기 어려운 과제들이 쌓여 있다. 다시 말해 치유의 대상을 치료의 대상으로 전환해서 획일화된 기준을 가지고 보이지 않는 병인 정신적 통의 문제를 해결하고자 하는 데서 부작용이 발생한 것이다. "1950년대 이래 조울증이나 우울증을 비롯한 정신(마음)의 병기들에 대한 치료를 독점해 온 화학 약물치료는 대증(對症)치료의 전형이다. 그것은 고뇌에 시달리는 마음의 상태들을 일정한 진단 매뉴얼에 따라 병기로 규정하고 고분자화학 약물치료를 시도하기 때문이다."[8] 따라서 신체적 고와 정신적 통을 일원화하여 화학 약물치료를 시도함으로써 약물만능주의를 가져오고, 이로 인해 약물중독화를 초래하고, 이것은 결국 약물공포(pharmacophobia)를 가져오게 되었다. 결코 프로잭(Prozac)이 우울증에 대한 만능 치료제가 되지는 않을 것이다. 하이데거는 보살핌(schonen, care)의 본래적 의미를 다음과 같이 말하고 있다.

> 보살핌 자체는 우리가 보살핌을 받는 것에 대해 아무런 해악도 가하지 않는다는 사실에서만 존립하는 것이 아니다. 본래적인 보살핌이란 적극적인 어떤 것이며, 우리가 어떤 것을 처음부터 그것의 본질 안에 그대로 놓아둘 때, 즉 우리가 어떤 것을 오로지 그것의 본질 안으로 되돌려 놓아 간직할 때, 즉 우리가 자유롭게 함이라는 말에 상응해서 그것을 울타리로 둘러쌀(보호막으로 감쌀) 때, 일어난다.[9]

---

8   이광래, 앞의 책, 2011, p. 27.

9   M. Heidegger, 『강연과 논문』, 이기상 외역, 이학사, p. 190.

철학은 "근본적이고 적극적인 사고의 치유(therapy of thinking)"[10]를 지향한다. 이것은 "자기 파괴적 반성과 철학적 대화로 절망감에 굳게 닫힌 마음의 문을 열어 공감과 감동에 이르게 하는 소통치료"[11]이기도 하다. 이런 맥락을 보다 확장하면 인문치료의 개념이 될 것이다. 인문치료는 "인문학적 정신과 방법으로 마음의 건강과 행복한 삶을 위해 인문학 각 분야 및 연계 학문들의 치료적 내용과 기능을 학제적으로 새롭게 통합하여 사람들의 정신적 정서적 신체적 문제들을 예방하고 치유하는 이론적 실천적 활동"[12]으로 정의되고 있는데, 한마디로 하자면 "인문학적 가치와 방법을 통해 현대인들의 마음의 병을 치유하는 행위"[13]이다. 그렇다면 치유로서의 철학적 멘토링은 철학적 가치와 방법을 통해 대학생들이 겪고 있는 정신적 고통을 정면으로 대응하면서 이를 극복할 수 있는 마음의 힘을 갖도록 해주는 것이다. 예를 들면 김선희가 제시한 관점치료(Perspective-Therapy)는 철학적 멘토링의 중요한 실제적인 유형이 무엇인지를 구체적으로 제시해주고 있다.[14]

인간은 살아가면서 끊임없이 문제 사태를 인식하게 되는데, 이러한 문제는 세계와 나의 관계, 주관과 객관의 관계라는 좌표 위의 한 지점을 차지하게 된다. 결국 문제인식은 관계인식을 내포

---

10   이광래, 앞의 책, 2011, p. 29.

11   이광래, 앞의 책, 2011, p. 29.

12   강원대 인문과학연구소편, 『인문치료의 이론과 원리』, 산책, 2011, p. 20.

13   강원대 인문과학연구소편, 앞의 책, 2011, p. 20.

14   강원대 인문과학연구소편, 앞의 책, 2011, pp. 81-102. 참조.

하고 있는데, 사태, 문제, 관계인식은 결국 고정된 하나의 시점 (a point of view)을 다양한 시점(a multiple-point of view, a meta-point of view)으로 '관점에 대한 코페르니쿠스적 전환'을 통해 새로운 시 각과 문제해결 방향을 제시해 줄 수 있을 것이다.[15] 김선희는 니 체의 관점주의에 근거하여 관점의 성찰, 이해, 공감, 조형(Reflec- tion, Understanding, Sympathy, Molding)의 단계들을 제시한다. 성찰은 사로잡혀 있는 관점, 즉 인생관, 가치관, 세계관 등과 같은 특정 의 관점들을 통해 핵심 문제를 살펴보는 것이고, 이해는 관점소 (elements of perspective)들이 발생하게 된 유래를 이해하는 단계로 서 특정 관점이 문제시된 내·외적 맥락 그리고 이들의 관계를 파 악하는 단계이며, 공감단계는 관점에 수반되는 심리적, 정서적인 고통을 이해하고 공감함으로써 마음의 평정을 시도하는 단계이 며, 끝으로 조형단계는 자신의 관점을 심화, 확장, 변형의 경계를 설정함으로써 자신의 관점을 새롭게 정립하여 실천하는 단계를 의미한다.[16] 이를 통해 관점의 성찰에서 조형과정을 통해 관점의 전환에 이르게 되며, 이것은 직면한 문제 사태에 대한 새로운 해 결방향을 제시해 줄 것이다.

철학적 멘토링은 새로운 관점의 제시뿐만 아니라 자신의 삶에 대한 새로운 해석의 가능성, 자신이 처한 인식론적, 존재론적, 윤 리학적인 문제들을 찾아내고 이에 대한 숙고의 가능성을 제공하

---

15   강원대 인문과학연구소편, 앞의 책, 2011, pp. 84-85. 참조.

16   강원대 인문과학연구소편, 앞의 책, 2011, p. 94. 참조.

며, 자신의 해결책을 찾아 나설 수 있도록 해줄 것이다. 결론적으로, 철학적 멘토링은 자가 및 협동적인 치유의 과정이라는 성격을 갖는다.

5. 변증법적/통합적 소통으로서의 의미

피퍼(A. Pieper)는 철학의 변증법적 방법에 대한 논의에서 "대화는 매개의 기능을 한다. 대화는 규범적 요구와 사실적 요구의 지속적인 논증의 전개를 통해 양자를 매개한다. 이때 사실적인 것은 규범의 요구를 충족시킬 수 있도록 변해야 하고, 규범적인 것은 사실적인 것 안에서 행위규칙으로 작용할 수 있도록 구체화되어야 한다"[17]고 말하고 있다. 칸트는 플라톤의 동굴의 비유에서 나오는 동굴 안 인간들의 사슬에 의한 속박을 "스스로 생각하고 행동하지 않고, 나태함과 안락함 때문에 오히려 타인에게 의존하는, 자기에게 책임이 있는 인간의 미성숙을 의미하는 비유적 표현"[18]이라고 본다. 소크라테스적인 대화가 대체로 아포리아(aporiā)에서 끝난다고 한다면, 그래서 "소크라테스적 대화는 개념 정의나 행위 지침 그 어느 것을 통해서도 행위자에게 그가 가야만 하는 길을 제시하지 않는다"[19]고 한다면, 그래서 우리에게 소크라테스가 야속해보이기도 한다면, 플라톤은 이 야속함을 해결

17　A. Pieper, Einfuehrung in die Ethik, Tuebingen, Francke, 1991, p. 189.

18　위의 책, p. 185.

19　위의 책, p. 189.

해 나가기 위한 방법으로서 변증법을 제시한 것이고, 플라톤에게 있어서 철학이 변증법(Dialektik)인 이유도 바로 여기에 있다.

사자가 인간처럼 말을 할 수 있는 존재라면 우리는 결코 사자를 이해할 수 없을 것이라는 비트겐슈타인(L. Wittgenstein)의 말에서처럼 언어적 왜곡으로부터 벗어나려는 노력을 해야 할 것이다. 이처럼 철학적 멘토링은 소통의 기술과 소통에서 발생할 수밖에 없는 언어적 왜곡으로부터 벗어나려는 노력에 초점을 맞추어야 한다.

이와 함께 철학적 멘토링은 사람들 사이에서 발생하는 관계의 문제들에 대한 해결의 방법을 모색해 나가는 데 매우 중요한 역할을 할 것이다. 사람과 사람 그리고 사람과 세계 사이의 관계에서 발생하는 이러한 관계적 갈등은 인간 삶의 특정 부분에 집중한 해결책의 제시로 해결되기는 어렵다. 인간에 대한 총체적인 이해와 통합적인 관점이 중시되어야 하는 이유가 여기에 있다. 셸러(M. Scheler)의 말처럼 오늘날 인간에 대한 앎이 과거 그 어느 때보다 많아졌지만 여전히 우리에게는 인간이란 무엇인가라는 물음이 중요하게 제기되고 있는 것을 보면, 분과화되고 전문화되어버린 학문의 부분적인 시야에서 인간을 조명해서는 그 전체적인 모습을 파악하는 데 실패할 수밖에 없을 것이다.

> 모든 개별 과학들은 그 방법론에 있어서 한계가 주어지기 때문에, 그것들은 인간 존재의 어떤 부분을 해명해 주는 데 불과하며, 인간 전체의 이해를 하기 위해서는 하나의 전체로 통일되지 않으면 안 된다. 개별 과학들은 인간의 전체를

파악하고 정초하는 것을 과제로 삼는 철학적 인간학을 대치
할 수는 없다.

그러면 철학적 인간학의 과제는 인간에 관한 개별 과학들의
탐구 결과를 어떤 인간상의 종합으로 통일하는 데서 성립하
는가? 그렇다면 그와 같은 인간에 관한 개별 과학들의 결과
들의 종합은 어떻게 가능하며, 또 이것은 어떻게 과학적으
로 신빙성을 부여받을 수 있는가? 개별 과학의 탐구의 결과
들은 실제로 총망라될 수 없지 않은가? 그렇다면 개별 과학
의 연구 결과들을 종합하는 데 있어서 자의적인 선택이 문
제가 되지 않겠는가?

수많은 개별적인 것들을 하나로 통합하는 데 있어서 이것
의 가능조건으로 먼저 전체라는 하나치가 무엇인지 전제되
어야 한다. 이 전제된 전체를 테마로 삼는 것이 바로 철학의
과제이다.[20]

교양교육에서 개별학문이나 학과의 이기주의를 벗어나야 하
는 이유와 철학적 멘토링이 필요한 근거를 여기에서 찾아볼 수
있다. 철학적 멘토링은 이러한 철학적 인간학의 인간에 대한 총
체적인 관점에서부터 시작해야 할 것이다. 고통이나 슬픔, 우울
등과 같은 인간의 실존적 불안의 다양한 모습들을 인간의 본래
적인 모습으로 이해해야 하는 것이다. 예를 들어 히키코모리 위

---

20 진교훈, 『철학적 인간학』, 경문사, 1982, pp. 12-13.

험군(은둔형 외톨이 위험군) 등을 살펴보면 이러한 위험 증후군들을 대학생들에게서도 찾아볼 수 있을 것이다. 한국 청소년상담원이 2006년 말 전국의 청소년 3,000명을 대상으로 실시한 위기 청소년의 실태 조사 결과를 보면, "초등학생 2.1%, 중학생 3.3%, 인문계 고등학생 6.0%, 실업계 고등학생 8.7%, 학교 밖 청소년 12.9%가 은둔형 외톨이 성향인 것으로 파악"[21]되고 있다. 이러한 청소년들의 실태들이 대학생들의 경우에서도 얼마든지 찾아볼 수 있을 것이고, 이에 대한 적극적 대응 방안들도 모색되어야 한다. 대학생들의 경우에도 은둔형 외톨이 증후군뿐만 아니라, 대학생들의 취업 스트레스와 진로 스트레스를 나타내주는 이태백(이십대 태반이 백수; 요즘은 이십대 90%가 백수라는 의미로 이구백이라고도 함)과 같은 자조 섞인 신조어들을 통해 대학생들의 정신 건강에서의 적신호들이 나타나고 있는 실정이다. 철학적 멘토링이 필요한 이유가 바로 여기에 있다.

6. 윤리적 의미

윤리 혹은 도덕이라고 할 때 제일 먼저 연상되는 것은 우리가 즐겨하지 않지만 지켜야 할 어떤 행위 코드들일 것이다. 플라톤과 글라우콘의 좋음에 대한 범주, 즉 '그 자체로만으로도 좋은 것', '그 자체만으로도 좋으며 또한 그 결과도 좋은 것', '그 자체로는 부담스럽고 성가시지만 그 결과가 좋은 것'에서 아마도 글

---

21   이광래 외, 앞의 책, 2011, p. 280.

라우콘의 주장처럼 대부분의 사람들은 세 번째를 떠올릴 것이다.[22] 그렇지만 플라톤은 정의로 대표되는 윤리 혹은 도덕이 두 번째 것임을 강조하였다.

여기서 말하는 윤리, 도덕은 좁은 의미의 윤리 내지 도덕, 즉 행위코드들을 포함하고 있지만, 이러한 행위코드들을 산출해 내는 사유까지 확장하여 포함하는 것으로 이해되어야 한다. 좋은 것은 선한 것이고 그렇기에 우리에게 유익한 것이라는 방식의 소크라테스적인 논리에서처럼 철학적 멘토링은 윤리적이어야 한다. 비윤리적인 멘토링은 멘토링의 정의에서 벗어난다. 철학적 멘토링은 구체적인 행위코드들을 제공해주는 것이 아니라 관점의 전환을 통한 새로운 인식, 정신 건강의 회복 등을 지향하는 보다 포괄적인 의미의 삶의 철학함에 그 본질이 있다.

그렇다면 구체적으로 무엇 때문에 철학적 멘토링이 윤리적인가에 대해서 살펴보기 위해서는, 우선 소크라테스의 "캐묻지 않은 삶(ho anexetastos bios)은 사람에게는 살 가치가 없는 것"(apologia 38a)임을 생각해 보아야 한다. 삶에 대한 캐물음을 통해 철학은 "원리학으로 나타나는, 그리고 자기 직관이나 세계관 속에서 완성되는 보편학"[23]이다. 철학적 멘토링은 자기 삶에 대한 캐물음을 통해 좋은 삶을 살기 위해 삶의 맥락에서 지켜야 할 보편적 원리들을 추출하는 작업을 수행하는 것이다.

---

22   R. Arrington, 『서양윤리학사』, 김성호 역, 서광사, 2003, p. 77. 참조.

23   J. Hessein, 『철학교과서 I』, 이강조 역, 서광사, 2009, p. 39.

다음으로, 공동체와 개인의 관계에서 논의해야 한다. 우리는 개인적 인격체로서 그리고 우리가 속한 공동체적 인격체로 살아가고 있다. "후설(E. Husserl)이 말하는 인격주의적 태도는 서로 함께 살며 서로 말하며, 인사할 때 손을 내밀며 사랑하고 미워하는 데서, 생각하고 행동하며 주장하고 반대하는 데서 서로 관계되어 있는 그러한 태도를 말한다."[24]

다수의 인격체들로 이루어진 공동체 역시 하나의 거대한 인격체이다. 이러한 인격체로부터 소외될 경우 정신적 문제를 야기하지 않을 수 없다. 정신 질환은 바로 이 공동체로부터의 일탈에서 비롯되는 것이다. 즉 의사소통적 환경 세계로부터의 일탈이다. 의사소통적 환경 세계 속에서 인격체들은 서로를 이해하고 인정해 주면서 사회를 형성하여 살아간다. 인격적 주체들이 집단의 사회 구성원으로 살아간다. 이러한 사회성으로부터의 일탈이 정신적인 문제들로 나타난다. 자아가 이 환경 세계로부터 분리될 경우 정신적 질환이 표출된다.[25]

따라서 인간은 공동체를 포함한 환경 세계로부터 분리되어서는 안 되는 존재이다. 이처럼 인간의 사회성을 벗어난 철학적 멘

24   김영필 외, 『정신치료의 철학적 지평』, 철학과현실사, 2008, p. 35.
25   김영필 외, 앞의 책, 2008, p. 35.

토링은 존재할 수 없을 것이다.

7. 교양과 인문학 공부

다음은 인문학 교육의 실태에 대한 분석을 담고 있는 보고서의 한 부분이다.

> 최근 각 대학에서는 학생들의 기초학업능력 내지 기본 소양을 함양하기 위한 교양교육을 강화하고 있다. 특히 의사소통능력이나 외국어 능력의 향상을 위하여 글쓰기 내지 영어 교과목을 필수로 이수하도록 하고 있다. 그러나 정작 대학생들에게 인간의 본질에 대하여 깊이 있게 성찰하고 바람직한 삶의 길을 모색하게 하는 인문학 교과를 필수로 이수하도록 하는 대학은 찾아보기 힘들다. 단편적인 지식이나 실용적인 기술을 익히는 도구 과목들에 대해서는 강조하면서도 인문학 교육의 본령에 대해서는 소홀히 여겨 온 것이 대학 교육의 현실이다.[26]

이러한 현실 속에서 인문학의 위기에 대한 언급들을 보면서 인문교양교육으로서의 철학적 멘토링이 가지는 의미를 자기숙고, 정신적 치유, 변증법적/통합적인 소통, 윤리성으로 나누어 살펴

---

26 홍병선 외, 『인문학 교육 실태 분석 및 진흥 방안 연구』, 한국교총 한국교육정책연구소, 2011, p. 107.

보았다. 이러한 의미들이 교양교육에서의 철학적 멘토링의 중요성을 보장해주는 근거로서 작용될 수 있을 것이다.

　교양교육의 핵심적인 목표는 끊임없는 자기숙고를 통해 '좋은 사람'이 되는 것이다. 그리고 철학함은 철학학과 철학 사이의 조율을 통해 형성되며, 이것은 자신의 독단이나 자기 오류로부터 벗어나려는 노력을 동반한다. 사실 철학의 출발점은 자신의 삶에 대한 반성과 숙고에 있다. 따라서 철학적 멘토링은 교양교육 목적에 부합된다. 또한 정신적 치유는 현대 의학이 한계성을 지니고 있는 영역이다. 그런데 철학적 멘토링은 멘티들이 다양한 관점에서 자신의 문제를 조망하게 함으로 스스로 자신의 해결책을 찾도록 하는 방법론을 취한다. 특히 마음의 문제는 다양한 관점에서 조망하는 것이 정신적 치유에 효과적이다. 따라서 철학적 멘토링은 근본적으로 사고의 치유(정신적 치유)를 지향하며, 이러한 면에서 효과적이다. 현대 사회의 문제는 사회 구성원들 간의 소통의 부재와 통합적 이해의 부재에서 비롯된다. 이러한 소통의 부재와 통합적 이해의 부재는 대화의 단절을 말하는 것이고, 대화(말)의 부재는 곧 사유의 부재를 말하는 것이다. 전통적 의미에서 보면 철학적 방법론은 변증법적 사유가 대화를 통해 형성되었다. 다양한 개별 과학들의 인간 해석들을 바탕으로 인간을 총체적으로, 통합적으로 이해하려는 철학적 인간학을 토대로 하여 철학적 멘토링은 변증법적인 대화와 통합적인 이해를 수반한다. 따라서 현대 사회에서 대학생 자신이 안고 있는 문제의 원인을 찾아보게 하고 이에 대한 해결 방안을 모색해보도록 하는 철학적 멘토링이 필요하다. 넓은 의미에서 윤리는 가치론이겠지만 좁은 의미에서는 인간의 행위를 동반하는 것이다. 철학은 삶의 문제를 캐물음을 통해 보편적 원리를 찾는 방법을 수행한다. 결국 캐물음을 통해 보편적 원리를 찾는 철학적 멘토링은 가치의 형성과 행위를 동반한다. 또한 인간은 사회적 존재로 공동체를 형성하며 살아간다. 따라서 멘티들은 인간이 사회의 공동체의 일원으로 가치로운 삶을 형성하는 방법을 철학적 멘토링을 통해 찾을 수 있다.

끝으로, 예전에는 꿈 많았던 중학교 2학년 학생들이 요즘에는 무서운 학생들로 변해버리고, 은둔형 외톨이 증후군이나 주의력 결핍 과잉행동장애(ADHD)로 치료받고 있는 청소년들의 수가 증가하고 있고, 세계 최고의 자살률을 가지고 있는 한국이 되어 버렸다. 이것이 소수의 일이라거나 대학생이 되면 저절로 치유된다고 본다면 걱정이다. 이들뿐만 아니라 이들을 이렇게 만든 고통스러운 환경에서 비교적 잘 성장하였다 하더라도 이들이 청소년기와 청년기를 거치면서 받게 될 고통과 상처를 치유할 수 있는 계기와 여건을 기성세대들은 제공해 주어야 한다. 이들이 정신적 불안과 고통을 이해하고 보다 나은 삶의 여건들을 위해 노력할 수 있는 힘을 주어야 한다. 대학 교육에서 이러한 정신적 힘을 주기 위해서는 도구적인 성격의 교양 못지않게 인간과 세계를 이해할 수 있는 전체적인 틀을 제공해주는 교양교육이 강조되어야 할 것이다. 철학적 멘토링은 이러한 의미의 교양교육에서 핵심적인 역할을 수행해야 하며, 이를 통해 철학은 원래의 고향이었던 인간의 구체적인 삶의 현장으로 들어가야 한다.

9장
나는 이기적일까?
- 에어컨 사용의 도덕적 정당화와 선녀와 나무꾼 이야기

1.

우리는 흔히 자기가 편하자고 남에게 피해주는 것을 도덕적인 악으로 생각하도록 교육받아왔으며, 이기주의적 사고라고 비난한다. 싱어(Peter Singer)는 이타주의도 이기주의로부터 출발한다고 말한다.(물론 나는 싱어의 견해에 반대한다. 이기적이지 않은 이타성을 우리는 얼마든지 생각해볼 수 있으니까.) 어찌 보면 인간은 지극히 이기적인 존재일지도 모른다.

인간의 본성이 선하다고 보는 이들이나 악하다고 보는 이들, 혹은 인간에게는 선악 모두가 내재하고 있다고 보건, 인간은 선하지도 악하지도 않다고 보는 유보적인 입장이나, 타불라 라사(tabula rasa)설처럼 하얀 백지와 같다고 보건 간에, 이기성은 어찌 보면 모든 생명체의 본능으로 생각될 수도 있지 않을까? 다시 말해 선악의 판단 이전에 존재하는 인간의 이기적 본성을 후천적으로 선악의 잣대에 맞추어 그것을 조절하고 통제하는 것이 사회화요, 교육일지도 모른다. 모든 사람의 이기성이 실현된다면 우리

는 홉스적인 자연상태를 연상하게 된다. 서두가 좀 길었지만, 하여튼 인간에게는 이기적인 본능이 존재하며, 이것을 모두가 드러낸다면 벌어질 일에 대한 두려움을 예측할 수 있고, 따라서 이에 대한 통제의 필요성이 제기되지 않았을까? 이제 생각을 바꾸어 나는 지난 여름을 떠올려본다. 건물 옆을 지나거나 가게를 지나칠 때마다 밖에 설치된 에어컨의 송풍기에서 나오는 더운 바람에 짜증을 내던 나는 집에 들어와 에어컨의 스위치를 주저없이 누른다. 그 에어컨 역시 내 돈으로 산 것이고, 에어컨을 돌리는 전기료도 내가 내며, 내 공간(집)에서 트는 것이다. 여기까지는 아무런 문제도, 양심의 가책도 없다. 그러나 여기서 다른 에어컨의 송풍기에서 나오는 더운 바람에 짜증이 난 것을 돌이켜 보면, 좀 찜찜해지기 시작한다. 9시 뉴스에 열섬현상에 대한 이야기를 들으면서 그 찜찜함의 정도가 증폭되고, 옛날 대청마루에 시원한 돗자리 깔아놓고 그 위에 누워 부채질하면서 화채를 먹는 옛 사람들의 모습을 떠올리면서, 에어컨을 키도록 한 그 더위(끝까지 그 주범을 나로 돌리기 싫어함)에도 불구하고 애꿎은 에어컨을 째려보게 된다. 결국 에어컨은 내가 쾌적해지자고, 편하자고 불특정 다수에게 피해를 주는 일이 아닌가? 생각이 여기까지 미치면 에어컨을 킬 때마다 고민하게 된다. 좀 더 참을까? 돈 내고 더운 데 일부러 들어가기까지 하는데……. 이제는 에어컨 스위치를 누를 때마다 고민에 빠지게 된다. 이럴 때 스며드는 생각이 '남들도 다 하니까'라고 생각하는 공범자 의식이다. 스스로 공범자라는 생각과 내가 안 튼다고 해서 열섬현상이 줄어드나라는 개인주의적 허무

감으로 무장하면서 과감히 스위치를 누르게 된다.

2. 선녀와 나무꾼 이야기의 새로운 해석

우리는 은연중에 나무꾼과 사슴 그리고 사냥꾼에 얽힌 이야기를 들으면서 나무꾼은 위험에 처한 사슴을 살려낸 선인으로, 사냥꾼은 사슴을 죽이려는 악인으로 여기는 가정을 자연스레 받아들이게 된다.

과연 정말 그럴까? 나뭇꾼의 행위를 본다면 결코 착한 사람이라고 보기 어려운 점들이 많다. 오래전에 들은 동화이기에 기억은 가물가물하지만 지금의 시점에서 생각해 보면, 나무꾼은 약간의 관음증을 가지고 있었고(선녀들의 목욕신을 보았기에), 도둑질을 하였으며(선녀의 옷을 훔쳤기에), 거짓말쟁이(옷을 훔쳐 감춰 놓은 것을 말하지 않았기에), 무리한 욕심의 소유자(인간계가 아닌 존재를 사랑하고자 하였기에)로 비쳐진다.

이야기 속에 더 나오지 않지만 상상을 더해보자. 적어도 사냥꾼이라면 그는 자신의 즐거움이나 취미로 사냥을 하는 사람이 아닐 것이다. 생계의 수단으로 사냥을 하는 사람으로서 계속된 사냥의 실패로 (왜냐하면 사슴을 놓치는 것으로 봐서 추측해본다면) 그의 가족들의 생계가 위협을 받는 상황이었다면, 과연 나무꾼이 그런 처지에 놓인 사냥꾼에게 거짓말을 해도 괜찮을 것인가?

좋은 의도가 과연 거짓말을 정당화해줄까?
좋은 의도가 누구에게 좋은 의도인가?

진실을 말해야 하는 것이 의무인가 아니면 권리인가?
상대가 모르는 것이 더 좋다고 판단해서 말하지 않는다는
것이 과연 옳은가?

그래서 칸트는 살해할 의도를 가진 사람에게 쫓기는 친구가 자기 집에 숨어있을 때조차도 그 살인하려는 사람에게 진실을 말해야 한다고 주장한다. 그는 예외를 허용하는 도덕적인 법을 인정할 수 없었던 것이다. 반면에 콩스탕은 거짓말은 필요악이며 그것이 없다면 사회는 유지되기 어렵다고 주장한다.

문제는 선의의 거짓말에서 선의를 어떻게, 누가, 어떤 기준에 의해 판단하느냐에 달려있다고 본다. 자세히 들여다보면 선의라는 판단을 그리 쉽게 내리지 못하게 된다. 대체로 자기의 편함을 선의로 포장하여 정당화하는 경우일 것이다. 선의의 거짓말의 당사자인 사람에게 이득이 된다고 생각하거나, 다른 모든 사람들에게 이로울 것임을 생각한다면, 이 생각의 전제 속에는 이로움이 도덕적인 선악의 판단보다 선행하게 된다. 여기까지 생각에 이르게 되면 더 이상 그 생각을 받아들이지 못한다. 선을 이로움이라고 생각하기 싫은 본질적인 거부감이 들기 때문이다. 이쯤 되면 칸트의 생각을 받아들이고 싶다. 특히 그가 한 말 중에 무조건적으로 선한 것은 인간의 선한 의지뿐이라는 그의 말이 의미심장하게 다가온다. 그럼에도 불구하고 과연 우리가 거짓말을 안 하고 살 수 있는가라는 물음에서 마치 돌부리에 걸려 넘어지는 것 같게 된다.

거짓말은 나쁘다.

그러나 선의의 거짓말은 변명이 될 수 있다.

그럼에도 불구하고 선의라는 것이 애매하거나 불분명하거

나 이기적인 경우가 태반이다.

10장
힘의 논리와 진실의 논리
- 악의 평범성과 밀그램 실험 이야기

1. 힘의 논리와 진실의 논리의 대결

플라톤의 국가론에 나오는 트라시마코스와 소크라테스의 대화를 생각해보자. 소크라테스가 정의에 대해서 말할 때 트라시마코스는 정의(to dikaion)가 '더 강한 자(ho kreitton)의 이득(to sympheron)'이라고 말하면서 힘의 논리를 피력한다.(338c)[1] 소크라테스는 트라시마코스에게 더 강한 자가 자신의 이득을 법률로 제정하여 이를 약자들에게 준수하도록 하는 것은 옳은 것이라는 데에, 그리고 더 나아가서 더 강한 자도 실수하기 마련이라는 데에 동의를 구한다.(338c, d) 이를 통해 소크라테스는 더 강한 자가 자신의 편익을 법을 통해 실현시키는 것에서 잘못이 있을 수 있다며 반론을 제기하게 된다. 이에 대해 트라시마코스는 실수를 할 수 있다고 해서 잘못된 것은 아니며, 의술의 경우를 들어 어떤 통치자도

---

1   Plato의 국가론 부분에 대한 번역은 Plato, 박종현 역(2006), 『국가』(서울: 서광사, 2006)를 참조하였음.

그가 통치자인 한에서는 실수하지 않는다고 변명을 한다.(341a) 이에 대해 소크라테스는 다시 의술의 경우를 들어 의술은 의술에 편익이 되는 걸 생각하는 게 아니라, 몸에 편익이 되는 것을 생각한다고 하면서, 그 어떤 전문적 지식(episteme)도 더 강한 자의 편익을 생각하거나 지시하지 않고, 오히려 더 약한 자이며 관리를 받는 자의 편익을 생각한다고 반박한다. 그러자 트라시마코스는 양치기의 예를 들어 양에게 좋은 것을 생각하며 살찌게 돌보는 것이 양치기나 주인한테 좋은 것이라고 반박한다. 양치기가 양들을 대할 때 마음을 쓰는 것이나 통치하는 이들이 다스림을 받는 이들에 대해 마음을 쓰는 것이 전혀 다를 바 없다는 주장을 한다.(343a, b) 그래서 "올바름이란 남에게 좋은 것, 즉 더 강한 자 및 통치자의 편익이며, 복종하며 섬기는 자의 경우에 있어서는 '자신에게 해가 되는 것'인 반면에, '올바르지 못함'은 그 반대의 것이어서, 참으로 순진하고 올바른 사람들을 조종하거니와, 다스림을 받는 사람들은 저 강한 자에게 편익이 되는 것을 행하며, 그를 섬기며 그를 행복하게 만들지, 결코 자신들을 행복하게 만들지는 못한다"(343c, d)고 트라시마코스는 주장하게 된다.

이에 대해 소크라테스는 양치는 기술의 최대의 관심사는 그것이 맡아 돌보도록 되어 있는 대상을 위해 최선의 것을 제공하는 것이라고 주장하면서(345d), "어떤 기술이나 다스림(통치)도 자기에게 이득이 되는 것을 제공하는 것이 아니고, 그 다스림을 받는 쪽에 이득이 되는 것을 제공하며 지시를 내린다는 것, 다시 말해서 더 약한 자의 편익을 생각하지 더 강한 자의 편익을 생각하지는 않는다."(346d)고 반박한다. 그리고 '참된 통치자'는 본성상 자신에게 이득이 되는 것을 생각하지 않고, 다스림을 받는 쪽에 이득이 되는 것을 생각한다고 주장한다(347d)

그 당시도 지금도 우리 삶의 현실적인 장에서는 힘의 논리가 지배하며, 이러한 논리가 옳고 그름이나 좋음과 나쁨의 판단 기준까지 좌우한다. 그래서 누구나 강자가 되고 싶어 한다는 것이고, 약자는 이러한 강자들이 제시한 기준을 받아들이고 이에 순응하여 사는 것이 자신들에게 이익이라고 생각한다. 트라시마코스의 정의의 정의를 받아들이기가 쉽지는 않지만, 현실의 삶에서 이런 것을 경험하게 되는 경우가 많으며, 이런 경험이 반복되면서 자연스럽게 그의 주장이 가진 힘을 인정할 수밖에 없다. 양심에 어긋나는 줄 알면서 힘의 논리에 굴복하거나, 자신의 이익을 위해서는 잘못된 것인 줄 알면서도 이를 용인하는 경우의 예를 우리는 너무나 쉽게 우리 주변에서 찾아볼 수 있다. 물론 강자의 기준이 옳을 수도 있다. 그러나 '착한' 강자라면 자신이 내세운 행위의 기준을 약자들뿐만 아니라 자기 자신에게도 적용되도록 할 것이다. '나쁜' 강자라면 그 기준은 약자들에게만 적용될 것이다. 비도덕적인 사람은 다른 사람들이 도덕적으로 행동할 경우에 최대의 이익을 얻게 된다. 예를 들어 새치기를 하는 사람은 다른 사람들이 줄 서 있거나 줄서려고 할 때 가장 큰 이익을 얻게 마련이다. 모든 사람이 새치기할 생각을 가지고 있다면, 그래서 아무도 줄을 서려고 하지 않는다면, 새치기를 아예 할 수 없을지도 모른다.

플라톤의 주장을 보면 '착한' 강자는 지혜로운 자이고, 덕들이 조화를 이룬 상태에 있는 자이다. 그런데 문제는 이런 착한 강자를 현실적으로 찾아보기 어렵다는 데 있다. 약한 자들의 이득을 고려하는 강자가 현실에서 어렵다면, 적어도 약자나 강자 모두에게 적용될 수 있는 행위의 기준들을 마련하는 것이 보다 현실적인 대안이 될 것이다. 그렇다면 '악한' 강자를 우리는 어떻게 징벌할 수 있을까? 소수의 강자들이 다수의 약자들을 지배하는 메커니즘은 아이러니하게 항상 강자들에 의해 제시되고 교체된다. 강자의 의지와 약자의 의지는 충돌과 타협을 거치면서 통합되기도 하고 분열이 일어나기 마련이다. 다수의 약자는 강자의 교체, 악한 강자에 대한 거부를 통해서 약자들이 강자에 대한 통제를 행사하고자 한다.

2. 자기 치유로서의 자기책임

검찰 조사를 받고 나와서 자살을 하는 경우가 종종 언론에 보도된 바 있으며[2], 이러한 자살의 원인을 검찰 조사 과정에서 겪은 인간적인 수모에서 찾기도 한다. 수모나 굴욕 혹은 자존심의 상처가 칼이나 총보다 더 무서울 수 있다. 이러한 자존심의 상처는 치료의 대상이 아니라 치유의 대상이다. "철학은 근본적이고 적

---

2   법무부의 '최근 10년간 자살사건 발생현황' 자료에 의하면 2004~2014년 동안 검찰 수사 도중 자살한 사람은 모두 83명인 것으로 파악되었다. 연성진 & 안성훈, 『검찰 수사 중 피조사자의 자살 발생원인 및 대책연구』(서울: 한국형사정책연구원 연구총서 14-AB-09, 2014), p. 33. 참조.

극적인 사고의 치유를 지향한다. 이것은 자기 파괴적 반성과 철학적 대화로 절망감에 굳게 닫힌 마음의 문을 열어 공감과 감동에 이르게 하는 소통치료이다."[3] 이러한 치유를 통해 "정신적 고통을 정면으로 대응하면서 이를 극복할 수 있는 마음의 힘을 갖도록 해주는 것"[4]이 가능해진다. 더구나 단순한 개인의 상처가 아닌 사회 전체의 상처는 스스로의 개인적인 치유 노력과 함께 다른 사람들과의 소통을 통한 협동적인 치유의 과정이 있어야 극복될 수 있다.

2016년 겨울에 서울을 비롯한 전국에 촛불시위가 일어났다. 광화문에서는 대한민국의 수립 이래 최대의 사람들이 모인 것이라고 말한다. 2002년 월드컵 때의 광화문과 2016년의 광화문의 성격은 매우 다르다. 수많은 사람들이 참여한 시위 현장에서 나올 법한 부정적인 일들이 거의 없었다고 한다. 행진을 저지하는 경찰, 경찰차로 산성을 쌓고 시민을 막아서는 경찰에도 불구하고 시민들은 참고 평화적으로 견뎌내었다. 이러한 시민들을 누가 그리고 어떤 교육으로 길러냈을까? 인성교육진흥법까지 만들 정도로 우리나라의 인성교육이 필요하다고 강조했던 많은 사람들을 무색하게 만들어 버릴 정도이다.

광화문의 촛불시위에서 나타난 시민들의 평화적인 행동은 평화적이었음에도 불구하고 처절한 몸부림이었으며, 상처에 대한

---

3   변순용, 『삶의 실천윤리적 물음들』(서울: 올력, 2014), p. 339.

4   변순용(2014), 앞의 책, p. 339.

치유의 아픔을 견뎌내야 하는 고통의 과정이다. 땅에 떨어진 자
존감의 회복을 위한 뼈아픈 자기 치유의 과정으로 보인다. 이렇
게라도 하지 않으면 앞으로 살아갈 수 없을 정도로 분노와 좌절,
자존감의 상처를 받았기에 이를 어떻게든 치유해야 하는 것이
다. 이렇게라도 하지 않으면 살 수 없기 때문이다. "상처는 치유
해야 한다. 그러기 위해서는 상처부위를 정확히 진단하고 그에
맞는 처방과 조치를 취해야 한다. 그렇지 않고 외상만 치료한다
면 상처부위가 안으로 곪거나 지울 수 없는 흉터로 남기 마련이
다."[5] 광화문에 모인 시민들은 돈을 받고 나온 것도 아니고, 시간
이 남아서 나온 것도, 갈 곳이 없어서 나온 것도 아니다. 이들을
광장에 모이게 한 것은 바로 자기 치유의 노력이며, 이러한 치유
의 노력은 결국 자기 존재에 대한 책임을 실현한다는 의미를 갖
는다. "책임은 대답의 일종이다. 그 전에 물음, 즉 부름이 있는 것
이다."[6]

책임은 묻고 답하는 과정에서 분명해지고 해결책이 모색된
다. 책임을 묻는 것은 누가 무엇에 대하여 어떻게 그리고 무
엇에 근거하여 묻는 과정이다. 이 과정은 이 물음을 들을 수
있는 능력과 들으려는 의지를 전제로 한다. 내가 알아듣지
못하는 외국어로 누군가가 내게 아무리 쉽게 물어본다 해도

---

5   변순용, "책임지지 않는 사회에 대한 고찰", 『환경철학』, 21집(서울: 환경철학회,
    2016), p. 97.

6   W. Weischedel, Der Mut zur Verantwortung(Stuttgart, 1942), p. 7.

나는 그것을 들을 능력이 없다. 그리고 내가 알아들을 수 있
는 말이라 해도 내가 듣고자 하지 않는다면 난 듣지 못할 것
이다. 그래서 책임에 대한 요청을 들을 수 있는 능력과 의
지가 없다면 책임을 묻는 과정은 시작될 수 없다. 이 물음을
들을 수 있는 능력과 들으려 하는 의지의 근원은 바로 양심
일 것이다. 이러한 양심은 절대적이거나 '객관적'이라는 의
미에서가 아니라 우리 모두가 가지고 있는 양식과 상식, 그
리고 우리가 인간이라는 존재적 사실에 근거한다.[7]

여기서 물음은 자기 존재의 지속에 대한, 자기의 존재가능성에
대한 물음이다. 공동체 안에서 자신의 존재가능성에 대한 자문이
다. 봐이쉐델(W. Weischedel)은 자기책임을 다음과 같이 정의한다.
책임의 주체로서의 나는 나의 실존의 가능성에 따라 나 자신에게
제기하는 실현의 요청에 대하여 '나 자신으로부터 존재할 수 있
음'의 요청적인 모범으로 만나게 되는 자기 존재로서 책임진다.[8]

3. 악의 평범성과 언어의 규칙

아렌트(H. Arendt)는 아이히만의 재판을 보면서 악의 평범성 내
지 진부함(banality)을 주장한다. 그녀는 탄탄한 중산층 가족 출신
의 몰락한 아들이었던 그리고 지극히 평범하면서도 약간은 허세

---

7   변순용(2016), 앞의 책, p. 98.
8   변순용, 『책임의 윤리학』(서울: 철학과현실사), 2007, p. 73. 참조.

를 떠는 성격을 가진 세일즈맨이었던 아이히만의 재판을 참관하면서 "일상적이고 평범한 남자가 어떻게 저런 '최종해결책(the final solution)'을 수행할 수 있었을까?"라는 물음에 직면하게 된다. 아이히만의 재판을 보고나서 그녀의 마지막 말은 "말과 사고를 허용하지 않는 악의 평범성"[9]을 경고하는 것이다. 에필로그에서 그녀는 무사유와 악의 이상한 상호연관성을 지적한다. "그는 단지 자기가 무엇을 하고 있는지 결코 깨닫지 못했다."(Arendt, 2006, p. 391)[10] 그리고 "그로 하여금 그 시대의 엄청난 범죄자들 가운데 한 사람이 되게 한 것은 (결코 어리석음과 동일한 것이 아닌) 순전한 무사유(sheer thoughtlessness)였다."[11]

악의 평범성 내지 진부함은 "악이 특정한 악인에 의해서 자행되는 것이 아니라 인간이라면 누구나 악을 저지를 수 있는 연약함을 지니기 때문에 악은 일상적이며 평범한 모습으로 우리와 가까이 있을 수 있다는 의미"[12]를 갖는다. 아이히만의 독백 중에 독일의 공식적인 패배의 날이었던 1945년 5월 8일에 대한 기억을 다음과 같이 하고 있다.

나는 지도자 없는 어려운 개인 생활을 영위해야 한다는 것,

---

9   H. Arendt, 『예루살렘의 아이히만』, 김선욱 역(서울: 한길사, 2006), p. 349.
10   Arendt(2006), 앞의 책, p. 391.
11   Arendt(2006), 앞의 책, p. 391.
12   조나영, 「한나 아렌트의 예루살렘의 아이히만」 한국여성신학, 84(서울: 한국여신학자협의회, 2016), p. 191.

누구에게서도 지령을 받지 않고 명령이나 지휘도 더 이상
내게 내려지지 않으며, 참조할 수 있는 어떠한 포고령도 없
게 될 것을 예감했다. 간단히 말해 이전에는 알지 못한 삶이
내 앞에 놓인 것이다.[13]

이런 독백을 보면서 자신에게 내려진 지시나 명령에 너무 익숙
해져 있는 삶의 방식을 엿볼 수 있을 것이다. 더구나 그는 수백만
명의 사람들을 죽인 것에 대해서가 아니라 자신이 명령받은 일을
하지 않았다면 양심의 가책을 받았을 거라고 말한다. 여기서 그
일이란 "수백만 명의 남녀와 어린이들을 상당한 열정과 가장 세
심한 주의를 기울여 죽음으로 보내는 것"[14]이다. 그래서 아렌트에
게는 양심이 인간에게 본연적인 것이 아니라, 환경과 사회적 여
건에 이미 제약되어 있는 것으로 여겨진다.[15]

이와는 다른 경우이지만, 베트남 전쟁 당시 1968년 3월 16일
베트남의 밀라이 마을에서 347명의 베트남 민간인을 사살했던
밀라이 학살(My Lai Massacre)에서 미군 부대의 지휘관이었던 캘
리(W. Calley) 중위는 자신이 하달 받은 명령을 수행했을 뿐이라는
말을 했다. 이 학살은 당시 미군 헬리콥터 조종사였던 톰슨(Hugh
Thompson, Jr.)에 의해 중지되었다. 톰슨은 자신이 조종하는 헬기

---

13   Arendt(2006), 앞의 책, p. 86.
14   Arendt(2006), 앞의 책, pp. 78-79.
15   Arendt(2006), 앞의 책, p. 19. 참조.

를 미군과 베트남 민간인 사이에 착륙시켜 미군의 사격을 중지시켰다. 이러한 중지로 인해 밀라이 마을에서 11명의 생존자가 살아남을 수 있었다. 13년이 지난 후 톰슨과 헬기 동료들은 적과 직접적인 대면을 하지 않았지만 가장 용감한 행위를 한 군인에게 수여하는 메달을 받았다. 1971년 캘리 중위는 유죄를 선고받았다. 캘리 중위는 자신이 잘못은 했지만(guilt), 비난받을 수는 없다(blameworthiness)는 입장을 견지한다.[16] "우리는 사유의 무능력함을 지닌 인간들이 스스로 자신의 일에 대한 반성과 소고없이 반복적으로, 일상적으로 주어진 일들을 소위 '그들만의 소신'으로 대할 때 그것이 한 개인은 물론 사회 전체 그리고 국가와 민족을 어떻게 그리고 얼마나 파멸에 이르도록 하는지를 지금까지의 경험을 통해 알고 있다."(조나영, 2016, p. 196) 그래서 "상부의 지시야"이거나 "내게 주어진 일을 충실히 수행했을 뿐이야"라는 말이 충분한 사유와 반성을 동반하지 않을 때 가질 수 있는 위험성을 늘 염두에 두어야 한다.

이러한 악의 평범성으로 이번 사태를 통해 드러난 사람들의 행동을 이해해볼 수 있을 것이다. 그녀는 악이 평범하고 또 우리가 쉽게 접할 수 있는 근원에서 나온다고 한다. 그녀에 의하면 악은 말하기의 무능성(inability to speak), 생각의 무능성(inability to think), 즉 타인의 입장에서 생각하기의 무능성(내지 옳고 그름에 대한 판단

---

16   P. French (ed.) Individual and Collective Responsibility(Vermont: Schenkman Books Inc., 1998), p. 2. 참조.

의 무능성)에서 나온다. 그녀는 이것들을 '사유의 진정한 불능성 내지 사유의 전적인 부재'[17]라고 표현하고 있다.

악의 평범성과 함께 아렌트는 '우회적 표현' 내지 '암호화된 언어'라는 언어의 규칙(Sprachregelung)에 대해서도 언급하고 있는데, "자신들이 하고 있는 일을 사람들이 모르도록 하는 것이 아니라, 살상과 거짓말에 대한 그들의 오랜 '정상적인' 지식과 동일시하지 않도록 만들기 위한 것"[18]이라고 하였다. 예를 들면 학살은 최종 해결책, 유대인의 이송작업은 재정착 등으로 말하는 것이다. 이를 보면서 '블랙리스트'와 '예술인의 지원을 배제할 명단'의 차이에 대한 생각이 연결된다.

4. 밀그램 실험: 권위에 대한 맹목적인 복종과 도덕적 영웅의 평범성

권위에 대한 복종의 심리를 실험한 밀그램의 문제의식은 무분별한 복종이 가져올 수 있는 파괴이다. "신념에 따라 도둑질이나 살인, 폭력을 혐오하는 사람도 권위자에게서 명령을 받으면 그러한 행위를 상대적으로 쉽게 할 수 있다. 주체적으로 행동하는 사람도 명령을 받게 되면 평소에는 하지 않을 행동도 주저 없이 하게 된다."[19]

그래서 밀그램은 "실험자가 피험자에게 다른 사람을 점점 더

---

17   Arendt(2006), 앞의 책, pp. 37-38.

18   Arendt(2006), 앞의 책, p. 150.

19   S. Milgram, 『권위에 대한 복종』, 정태연 역(서울: 에코리브르, 2009), p. 17.

가혹하게 대하라고 말할 때, 그 피험자는 어떤 조건에서 따르고, 어떤 조건에서 따르지 않는가?"[20]에 대한 실험을 한다. 이 실험의 내용은 다음과 같다.

기억과 학습이라는 연구에 참여하기 위해 두 사람이 심리학 실험실에 온다. 그중 한 사람을 '선생'으로, 그리고 다른 사람을 '학습자'로 명명한다. 실험자는 그들에게 처벌이 학습에 미치는 영향을 알아보기 위한 실험이라고 설명한다. 학습자를 실험실 방 안의 의자에 앉히고, 과도한 움직임을 제어하기 위하여 양팔을 의자에 묶은 다음, 전극봉을 그의 손목에 부착한다. 그는 단어쌍의 목록을 공부할 거라는 말과 함께, 틀릴 때마다 전기충격의 강도가 높아질 것이라는 말을 듣게 된다.

이 실험의 핵심은 선생이다. 그는 학습자가 묶여 있는 것을 본 후에 주 실험실로 들어가서 전기충격기라는 인상적인 기계 앞에 앉는다. 그 전기충격기는 15볼트에서 450볼트까지 15볼트씩 증가하는 30개의 스위치가 가로로 늘어서 있다. 그리고 각 스위치마다 '약한 충격'에서 '위험: 심각한 충격'까지의 범위에 속하는 스티커가 붙어 있다. 선생은 다른 방에 있는 학습자에게 학습 검사를 실시하게 될 것이라는 말을 실험자에게서 듣는다. 선생은 학습자가 올바르게 응답했

20   Milgram(2009), 앞의 책, p. 18.

을 때 다음 항목으로 옮겨가고, 틀린 답을 말할 경우에는 학습자에게 전기충격을 가해야 한다. 선생은 가장 낮은 단계 (15볼트)에서 시작해서 학습자가 틀릴 때마다 30볼트, 45볼트 등의 순서로 전기충격을 높여야 한다.

선생만이 실험에 참여하는 진짜 피험자이다. 희생자 역할을 맡은 학습자는 실제로는 어떤 전기충격도 받지 않는 연기자이다. 실험의 핵심은 항의하는 희생자에게 점점 더 심한 충격을 가하라는 구체적이고 측정 가능한 상황에서 사람들이 어디까지 그 명령을 따르느냐 하는 것이다. 어느 시점에서 피험자는 실험자의 명령을 거부할 것인가? 전기충격을 받는 사람이 불편함을 표현하면서 갈등이 발생한다. 학습자는 75볼트에서 툴툴거리고, 120볼트에서 말로 불평을 표현하며, 150볼트에서는 실험을 그만 둘 것을 요구한다. 그의 항의는 전기충격이 증가함에 따라 격렬해지고 감정적으로 바뀐다. 그는 285볼트에서 고통스러운 비명을 지른다. …(중략)… 이 연구의 목적은 사람들이 분명한 도덕적 명령에 직면한 상황에서 언제 그리고 어떻게 권위에 도전하는가이다.[21]

---

21 Milgram(2009), 앞의 책, p. 27-29. 밀그램은 희생자와의 근접성(실험 1-4), 새로운 기준선 조건(실험 5), 실험팀의 교체(실험 6), 권위자와의 근접성(실험 7), 여성피험자의 경우(실험 8), 희생자의 계약상의 한계(실험 9), 실험실 맥락(실험 10), 전기충격 단계에 대한 피험자의 자유로운 선택(실험 11), 전기충격을 요구하는 학습자(실험 12), 일반인 실험자의 명령(실험 13), 희생자가 된 권위자와 명령하는 일반인(실험 14), 두 명의 권위자와 상반되는 명령(실험 15), 두 권위자 중 한 명이 희생자가 되는 경우(실

이 실험을 통해 밀그램은 권위자에 대한 약속 의무의 이행과 개인의 도덕적 양심 간의 교차점을 알아보고자 한 것이다. 그의 실험은 복종의 딜레마를 담고 있는데, 이는 사회 유지의 전제가 되는 권위에 대한 복종과 개인적 양심 간의 충돌에서 발생한다. 도덕적이지 않다고 생각되는 권위(자)의 명령에 따르는 행위의 실행은 그 직접적인 행위자에게 책임이 있는 것이 아니라 그것을 명령한 권위자에게 책임이 발생한다고 주장한 홉스의 주장, 그리고 개인의 도덕적 판단과 권위의 명령이 상충될 때 개인의 양심이 중요하다고 주장한 휴머니스트들의 주장이 아마도 이 실험의 중요한 의미의 두 축으로 나타난다. [22]

그렇다면 권위에 대한 맹목적인 복종에서 발생하는 개인적인 양심과의 충돌로 인한 책임감이나 책임 의식을 어떻게 회피할 수 있는가에 대한 물음이 발생한다. 실제로 대부분의 피험자들은 일부를 제외하고는 실험 상황에서 발생하는 갈등과 긴장을 경험한 것으로 보고되고 있는데, 이러한 갈등과 긴장에서 도덕적 책임이 약화되는 계기들이 무엇일지에 대해 생각해보아야 한다.

복종적인 피험자에게서 나타나는 가장 흔한 순응적 사고는 자신의 행동에 책임감을 느끼지 않는 것이다. 그는 합법적인 권위자인 실험자가 모든 주도권을 쥐고 있다고 생각함으

험 16), 두 동료의 반란(실험 17), 동료가 가하는 전기충격의 경우(실험 18)와 같이 실험의 조건을 변경하면서 총 18유형의 실험을 실시하였다.

22   Milgram(2009), 앞의 책, p. 27. 참조.

로써 자신은 모든 책임에서 벗어난다. 그는 스스로를 도덕
적으로 책임감 있게 행동하는 사람으로 보지 않고, 외부 권
위자의 대리인으로만 생각한다. …(중략)… 실험자의 권위
에 도전할 수 없었기에, 그들은 모든 책임을 실험자에게 돌
렸다. …(중략)… 그는 자신의 행동에 대해 도덕적 감성으로
반응하는 것이 아니다. 오히려 그의 도덕적 관심은 권위자
의 기대에 어떻게 부응할 것인가에 대한 관심으로 바뀐다.[23]

이를 통해 첫째 '대리인 의식'[24]과, 둘째 '도덕적 관심의 전환'
으로 일상적인 악이 등장하게 됨을 알 수 있다. 그리고 이러한 대
리인 의식과 도덕적 관심의 전환은 현실적으로 밀접한 관련이 있
게 마련이다. 대리자적 전환의 결과는 "자신에게 지시를 내리는
권위자에 대해서는 책임감을 느끼지만, 권위자가 지시하는 행동
의 내용에 대해서는 책임감을 느끼지 않는다. 도덕성이 사라진
것은 아니지만, 근본적으로 그 초점을 달리한다. 하급자는 권위
자가 요구하는 행동을 얼마나 잘 수행했느냐에 따라 수치심이나
자부심을 느낀다."[25] 셋째 단추를 누르는 행위와 피해자에게 발생
하는 고통의 관계를 '의식적으로 단절'시키는 것이 현대 사회에

---

23 Milgram(2009), 앞의 책, p. 33.

24 밀그램은 대리자적 상태(agentic state)를 '특정인이 스스로를 다른 사람의 소망을 수
   행하는 대리자로 볼 때의 상태'로 규정하고, 자율성과 반대되는 용어로 규정하고
   있다. Milgram(2009), 앞의 책, p. 196. 참조.

25 Milgram(2009), 앞의 책, pp. 211-212.

서는 사회적으로 조직화된 악의 공통적인 특징이다.[26] 넷째 '익숙한 모르는 타자(familar unknown stranger) 효과'도 첨부되어야 할 것이다. "거리, 시간, 심리적 장벽들은 도덕의식을 둔화시킨다."[27]

이 효과는 실제로 자신의 행위가 미치는 영향을 받는 사람들에 대한 무지로 인해 도덕적 갈등이 약화되는 경우에 해당될 것이다. 예를 들면 무인폭격기를 실제 전장에서가 아니라 컴퓨터 모니터로 보면서 버튼을 누르는 병사들에게서 찾아볼 수 있을 것이다.[28] 끝으로 복종과 동조의 구분을 통해서 책임을 느끼게 되는 동조보다는 책임을 전가할 수 있는 복종으로 자신을 합리화하는 것을 볼 수 있다.[29] "복종하는 피험자들은 희생자에게 전기충격을 가하는 문제에서 자율성이 전혀 없었으며 자신의 행동은 전적으로 어쩔 수 없는 것이었다고 주장한다."[30] 동조 역시 행위의 주체

---

26 Milgram(2009), 앞의 책, pp. 37-38. 참조.

27 Milgram(2009), 앞의 책, p. 226.

28 "전적으로 양적으로만 보면, 돌을 던져 [눈앞의] 한 사람을 죽이는 것보다 [사람들이 보이지 않는] 마을에 대포를 쏴서 1만 명을 죽이는 것이 더 사악한 일이다. 그러나 심리적으로는 전자가 훨씬 더 실행하기 어렵다." Milgram(2009), 앞의 책, p. 226.

29 밀그램은 복종(obedience)과 동조(conformity)를 구분하면서 군대에 입대한 신병의 예를 들어 설명한다. 신병은 "상사의 명령을 성실하게 수행할 것이다. 동시에 그는 동료들의 습관, 일과, 언어를 따른다. 전자의 경우는 복종이고, 후자의 경우는 동조다."(Milgram(2009), 앞의 책, p. 172.) 이처럼 복종과 동조는 주체성이나 자발성의 포기라는 점에서는 같지만, 위계 상황과 평등한 상황, 행동의 순종과 획일화, 요구나 명령의 형태와 비명확성, 자발성과 비자발성이라는 차이가 난다고 주장한다. Milgram(2009), 앞의 책, pp. 173-174. 참조.

30 Milgram(2009), 앞의 책, p. 174.

성과 자발성이 강조되기는 복종과 마찬가지로 어렵지만, 그래도 동조는 대체로 "암묵적인 압력에 대한 반응이기 때문에 피험자는 자신의 행동을 자발적인 것으로 해석"[31]하기 쉽기 때문에, 동조보다는 복종이 책임회피의 중요한 계기가 될 수 있다.

이러한 계기들을 통해 본인이 느끼는 양심의 갈등을 약화시키고 책임 의식을 회피하거나 전가시키게 된다. 피실험자였던 잭 워싱턴(가명)은 다음과 같이 말하고 있다. "학습자는 실험에 동의했어요. 그렇기 때문에 그도 당연히 책임이 있죠. 실험자는 가장 큰 책임이 있어요. 나는 단지 명령에 따랐을 뿐이에요. 나는 계속하라는 말을 들었고, 중단하라는 어떤 암시도 받지 못했어요."[32] 잭의 생각에서 실험자에게 가장 큰 책임이 있고, 학습자도 동의했으므로 책임이 있고, 자기는 명령을 수행했을 뿐이기에 책임이 가장 작다는 것이다.

인간에게는 복종의 잠재성이 있으며, 이러한 잠재성은 사회질서의 유지라는 진화론적이면서 동시에 사회적인 목표의 실현과 이를 위한 개인의 억제메커니즘에 근거한다고 밀그램은 주장한다.[33]

특히 그는 이러한 복종의 잠재성이 부모가 아이에게 도덕적인 명령을 따르라고 가르칠 때 실제로는 구체적인 도덕적 내용과 권

---

31 Milgram(2009), 앞의 책, p. 174.

32 Milgram(2009), 앞의 책, p. 87.

33 Milgram(2009), 앞의 책, pp. 83-197. 참조.

위에 대한 복종을 훈련시키는 것에서 잘 나타난다고 보고 있다.[34] 그러나 이러한 주장은 첫째 도덕적인 내용과 권위에 대한 복종이 타율도덕(heteronomie)의 단계에서는 설득력을 갖지만, 이러한 설득력이 자율도덕(autonomie)의 단계에서도 그대로 유지되기는 어렵다는 점에서, 둘째 위계적인 구조를 가진 집단이 그렇지 않은 집단보다 생존력과 대응력의 차원에서 강력하다는 주장 역시 일반화되기 어렵다는 점에서 비판을 받게 된다. 물론 문제 사태에 대하여 우왕좌왕하며 결정을 내리지 못한다거나, 하나의 방향으로 문제해결을 위한 추동력을 갖기 어렵다는 점에서는 밀그램의 주장이 유효하겠지만, 오히려 그 반대로 획일적인 집단 구성과 무능하거나 열등한 리더십에 의한 경우처럼 유효하지 않은 경우도 있다.

그러나 이런 비극적인 실험 결과와는 달리 17번째 두 동료의 반란의 경우에 대한 밀그램 실험을 통해서는 이러한 성향에 대해 스스로 어떻게 저항할 수 있는지를 알 수 있다.

외견상 네 명의 피험자가 '집단적 교육과 처벌이 기억과 학습에 미치는 영향'을 알아보기 위한 실험에 참가하기 위해 실험실에 나타난다. 세 명은 실험 협조자이고 한 명이 실제 피험자이다. 실험자는 선생 세 명과 학습자 한 명을 이용해 연구할 것이라고 설명한다. 미리 짠 제비뽑기를 통해 피험

---

34   Milgram(2009), 앞의 책, p. 200. 참조.

자를 선생 3의 역할에 배정한다. 실험 협조자는 선생 1, 선생 2, 학습자의 역할을 한다. …(중략)… 선생 1은 짝지어진 단어 쌍의 목록을 읽고, 선생 2는 학생의 답변이 맞는지 틀린지를 피험자에게 말해준다. 그리고 선생 3(아무것도 모르는 피험자)은 처벌을 가한다. …(중략)… 150볼트까지는 실험자의 지시에 순응하는데 이 전기충격 단계에서 희생자는 처음으로 강하게 항의한다. 이 시점에서 선생 1은 학습자가 불평하기 때문에 실험을 계속할 수 없다고 주장하면서 선생 1은 실험자의 명령에 흔들리지 않고, 그 방의 다른 곳에 가서 앉는다. …(중략)… 210볼트의 전기충격이 가해진 후, 선생 2도 학습자를 걱정하며 더 이상 참가를 거부한다. 실험자가 계속하라고 지시하지만, 그 역시 자기 자리에서 일어나 다른 자리로 이동하면서, "당신이 어떤 질문을 해도 기꺼이 대답하겠지만, 그의 의지에 반하여 그에게 전기충격을 가하고 싶지는 않아요. 그럴 수 없어요"라고 말한다. 이 시점에서 아무것도 모르는 피험자는 전기충격기 앞에 혼자 앉아 있다. 그는 두 동료의 저항을 목격한 상태다. 이 실험을 마무리하는 것이 매우 중요하다고 설명하면서, 실험자는 피험자에게 계속하기를 지시한다.[35]

이 실험의 결과는 40명 중 36명이 더 이상의 실험을 하지 않

---

35   Milgram(2009), 앞의 책, pp. 175-177.

겠다고 실험자에게 거부의사를 밝혔다. 이와 같은 집단의 압력 (동료들의 저항)이 없는 경우에서는 40명 중 14명이었음을 비교해 보면, 그 차이가 분명하게 나타난다.(Milgram, 2009, p. 177 참조)[36] 이를 통해 밀그램은 "한 개인이 권위에 대항하고자 할 때, 자기 가 속한 집단 구성원의 지지를 얻기 위해 최선을 다한다. 사람들 이 서로를 위해 상호 지지하는 것은 과도한 권위에 대항하는 가 장 강력한 방어벽"이라고 주장한다. 여기서 우리는 정당하지 못 한 권위에 저항하는 용기 있는 사람들과 이에 동조할 수 있는 용 기를 가진 동료들의 중요성을 알 수 있다. 이러한 저항은 권위의 포기나 해체를 의미하는 것이 아니라 정당한 권위를 찾고 그에 순응하려는 의지의 발현이다. "나의 존재의 자유뿐만 아니라 타 인의 존재의 자유에 대한 책임은 인과적 책임의 경계를 넘어서야 하며, 인간성의 책임으로 나아가야 한다. 여기서의 인간성은 개 체로서의 인간이 아니라 더불어 살아가는 인간들의 인간성이어 야 한다."[37] 이러한 인간성의 책임에 근거하여 합법적이지 않은 권위에 저항하는 사람들은 바로 '평범한 우리'이다. 따라서 악의 평범성에 대하여 선의 평범성 또한 말해질 수 있는 근거를 여기 에서 찾아볼 수 있을 것이다.

---

36   Milgram(2009), 앞의 책, p. 177.
37   변순용(2016), 앞의 책, p. 113.

5. 나오는 말

이 글을 쓰게 된 출발점은 촛불시위에 나타난 시민들에게서 기존의 시위와는 다르게 평화적인 시위의 모습을 유지하려고 애쓰는 모습을 보면서 그리고 사회지도층 인사의 도덕적 불감성에 대한 분노를 느끼면서 가지게 된 의문이었다. 수십만의 사람들이 모였던 시위의 현장이 그 다음날 아무런 일도 없었던 것처럼 일상의 모습을 회복하는 것을 보면서 왜 우리는 저토록 평화적이고 민주적인 시위를 원했는지에 대해 반문해 보았고, 작은 일이라도 거짓을 말하거나 타인을 해치는 일을 했을 경우에도 양심의 가책을 느끼기 마련인데 어떻게 공개적으로 거짓을 말하거나 양심적이지 않은 일을 하고서도 떳떳할 수 있는지에 대해서 의문이 들었다.

그래서 상처받은 자존심의 회복과 악의 평범성에 대해 생각하게 되었고, 이것이 생각의 실마리로 작용되어, 트라시마코스의 정의의 문제, 인문학적 자기 치유, 아렌트의 악의 평범성 그리고 밀그램의 실험으로 이어지게 된 것이다. 그래서 자기 치유로서의 자기책임의 의미와 선의 평범성에 대한 신뢰가 인간성의 책임으로 이어질 수 있고, 또 이어져야 한다는 결론을 도출하게 되었다.

11장
공간이란 무엇인가?

1. 들어가는 말

인간은 공간 속에 그리고 공간과 더불어 삶을 전개해 나간다. 사실 인간과 공간을 분리해서 생각해보는 것 자체가 불가능하겠지만, 우리의 사유 속에는 비어있는 여백이나 사이로서의 공간, 그리고 그 안에 우리가 들어간다는 표상이 일반적이다. 우리가 어느 공간에 들어가든 우리는 실은 항상 공간 안에 존재한다는 존재적 사실을 망각한다. 이러한 사유의 경향으로 인해 인간과 공간의 관계라든지 사이공간으로서의 공간이라는 표상이 생겨난다. 그러나 인간과 공간은 불가분의 관계이며, 공간과 더불어이든 그 안에서이든 인간에게서 공간을 추상적으로 분리해낼 수는 있겠지만, 생활세계 내에서는 공간없는 존재를 체험해볼 수가 없다.

공간(Raum, 空間)의 의미에 대한 다양한 연구들 중에서 볼노프의 공간론은 교육과의 연계 속에서 이뤄진다는 점에서 다른 공간론과 차별화된다. 하이데거는 인간의 본질을 거주성에서 찾고, 고향상실이라는 위기 상황에서 거주에 대해서 배워야 한다고 강조하였고, 볼노프는 이러한 사유에 더하여 공간과 거주에 대한 인간의 책임을 강조하고 이를 위한 과제를 제시하고 있다. 그렇지만 하이데거적인 현상학에 근거하면서도 행복한 공간과 공간의 모성을 강조한 바슐라르(G. Bachelard)나 몸을 영혼의 거주처라고 보는 메를로퐁티(M. Merleau-Ponty)의 영향을 받고, 여기에 자신의 교육학적 관점과 결합시키려한 점에서 그는 다른 공간론자들과 차이가 난다. 그가 제시한 공간인간학(Raumanthropologie)과 교육적 분위기(Paedagogische Atmosphaere)를 통해 안주(安住)가 인간의 본질에서 그리고 안정성이 교육의 본질에서 중요한 의미를 갖고 있음을 밝히고 있다. 인간이 공간과 어떤 관계를 맺느냐는 것이 아니라 인간이 공간 속에서 어떻게 존재하고 있느냐라는 물음을 물어야 하며, 이 물음은 다시 교육과 연계되어 공간 속의 올바른 상태 또는 공간을 향한 관계에 대한 물음으로 이어져야 한다고 주장한다.

인간과 공간의 관계에서 "공간을 구성하고 공간을 펼치는 존재로서 인간은 필연적으로 자기 공간의 기원일 뿐만 아니라 동시에 자기 공간의 지속적인 중심이다."[1] 그러나 인간과 공간의 관계를 구체적인 삶의 맥락에서 접하게 되는 것이 바로 집이다. "'(집에) 산다'는 인간 삶의 기본이며, 집이 있음으로 해서 나와 이방인, 나와 타자의 구분이 생기게 된다."[2]

이런 의미의 집은 인간과 공간의 관계를 분석하는 데 중요한

---

1   변순용, 『삶의 실천윤리적 물음들』(서울: 울력, 2014), p. 170.

2   변순용(2014), p. 167.

연결 개념으로서의 역할을 갖는다. 뿐만 아니라 집은 인간의 정신 상태를 알 수 있는 중요한 심리적 매개개념이기도 하다. 아파트에 살고 있는 학생들에게 집을 그려 보라고 했을 때 아파트가 아니라 네모와 세모로 구성된 집을 그리는 아이들을 보면, 집이 단순히 물리적 의미로만 우리에게 다가오지는 않음을 알 수 있다. 정신분석이나 정신적 질환의 경우에도 심리 상태를 알아보기 위해 집을 그려보라고 하고 이를 통해 그림을 그린 사람의 심리 상태를 파악해 보기도 한다.

이런 맥락에서 공간에 대한 책임과 공간윤리를 제안해볼 수 있다. 그래서 이 글에서는 그의 공간론을 중심으로 해서 공간에 대한 인간의 과제로서의 공간 책임과 공간의 교육적 의미를 추출해 보고자 한다.

2. 공간과 가치

공간의 가치를 논할 수 있는 가능성에 대하여 의문을 가진다면, 인간의 직립보행과 관련되어 위와 아래, 앞과 뒤, 오른쪽과 왼쪽의 구분에 대한 볼노프의 설명에서부터 시작해야 한다. 기하학적 공간 개념을 주장한 플라톤과는 달리 아리스토텔레스는 체험적 공간의 의미를 규명하면서, 세 쌍의 방향 개념을 분석하고 있다.[3] 이러한 방향 개념에 대하여 볼노프는 직립보행과 관련하여

---

3   O. F. Bollnow, Mensch und Raum(Stuttgart: Kohlhammer GmbH., 1963, zit. 71994), pp. 44-46.참조; 이하 MR로 표기함.

"인간은 수평적으로 연결된 동물에 비하여 땅으로부터 일어섬으로써 자유로운 시야를, 사물로부터 거리를, 발의 역할로부터 손의 해방을 얻었고, 그리고 손의 자유로움을 통하여 세계 개혁의 일에 기관(Organon)을 얻게 되었다. 하지만 이 곧은 자세가 항상 새로운 노력 속에서 보존되는 것은 '부자연스러운' 것이기에 이 곧은 자세는 동시에 인간의 도덕적인 규정이 되며 또한 이로써 인간은 모든 약한 적응의 유혹들에 맞서 그 내적인 견고성으로 보존하는 것이다"라고 말한다.[4] 이 긴 인용문은 셸러(M. Scheler)나 플레스너(H. Plessner), 겔렌(A. Gehlen) 같은 철학적 인간학자들에게서 볼 수 있는 것처럼 직립보행이라는 생물학적 특성으로 인해 인간적인 특징이 나오는 것을 설명하고 있다. 인간은 휴식이나 수면을 취할 경우에 이러한 힘든 직립보행의 특성을 잠시 내려놓고 수평적 관계로 되돌아가지만, 많은 노력을 필요로 하는 직립보행을 통해 도덕적인 가치를 지향하게 된다는 것이다.

그리고 여기서 더 나아가 수평적 관계에서 수직적 관계로 전향되면서 위와 아래, 앞과 뒤의 추가적인 구분이 생기게 된다. "위로 향한 방향은 도덕적인 의미 속에서처럼 또한 사회적이고, 전수적인 의미 속에서처럼 역시 진보의 방향이다. 모든 삶은 아래에 있기보다는 위에 있기를 원한다. 위에는 동시에 빛의 영역이고, 역시 신화적인 의미 속에서 하늘이고, 신들의 거처이고, 그리고 아래는 암흑의 영역이고 어두운 힘들의 나라이고, 그리고 인

---

4   O. F. 볼노프, 『인간학적 교육학』, 한상진 역(서울: 양서원, 2006), pp. 147-148.

간은 중간의 본질로서 신들과 악마 사이에 놓여졌다."5 위와 아래
에 대한 이러한 가치 부여는 앞과 뒤의 경우에도 해당된다. "공간
속의 앞으로 뚫고 나아가는 움직임을 통하여 이루어지고, 또한
이 방향들은 공간적인 이해로부터 진보와 퇴보로서 동시에 하나
의 전수되는 도덕적인 의미를 얻는다."6

그리고 "앞은 인간에게 있어서 자신의 활동을 하게 되는 방향
이다."7 이처럼 위와 아래, 앞과 뒤에 부여하는 평가가 인간의 선
입견이고 편견이라고 할 수도 있겠지만, 이러한 가치 부여가 인
간으로서 가지는 공통적인 특징이라는 점을 부인하기 어려울 것
이다.

또한 바슐라르는 "인간에 의해 소유되고 적대적인 힘들로부터
보호된 공간"8으로서 집이라는 행복한 공간을 주장한다. 여기서
행복한 공간은 "소유되는 공간, 적대적인 힘에서 방어되는 공간,
사랑받는 공간"9이며, 그는 이러한 공간들이 지니는 인간적인 가
치를 분석하였다. 이런 점을 고려해 본다면, 공간과 가치가 인간
에 의해 매개 내지 관련될 수 있음은 분명하다. 우리는 여기서 더
나아가 신성한 공간, 놀이의 공간, 문화적 공간, 일탈 내지 혼란의

---

5   볼노프(2006), 앞의 책, p. 148.

6   볼노프(2006), 앞의 책, p. 148.

7   MR, p. 51.

8   변순용(2014), 앞의 책, p. 176.; G. 바슐라르, 『공간의 시학』, 곽광수 역(서울: 동문선,
      2003), p. 69. 참조.

9   바슐라르(2003), 앞의 책, p. 69.

공간 등을 논할 수 있다.

볼노프가 수학적, 물리적 공간과 대비되는 체험된 공간의 특징을 설명한 부분에서 공간과 가치의 관련성을 도출해 내면 다음과 같다.

> 체험된 공간에는 하나의 특별한 중심점이 있는데, 이것은 어떤 방식으로든 공간 속에서 체험하는 사람의 위치에 의해 주어진다고 한다. 체험된 공간은 무엇을 하게 하거나 못하게 하는 그런 종류의 삶의 관계들을 통해서 사람과 관계되며, 또한 그것은 결코 가치중립적인 영역이 아니다. 체험된 공간 안의 모든 위치는 그것을 체험한 사람에게 중요하다. 체험된 공간은 그것을 체험한 인간과 서로 분리될 수 없는 것이다.[10]

이러한 설명에 의하면 구체적으로 체험된, 내가 살아온 공간은 나와 분리될 수 없으며, 나의 가치가 투영된 것임을 알 수 있다. 또한 그는 인간과 집의 관계를 거주성(Wohnlichkeit)으로 설명하는데, "집을 짓고 그 안에 살면서 그곳을 집으로 만들기 위해서 '자기 집 같음', '마음 편함', '믿을 만한 친숙함'으로 이해하고 있는 거주

10　MR, pp. 17-18.

성"[11]을 주장한다. 그가 제시한 거주성의 특징은 다음과 같다.[12]

첫째, 거주 공간은 안식과 평화를 위하여 외부 세계에 대하여 닫혀 있어야 한다.

둘째, 개인이 자신의 삶을 실제적으로 실현해 나갈 수 있을 정도로 공간이 너무 작지도 크지도 않아야 한다.

셋째, 공간은 그 공간의 성격에 맞게 가구들로 채워지는 방식을 갖는다.

넷째, 공간은 밝고 따뜻한 온기를 지니고 있어야 한다.

다섯째, 공간은 어지럽혀지거나 소홀히 방치되어서는 안 되며 사랑으로 보살펴져야 한다.

여섯째, 공간은 거주문화를 갖는다. 공간을 채울 가구들을 고르고 보살펴야 한다. 그러나 대량생산된, 그래서 취향을 느낄 수 없는 가구들로는 우리가 집에 거주성을 부여하지는 못한다.

일곱째, 집은 그 안에 사는 사람을 표현하며, 공간은 그 안에 사는 사람의 부분이다.

여덟째, 집은 그 안에 사는 사람의 역사를 반영해 준다.

끝으로, 집의 거주성을 산출하는 것은 개인이 아니라 가족이다. 거주함은 공동체 안에서만 가능하며, 참다운 거주처

---

11   변순용(2014), 앞의 책, p. 184.

12   MR, pp. 150-152. 참조.

인 집은 가족을 요구한다. 집과 가족은 인간적인 아늑함을
창조하기 위해 분리되지 않는다.

이러한 거주성은 인간의 본질로 간주된다. 공간이 지니는 가치
를 볼노프는 집의 의미를 통해서 추출하고 있으며, 하이데거적인
거주성과 바슐라르적인 집의 모성을 결합하여 집의 안주성(安住
性, Die Geborgenheit des Hauses)을 주장한다.

3. 공간의 측면

볼노프는 공간의 측면(Aspekt)을 체험적 길의 공간(der hodolo-
gische Raum), 행위 내지 활동 공간(der Handlungs- oder Taetigkeits-
raum), 낮과 밤의 공간(Tag- und Nachtraum), 분위기의 공간(der ges-
timmte Raum), 표현적 공간(der praesentische Raum), 공동생활의 공간
(der Raum des menschlichen Zusammenlebens)으로 구분하여 분석하고
있다.

체험적 공간은 수학적, 기하학적 공간과 달리 구체적인 체험
속에서 느껴지는 공간이다. 'der hodologische Raum'을 여기서는
체험적 길의 공간이라고 번역하였는데, 이와 달리 김재철은 도론
적(道論的) 공간이라고 번역하고 있다.[13]

도론적 공간은 희랍어인 hodos가 길(Weg)이나 통로(path)를 의

---

13   김재철, 「공간과 거주의 현상학」, 『철학논총』, 56집 제2권(서울: 새한철학회, 2009), p.
      378. 참조.

미하고 있는 것에 착안한 번역어인데, 이 용어는 레빈(K. Lewin)이
도입했고, 사르트르(J. P. Sartre)가 발전시킨 개념이다. 레빈에 의하
면, 만약 우리가 어떤 길을 '좋은 길'이라고 했을 때, 이것은 맥락
과 체험에 의해 가장 저렴한 길이나 가장 빨리 돌아올 수 있는 길
혹은 가장 덜 불쾌한 길, 가장 안전한 길, 더 나아가 행복한 길 등
다양한 의미로 해석될 수 있다고 본다.[14] 바로 옆집이라고 하더라
도 그 집의 사람과 친하지 않을 경우에는 멀리 떨어져 있는 친한
친구의 집보다 먼 공간이 된다. "지리적으로 매우 가깝게 놓여 있
는 장소가, 즉 이웃집 장소의 담 뒤의 위치가 구체적으로로는 매우
멀리 떨어져 있을 수 있다."[15] 사르트르는 레빈의 심리학적인 의
미에서 출발하여 길이 다른 인간의 실존이 있음으로 인해 의미
있게 되는 장소(Ort)라는 개념으로 확장 발전시켰다.[16]

　행위 내지 활동 공간은 "인간이 의미있는 행위를 통해 넓은 의
미로 거주하는 일반적인 공간"[17]을 의미한다. 하이데거는 인간의
거주성을 사물들 곁에서의 체류라고 보고 있는데[18], 이것은 그것
을 사용하는 인간과의 도구적 관계로 규정된다. 이러한 관계를
볼노프는 생활 관계(Lebensbezug)라고 본다. 그래서 행위 공간은
"사용하는 인간의 주위에서 인간에 의해 사용되는 사물이 차지

14　MR, pp. 195-196. 참조.
15　볼노프(2006), 앞의 책, p. 149.
16　MR, pp. 198-199. 참조.
17　MR, pp. 204-205.
18　M. Heidegger., 『강연과 논문』,이기상 외 역(서울: 이학사, 2008), p. 193. 참조.

하고 있는 자리들의 총체"[19]이기도 하다. 여기서 "그 자체로 존재하는 사물은 없으며, 개별적인 자리들은 모든 개별 사물들이 다른 사물들과의 관련 속에서 처하게 되는 하나의 의미 있는 전체로 정렬된다. 책은 책장에 있으며 책장은 다시 사무실의 벽에 있는 것처럼 말이다."[20]

이 하나의 의미 있는 전체는 개별 사물들을 그것의 자리에 놓음으로써 바로 질서(Ordnung)가 만들어진다.[21]

예를 들어 우리가 방을 정리한다고 말을 할 때 사실 '방' 그 자체를 정리하는 것이 아니라, 방 안에 있는 것들을 나와의 관계를 중심으로 배열하고 재배치하는 것이다. 이것은 나와 방의 관계에서 질서를 형성하고 그 방에서 생활하면서 질서가 무너지고 다시 형성되는 지속적 순환의 과정이 반복된다. 적어도 그 방과 나의 관계가 지속되는 한에서 말이다. 이처럼 목적합리성을 가지고 공간을 정리한다는 것은 이런 의미에서 질서를 만드는 것이고, 이것은 인간과 사물, 공간의 관계를 규정짓는 특징이 된다.

지금까지 설명한 공간의 측면과는 아주 다른 공간의 측면도 있다. 밤의 어두움 속에서는 명확하게 볼 수 있는 밝은 낮 동안에 숨어있던 그리고 매우 성격이 다른 공간이 나타난다. 낮 공간은 보기가 주가 되고 만져보기와 듣기가 보조역할을 한다면, 밤 공

---

19   MR, p. 207.

20   MR. p. 207.

21   MR, p. 208. 참조.

간은 그 반대가 된다. 우리가 가지고 있는 공간 표상은 낮 공간과 우선적으로 관련된다. 그는 민코프스키(Minkowski)의 연구를 바탕으로 낮 공간은 빛, 신성함, 명료함, 규정성으로 특징지워지는 '정신적' 공간이라고 보고 있다.[22] 그렇다고 해서 밤 공간이 부정적인 의미로만 해석되어서는 안 된다. 즉, 낮 공간이 주위를 보게 한다면(Übersicht), 밤 공간은 조심(Vor-Sicht)해야 한다는 의미의 부정적 의미만이 강조되어서는 안 되고, 밤 공간은 "오히려 나를 직접 건드리고 감싸 안으며, 내 안으로 스며들으며 나를 철저히 관통한다."[23] 그래서 밤 공간에는 거리도 확장도 없이 오직 깊이만 있게 된다. 이 깊이는 낮 공간의 깊이와 폭으로 확인될 수 있는 깊이가 아니며, 밤 공간의 유일한 척도가 되는 심연이다.

분위기의 공간은 인간을 둘러싸고 있는 공간과 감정이나 정서의 이중적 관계에서 비롯된다. 모든 공간은 실내 공간이든 바깥 공간이든 상관없이 특정한 분위기를 갖는다. 분위기의 공간은 밝거나 가볍거나 어둡거나 냉정하거나 즐거울 수 있다. "인간의 심리상태가 주변공간의 성격을 규정하고, 또 역으로 공간이 다시 인간의 심리상태에 영향을 미친다. 인간이 처하게 되는 모든 공간은 그것이 내적 공간이든 외적 공간이든 상관없이 그 자체로 특정한 기분의 성격, 즉 인간적인 성질을 갖게 된다."[24] 이 공간은

---

22 MR, p. 217. 참조.

23 MR, p. 226.

24 MR, p. 230.

체험적 길의 공간이나 행위 공간 같은 공간이 아니라 우리가 공간을 바라보는 측면이다.

표현적 공간은 표현적 동작을 통해 드러나는 질적 공간이라고 규정된다. 볼노프는 표현적 공간에 대한 분석에서는 주로 슈트라우스(E. Straus)[25]의 분석을 토대로 논의를 전개한다. 슈트라우스는 시각적 공간과 청각적 공간을 분석하면서 이 두 공간을 무용을 예를 들어 설명하고, "음악은 무용의 움직임이 일어날 수 있는 공간적인 구조를 먼저 구성한다"[26]고 주장한다. 그런데 볼노프는 무용과 무용적 움직임을 통해 구성되는 공간성의 특징으로 우선, 목적합리성으로부터의 자유, 일상적인 움직임의 관점에서 볼 때의 무의미함이나 불편함을 들고 있다.[27]

일상적인 삶에서 보면 인간은 공간에서 끊임없는 목적의 연계 속에서 움직이는데 이를 목적합리적인 공간성이라고 할 수 있다면 표현적 공간은 이러한 합목적성과는 거리가 먼 공간이 된다. 우리 행위의 공간, 즉 역사적 공간은 공간 안에서의 개별 움직임이 관련되는 하나의 중심점을 표현적 공간에서는 가질 수 없다. 그래서 그는 공간 양식(Modi der Raeumlichkeit)의 스펙트럼의 한쪽은 정치적 공간, 역사적 공간, 목적 공간이고 다른 한쪽은 청각적

25   E. Straus, "Formen des Raeumlichen. Ihre Bedeutung fuer die Motorik und die Wahrnehmung", Psychologie der menschlichen Welt, Gesammelte Schriften(Berlin, Goettingen, Heidelberg: SpringerVerlag, 1960) 참조

26   E. Straus(1960), p. 160.

27   MR, pp. 248-249. 참조.

공간, 표현적 공간이라고 할 수 있다고 본다.[28]

지금까지 다뤄왔던 공간의 측면들과는 다른 성격을 가진 측면이 바로 공동생활의 공간이다. 볼노프는 빈스방어(L. Binswanger)의 논의[29]를 토대로 생활공간을 위한 투쟁이라는 사실(Faktum)로부터 논의를 전개한다. "인간은 자신이 움직일 수 있는 특정한 생활공간을 필요로 한다. 생활공간에 대한 요청은 누구에게는 더클 수도 더 작을 수도 있으며, 그래서 '객관적으로' 동등한 생활공간이 누구에게는 넓을 수도 있고 좁을 수도 있다. …… 그래서 인간은 공동생활의 협소함으로 인해 주어진 생활공간을 나눠야하기 때문에 경쟁관계가 생겨나게 된다. …… 현존을 위한 일반적인 투쟁이라는 면에서 다른 사람을 희생하여 얻을 수 있는 생활공간의 투쟁이 발생한다."[30] 이러한 투쟁과 대척점이 되는 것이 바로 사랑에 의한 공동생활이다. 투쟁의 필연성 못지않게 사랑에 의한 공동생활은 "인간적 삶의 근본 형식(Grundformen menschlichen Daseins)"[31]이다. 사랑의 공간성(Raeumlichkeit der Liebe)에 의한 공간은 이성의 공간과는 다르며, 여기서는 너의 공간과 나의 공간의 구분이 무의미해진다. 사랑의 공간과 투쟁의 공간은 모순적인 관계이면서도 동시에 인간과 공간의 관계를 규정한다.

---

28 MR, p. 254. 참조.

29 L. Binswanger, Grundformen und Erkenntnis menschlichen Daseins(Zuerich: Munich/ Basle, 1942) 참조.

30 MR, p. 257.

31 MR, p. 260.

여기서 더 나아가 볼노프는 사랑에 의한 공동생활의 개념을 고향의 개념으로까지 확장시킨다.

4. 자기의 중심을 만들어가야 할 책임

하이데거는 인간을 세계 속에 던져진 존재라고 규정하면서, 인간과 공간의 관계에서 "인간이 자기 공간의 중심이며, 인간이 움직일 때 사물이 연관체계로서 공간이 함께 변화한다"[32]고 본다. 하이데거는 건축함, 거주함과 사유함의 본질적 관계를 주장하면서 건축함과 거주함에서 사유함의 본질이 잊혀진 것을 거주의 본래적인 곤경이라고 지적하고 있다. 그래서 거주함에 대해 다시 배워야 하는데, 이를 알지 못하는 데서 그리고 곤경을 곤경이라고 생각하지 못하는 데서 고향상실이 성립하게 된다고 본다.[33] 따라서 공간 책임에서 가장 중요한 것은 바로 거주함의 본질을 배워야 할 책임이다. 공간 상실, 공간 망각, 공간 이탈, 그리고 이로 인한 고향상실을 자각하고 거주의 본래적 의미를 숙고해야 할 책임이 우리에게 있는 것이다.[34]

그러나 이러한 공간 이해로 인해 하이데거가 "인간이 선택하지 않는 위치로, 또한 선택하였을 것과는 전혀 다른 하나의 매우 우연한 장소로 옮겼다"[35]고 볼노프는 주장하면서, 인간에게는 내

---

32   김재철(2009), 앞의 책, p. 387.

33   하이데거(2008), 앞의 책, pp. 208-209. 참조.

34   변순용(2014), 앞의 책, pp. 174-175. 참조.

35   볼노프(2006), 앞의 책, p. 150.

던져질 의지가 없으며 이러한 내던져짐으로 인해 인간에게는 고
향이 사라지게 되었다고 비판하고 있다. 볼노프는 "'내던져져 있
음'으로서의 '세계-내-존재'를 문제 삼으면서 바슐라르와 함께
더 근원적인 거주사태를 밝히고자 한다."[36] 그래서 인간은 '세계
안에 내던져진 존재'에서 '거주하는 존재'로 회복되어야 한다.

이를 위해 볼노프가 제시한 것은 바로 자기의 중심, 즉 자기 공
간을 만들어야 할 책임이다. 고대 그리스인에게 올림포스산이 가
지는 의미, 유대인들에게 예루살렘이 가지는 의미, 우리 민족에
게 백두산이 가지는 의미를 생각해보면, 인간 삶의 정신적 중심
점을 생각해볼 수 있다. 그러나 "볼노프는 세계 중심을 자기 민족
의 주거지로 옮겨 놓아 성스러운 장소로 상징화하려는 신화적 파
악이 지구에 대한 지리적 정보가 현재에 비해 제한적이었을 경우
에는 주장될 수 있지만, 이러한 이해가 이제는 더 이상 지속될 수
없었다고 주장하고 있다. 이러한 신화적 파악이 깨어짐과 동시
에 인간은 자기 중심점을 상실하게 된다."[37] 그래서 "인간이 자신
의 공간에서 다시 그러한 중심을 찾는 것이 중요하다면, 그리고
인간의 본질이 그러한 중심이 있어야 가능하다면, 인간은 이러한
중심을 더 이상 주어져 있는 어떤 것이 아니라 이제는 그러한 중
심을 만들어 그 중심 안에서 스스로 정초하고 외부 세계로부터의

---

36 강학순(2007), 「볼노우의 인간학적 공간론에 있어서의 '거주'의 의미」, 『하이데거
    연구』, 제16집(서울: 한국하이데거학회, 2007), p. 11.
37 변순용(2014), 앞의 책, p. 183.: MR, 앞의 책, p. 123. 참조.

어떤 공격에도 방어해야만 한다."[38]

그렇다면 이제 우리는 이런 신화적, 객관적 중심점을 찾는 것이 불가능하다면, 이제는 자기의 중심점을 만들어야 할 책임이 생긴다. 그리고 이것은 "자기의 집을 장만하고 그 안에 삶으로써 이 과제를 수행하게 된다고 보고 있다."[39] 그래서 우연적인 위치의 낯선 자로서 낯선 공간에 던져지는 것이 아니라, 인간은 분명한 위치의 공간 속에서 안락을 얻고, 이 공간 속에서 자기 삶의 근거를 찾아내고, 이를 토대로 삼아 삶의 다양한 관계들 속에서 자신의 삶을 영위할 수 있다. 그러나 이를 위해서는 집을 가지고 있다는 것으로는 충분하지 않다. 인간과 그 인간이 삶을 전개해나가는 집의 관계를 거주성이라 규정하고[40] 이러한 거주성에 근거하여 인간은 세계 내의 불특정한 곳에서의 삶이 아니라 바로 자기 집에 근거한 삶을 누려야 한다.

이러한 삶은 인간이 자기의 집을 짓고 외부 세계의 공격으로부터 방어하기 위해서 편안함의 공간을 만들어야 할 절대적인 과제를 수행하면서 가능해진다. 이 과제는 다음과 같은 세 가지를 충족시켜야 한다.[41] 첫째 공간 속에서 끊임없이 방황하는 집 없는 사람들이나 모험가들이 갖는 고향상실을 거부해야 하며, 둘째 외부의 불안정하고 공격적인 공간을 두려워하여 내부공간에서만

---

38 MR, p. 125.

39 변순용(2014), 앞의 책, p. 184.

40 변순용(2014), 앞의 책, pp. 184-185. 참조.

41 MR, p. 138, p. 310. 참조.

머무르려는 칩거의 위험을 극복해야 하고, 끝으로 스스로 집안에 거주하면서 동시에 더 큰 공간을 신뢰할 수 있는 상태로 나아가야 한다. 정처 없이 떠도는 난민이나 매일매일 삶의 우연성[42]이 제거되지 않는 사람이 되어서는 안 된다. 그래서 인간에게는 자신의 집을 만들어가야 할 책임이 있다.

5. 자기 공간의 안정성을 추구해야 할 책임과 공간의 교육적 의미

집 밖의 공간, 즉 세계의 위험성과 역동성에 대적하면서 집 안의 공간이 주는 편안함이 한시적이거나 부분적이라면 우리는 집에서의 편안한 보호의 의미를 지속적으로 유지할 수 없다. 앞 절에서 논의한 자기 공간의 중심을 확보하는 것이 1차적 의미의 공간 책임이라면, 이러한 중심을 지속적으로 유지하는 것이 2차적 의미의 공간 책임이다. 그러나 이러한 지속적인 안주의 희망은 늘 위협받고 그로 인해 인간은 항상 불안하다. 이에 대해 볼노프는 두 가지 대응방식에 대하여 논의한다. 우선, "자기 집에서의 편안함을 최종적인 것으로, 영원한 것으로 받아들이는 것"[43]이다. 그리고 이를 위해 집의 안전을 지키기 위한 모든 노력을 경주한다. 하지만 이러한 모든 노력에도 불구하고 집의 손상가능성이 제거되지는 않는다. 그렇다면 현재의 집의 안정성을 높이면서

---

42   바슐라르(2003), 앞의 책, p. 80. 참조.

43   변순용(2014), 앞의 책, p. 187.

도 다른 한편으로는 "집을 떠날 수 있는 내적인 자유"[44]를 유지해
야 한다. 이러한 자유는 사실 집의 편안함의 중요한 전제가 된다.
우리가 가택연금의 경우를 생각해보면, 자기 집이면서도 그 공
간 밖으로 나올 자유가 제한된다면, 그것은 더 이상 자기 집이 아
니라 감옥과 같을 것이다. 이것을 그는 "열린 안주성"[45]이라고 표
현하고 있다. 인간은 집의 안정성을 추구하면서도 동시에 한편으
로는 집의 손상가능성의 필연성과 다른 한편으로는 집을 떠날 수
있는 자유를 가지게 된다.

이러한 2차적 의미의 공간 책임을 수행할 때 전제가 되는 것이
바로 세계와 삶에 대한 믿음이다. 이러한 믿음이 없다면 인간은
자기 공간인 집을 그것도 끊임없는 파괴와 손상의 위협에도 불
구하고 다시 지을 수 있는 힘을 가질 수 없다. 그래서 바슐라르는
비유적으로 다음과 같이 묻는다. "새들이 세계에 대한 본능적인
믿음을 가지고 있지 않다면, 새들이 자신의 둥지를 지울까?"[46] 그
리고 "우리의 집은 세계 안에서의 둥지이다. …… 우리는 타고난
믿음을 가지고 그 안에서 살아간다."[47] 볼노프는 바슐라르의 주
장을 수용하면서 이 믿음이 세계에 대한 믿음이고, 그 안에서 살
아가는 자신에 대한 믿음이라고 강조한다.[48] 그래서 이러한 믿음

---

44   MR, 앞의 책, p. 138.

45   MR, p. 306.

46   바슐라르(2003), 앞의 책, p. 209.

47   바슐라르(2003), 앞의 책, p. 209.

48   MR, p. 139.

이 전제되어야 우리는 지속적인 외부공간의 위협과 파괴에도 불구하고 집을 짓고 그 안에서의 삶을 유지할 힘을 얻게 된다. 예컨대, 전쟁이나 자연재해로 삶의 터전이 무너져버린 경우 제일 먼저 하는 일이 바로 집을 다시 짓는 일이다. 이렇게 하는 것은 집을 짓고 나서 이를 토대로 집 밖의 공간들을 다시 만들어 나갈 수 있기 때문이다.

공간에 대한 이러한 책임은 교육과 관련해서도 논의된다. 하이데거는 거주의 의미 상실과 그로 인한 고향상실에 대하여 인간이 거주함과 거주함의 본질에 대하여 배워야 한다고 주장한다.[49] 볼노프는 이러한 주장을 교육과 연계하여 다음과 같이 말한다. "교육은 현대의 혼돈 속에서 고향을 잃어버린 인간들에게 거주하는 것을 가르치는 것이고, 안정성의 공간만을 중개하는 것이 아니라 이를 넘어서 현실적인 거주를 우선적으로 가능하게 하는 내적인 전제 조건들을 인간 자신 안에서 전개시키는 것"[50]이라고 공간에 대한 교육의 과제를 제시하고 있다.[51]

공간에 대한 인간의 책임과 관련된 교육적 과제는 공간 안에서 올바르게 존재하는 방식(1차적 의미) 그리고 공간에 대해 올바르게

---

49   하이데거(2008), 앞의 책, pp. 208-209. 참조.

50   볼노프(2006), 앞의 책, pp. 156-157.

51   볼노프는 예를 들어 체육활동에서 뜀틀운동의 의미를 제시하고 있다. "인간은 안전한 바닥으로부터 뛰어오름으로써 자신을 스스로 해방시키고, 스스로 자유로운 공간에 넘겨주기 때문이다." 볼노프(2006), 앞의 책, p. 162. 그러나 이러한 뛰어오름은 착지에 대한 믿음을 전제하고 있다고 보아야 하겠다.

관계하는 방식(2차적 의미)들을 그 내용으로 삼는다. 1차적 의미의 공간 책임과 관련해서는 예를 들어 "인간이 자신의 삶의 발달과 정에서 하나의 규정된 공간의 안정성을, 즉 부모의 집을 떠날 때 그에게 하나의 새로운 보호를 제공하는 공간을 만들어야 하는 과제가 생기며 여기에서 그를 도와주는 것이 교육의 역할"[52]임을 예로 들 수 있다. 이것은 자기 공간, 자기 삶의 중심을 형성하는 것에 대하여 가르쳐야 한다는 것을 의미한다.

2차적 의미의 공간 책임과 관련해서는 "새로 이사해 들어가는 방에 가구들을 적절하고도 스스로의 필요에 알맞은 질서를 따라 옮겨 놓는 것처럼 이것이 보편적으로 말해주는 것은 인간이 공간 속의 각 사물에 그것이 속하고 그가 필요로 할 때 그것을 취할 수 있는 분명한 위치를 정해준다"[53]는 것을 예를 들어 설명할 수 있다. 이는 앞에서 이미 설명한 행위 내지 활동 공간에서 행위 주체인 인간과 행위의 터가 되는 공간의 관계, 즉 공간의 질서와도 관련된다. 공간의 질서를 만들고 파괴하는 반복적인 과정을 거치면서 인간과 공간의 관계가 유지된다.

여기에 덧붙여서 앞에서 언급한 분위기의 공간과 관련해서 공간 책임과 공간 교육의 내용이 논의되어야 한다. "잘 정돈되어진 공간임에도 불구하고 이 공간이 차갑고 사무실이나 회사의 공간처럼 비개인적인 공간으로 남아 있을 수 있다. 인간이 공간 속에

---

52   볼노프(2006), 앞의 책, p. 152.
53   볼노프(2006), 앞의 책, p. 153.

서 평안하기 위해서는 공간은 온화함을 발휘해야 하고, 또 안락한 거주를 제공해야 한다."[54] 그러므로 "거주 공간은 특색 있는 분위기를 얻고, 이미 외부에서 들어오는 방문자들에게 느껴질 수 있을 정도의 거주자의 특색을 받아들인다. 거주 공간은 거주자의 한 부분이 되고, 인간은 자신의 공간과 함께 융화되고, 공간은 인간의 삶에 지속적인 순간을 부여해준다."[55] 이러한 분위기는 인간과 공간의 관계를 보여주는 현상이다. 동일한 구조를 가진 집이라도 그 안에 사는 사람에 따라 그 공간의 분위기는 달라질 수밖에 없으며, 우리는 공간을 통해서 그 공간 안에 사는 사람의 성향이나 취향을 파악해볼 수 있다. 그래서 우리는 "방을 쓴다든가 방을 읽는다, 집을 읽는다고 말함"[56]의 의미를 찾아볼 수 있다. 더구나 자기 공간의 중심은 집 밖의 공간, 즉 세계가 아니라 집의 공간이며, 이는 투쟁의 공간이 아니라 사랑의 공간이며, 나의 공간과 너의 공간의 구분이 사라지는 공동생활의 공간이라는 점을 생각해본다면, 공간으로서의 집과 삶의 중심으로서의 집은 가족과 불가분의 관계에 있다.

---

54   볼노프(2006), 앞의 책, p. 155.
55   볼노프(2006), 앞의 책, p. 155.
56   바슐라르(2003), 앞의 책, p. 91.

6. 나오는 말

볼노프는 공간의 인간화를 주장하면서 자신의 공간을 삶의 중심으로 형성해야 할 공간 책임론을 지금까지 살펴본 바와 같이 제시하였다. 특히 "집은 인간의 체험된 공간으로 구성된 자기 세계의 중심점이 되면서 자기 존재의 뿌리가 되는 곳이다."[57] 집이라는 체험적 공간을 통해 공간은 이제 더 이상 가치중립적이며 도덕외적인 영역에 속하는 것이 아니며, 공간은 인간과의 관계하에서 가치를 담고 있다. 좋은 공간, 도덕적인 공간이 우리에게 무엇이고 어떤 공간이어야 하는지에 대해 우리는 물어야 하고, 더 나아가 삶의 중심이 되는 집에서 어떤 집이 좋은 집인지에 대하여 숙고해 보아야 한다.

이를 위해 공간에 대한 책임을 논하고, 공간과 거주함의 본질을 탐구함으로써, 투쟁의 공간과 사랑의 공간, 낮과 밤의 공간 등 공간의 측면들을 분석하여 공간의 특성을 제시하였다. 그리고 이러한 특성을 토대로 이 연구에서는 공간에 대한 책임을 자기의 중심을 만들어가야 할 책임과 자기 공간의 안정성을 추구해야 할 책임으로 구분하여 그 내용을 분석하였고, 이를 교육과 연계하여 공간윤리 교육의 내용을 제시하였다.

결론적으로 인간은 "이성의 모든 수단을 동원해 자기 집을 지어야 하며, 그 집에서 자기 삶의 질서를 만들어 나가야 하고, 혼란을 야기하는 힘의 돌진으로부터 끊임없는 완강한 투쟁 속에서

---

57 변순용(2014), 앞의 책, p. 195.

이러한 질서를 지켜내야 할"[58] 책임을 갖는다.

[58]   MR, pp. 138-139.

12장
철학교육의 방법론

1.

인성교육을 학교 현장에서 하고 있거나 인성교육에 대한 연구를 하는 사람에게 가장 근본적인 물음은 "과연 인성이라는 것이 가르쳐질 수 있을까?"일 것이다. 이와 유사한 성격의 질문으로 "도덕이라는 것이 가르쳐질 수 있는 것인가?"를 생각해볼 수 있다. 이 물음은 소크라테스가 프로타고라스와 메논과의 대화에서 지속적으로 제기했던 물음이다. 이 대화에 대한 해석은 매우 다양하겠지만, 결국은 도덕에 대한 앎의 문제로 귀결된다. 여기서의 앎은 현재 도덕교육에서 논의되고 있는 '지, 정, 행(또는 의)의 삼분설(三分說)'에서의 지(知)와는 전혀 다른 차원이다. 다시 말해 '지, 정, 행을 아우르는 지'라고 생각한다. 그러나 이러한 포괄적인 지는 불행히도 인간의 지로는 알 수 없는 '신적인 것'으로서의 지, 그리고 플라톤에 와서는 이데아로서의 지가 되어 버린다. 그리고 인간이 추구해야 하는, 그래서 목적으로 삼아야 하는, 그렇지만 도달이 불가능한 지가 되어버리는 문제점을 드러낸다. 오히려 역설적으로 소크라테스의 이러한 이상적인 포괄적인 지에 실망하게 될 때, 프로타고라스의 앎의 개념이 설득력있게 다가올 수도 있다. 손에 잡을 수 없는 지보다는 우리 손에 잡힐 수 있는 지, 그것이 비록 절대적이지는 않더라도, 우리의 삶에 직접적인 영향을 미칠 수 있는 그런 지에 대한 주장이 가질 수 있음 대신에 가지려 노력함을 강조하는 그러한 지보다 설득력을 가질 수 있기 때문이다.

> 플라톤의 대화편 프로타고라스에서 소크라테스가 프로타고라스에게 배우고자 하는 마음에 조급해 하는 히포크라테스에게 던진 질문이 바로 '자네 자신은 어떤 사람이 되려고 그러는 건가?'이다. 이 질문과 관련하여 소크라테스는 '일반인이자 자유인인 사람에게 적합한 교양을 위해서 배우는 것'임을 일깨워준다.(변순용. 2014. 336-7)

소크라테스적인 교사는 삶의 목적이 무엇이라고 직접적으로 말하지 않을 것이며, 학생들이 생각하고 있거나 실제로 가지고 있는 삶의 목적이 가지는 문제점을 분석하고 비판할 것이다. 반면에 프로타고라스적 교사는 개인적인 영역과 사회적인 영역에서 잘 살기 위한 방법이나 좋은 시민이 되는 방법을 구체적으로 제안해 줄 수 있을 것이다. 그러나 이러한 구체적인 제안에는 실제적인 지의 상대주의적인 약점이 걸리게 된다. 결국 도덕교육에서 추구하는지는 상대주의적이고 실제적인 지와 절대주의적이고 포괄적인 지 사이에 위치할 수밖에 없게 된다. 소크라테스적

인 교사의 문제점과 프로타고라스적 교사의 문제점은 서로 보완
될 필요가 있을 것이다. 결국 프로타고라스적 교사의 제안에 대
한 소크라테스적 교사의 검토라는 방식의 통합을 지향하게 된다.

　그리스 시대에 소피스트와 철학자들이 로고스의 개념에 대하
여 논쟁을 벌였고, 이를 통해 로마인들은 로고스를 라티오(ratio)
와 오라티오(oratio)로 나누고, 전자를 철학적이고 과학적인 로고
스, 즉 진리를 성찰하는 것으로, 후자를 수사적 로고스, 즉 행동
하고 설득하며 감동과 즐거움을 주는 것으로 구분하고 둘 사이
의 합일점을 찾고자 하였다.(이브 미쇼 외, 2003, 501 참조) 플라톤은
이 두 가지가 양립불가능하다고 보았고 전자를 선택했지만, 아리
스토텔레스는 이 두 가지를 조화시켜야 한다고 보았다. 학문적인
로고스와 수사적인 로고스가 양자택일적인 선택이 아니라 서로
보완해주면서 통합될 수 있어야 한다. 로마시대의 교양인은 전자
가 강조하는 분별력과 후자가 강조하는 설득력을 동시에 갖춘 사
람이 된다. 그래서 "로마인들은 웅변가가 철학과 과학을 무시해
서도 안되겠지만, 거기에 반드시 시적 감각과 예술성을 덧붙여야
한다고 주장했다."(이브 미쇼 외, 2003, 502) 진정한 교양인은 이러
한 두 가지 능력을 겸비하고 있어야 하는 것이다. 하이데거는 로
고스의 본래적인 의미를 '말(Rede)'에서 찾는다.(Heidegger, 1926, 32
참조) 로고스의 어원인 'legein'은 '보이게 하다'라는 뜻을 가지며,
이 말이 '사이에, 통해서'를 뜻하는 전철인 'dia'와 결합된 것이
바로 대화를 의미하는 'dia-logos(dia-legesthai)'이다.

플라톤 이후 철학적인 대화는 방법론적으로 단순화되어서 대화 상대자들이 말과 답변을 통해 숨겨져있는 진리에 다가간다. 대화의 동력은 근본적으로 묻는 자, 즉 소크라테스이다. 긍정의 결과가 사유의 여기저리를 통해서 제시되는 동안에 그는 부정의 계기를 재현한다. 대화 상대자의 반대를 진지하게 받아들여서 결국에는 다루고 있는 문제의 모든 관점, 사유가능성 그리고 해결책들이 언급될 수밖에 없게 된다. 그래서 'Dialektik'은 대화를 이끄는 기술로, 그리고 'Dialogik'은 사유를 이끄는 것에 대한 이론이라고 말한다.(Rohbeck, 2016, 179)

우리는 사유를 통해서 대화를 이끌며, 대화를 통해 사유를 전개하게 된다. 변증법적 사유의 핵심을 통합적 사유와 모순적 사유의 결합이라고 본다면, 라티오와 오라티오가 결합된 로마시대의 교양인의 모델이 가진 현대적 의미를 도출해낼 수 있을 것이다.

세 번째 통합은 전문교육과 보편교육의 관계에서 찾아질 수 있다. 근대의 과학주의의 전통을 이어받아 현대 학문의 전문화, 세분화의 경향을 더욱 심해졌고, 이러한 영향이 교육'과학'을 표방하는 교육학에서도 그대로 나타났다. 이런 교육적 이데올로기의 성급함은 청소년에 대한 교육에서의 보편교육의 중요성을 드러나게 해준다. 특정 영역에 편중되지 않는 보통 교육이 인성교육의 기초가 되어야 한다는 주장들이 제기되고 있다. 전문화되지 않은 인문적인 고전들의 교육이 가지고 있는 인성교육적 의미

는 전문화를 지양하는 것이 아니라 전문화의 토양이 될 수 있어
야 한다. 예를 들어 일리아드와 논어를 읽어 본 건축설계사와 그
렇지 않은 건축설계사의 차이를 과연 정량적으로 구분할 수 있을
까? 설사 구분할 수 없다하더라도 과연 질적인 차이가 없을까?
인간다움을 강조하는 인성교육에서 전문성이 필요없다는 것이
아니며, 전문성이 중요함을 인정하면서도 그 못지않게 보편교육
내지 일반교육(general education)의 중요성이 강조되어야 한다.

이러한 전제하에 실제로 인성교육에서 무엇을 가르쳐야 하는
지에 대한 구체적인 내용도 중요하겠지만, 그 내용의 성격을 규
정하는 것이 보다 중요하다. 인성교육 내용의 성격에 대한 논의
에는 현재의 가치덕목을 학교 급별로 선별 조직하여 가르쳐야 하
는지, 아니면 미래 사회의 변화를 예측하여 현재 지향적인 가치
덕목보다는 미래지향적인 가치덕목을 예상하여 가르쳐야 하는
지에 대한 물음이 포함된다. 실제로 도덕교육을 해도 사회의 비
도덕적인 문제가 여전히 발생하고, 도덕 수업을 들어도 학생들의
도덕적인 사고나 행동을 산출하지 못한다는 도덕 교사들의 자괴
감을 자주 듣게 된다. 그래서 이 글에서는 인성교육의 성격에 대
하여 물음을 던져보고자 한다. 먼저 데카르트의 성찰을 통해 인
성교육의 문제점을 살펴보고, 칸트와 헤겔의 교육론을 통해 인성
교육의 방법론을 살펴보고자 한다.

2. 데카르트의 성찰에 대하여

데카르트는 어린 시절부터 학교에서 인문학 공부를 하면서 성장해 왔고, 이 공부를 통해서 삶에서 유익한 모든 것에 대한 명석하고 확실한 앎을 얻을 수 있다고 생각했으며, 이를 믿고 열심히 공부하였다. 그런데 이러한 생각은 학업의 전 과정을 마치고나서 오히려 자신의 무지를 깨닫게 되고 아무것도 얻은 것이 없다는 결론에 이르게 되었다.(데카르트, 2002, 15-16 참조) 더구나 그가 공부했던 라 플레슈 학원은 예수회가 1604년 앙리 4세의 지원을 받아 설립한 학교로서 당대에 가장 뛰어난 학식을 가진 사람들이 모이는 곳으로 여겨지던 곳이었다.

데카르트는 학교교육 전부를 부정한 것은 아니지만, 교육에 대한 근본적인 회의감으로 "이러한 학문이 명예나 이익을 약속해 준다고 해도 이를 더 배우고 싶지는 않다"(데카르트, 2002, 22)고 말하고 있다. 그래서 "나는 교사들에게 종속된 상태에서 해방되자 곧 문자에 의한 학문 공부를 완전히 포기해 버렸다. 그리고 이제부터는 나 자신 속에, 혹은 세계라는 커다란 책 속에서 발견될지도 모르는 학문을 탐구하려고 결심하였다."(데카르트, 2002, 23) 이러한 인식의 전환을 통해 그는 모든 것을 회의해보는 방법을 찾아낸 것이다. 데카르트는 자신의 글의 목적을 다음과 같이 말하고 있다. "나의 의도는 각자가 그 이성을 잘 이끌어내기 위해 따라야 할, 모든 사람들에게 알맞은 방법을 가르치는 것이 아니라, 내가 어떻게 자신의 이성을 이끌려고 노력했는가를 보여주려는 것뿐이다."(데카르트, 2002, 15)

여기서는 그의 근본적인 회의와 그 방법론을 살펴보는 것이 목적이 아니라, 그가 학교교육을 통해 얻은 결론의 계기를 생각해보는 것이 목적이다. 한국에서 7,80년대 대학생활을 해본 사람이 겪었던 '의식의 단절'에 대해 생각해보자. 이들이 대학에 들어가기 전에 학교교육을 통해서 사회와 기성세대에 대해 배워왔던 것들에 대한 의문을 제기하는 계기들을 접하게 되면서 심각한 의식의 단절을 경험하였다. 이 경험을 통해 그 동안 자신이 듣고 보았던 것들에 대한 회의를 갖게 되었으며, 이러한 회의는 기성 사회에 대한 비판과 저항으로 연결되었던 것이다. 물론 이러한 경우를 도덕교육에 그대로 적용해볼 수는 없겠지만, 그래도 학교라는 틀 안에서 도덕교육을 통해 배워왔던 것들에 대하여 회의가 얼마든지 제기될 수 있다고 본다. 도덕교과서에 나온 '선'과 현실 사회에서 접하게 되는 '악'의 경험에서 인식의 단절이 생기고, 이는 도덕에 대한 회의로 쉽게 연결될 수 있다. 이런 실제적인 경험에 근거한 도덕교육비판에 대하여 어떠한 대답을 내놓아야 할까? 이 물음에 답하기 위해서 다음 장에서 철학과 독립적인 철학하기를 구분하여 후자를 강조하였던 칸트, 그리고 이와 달리 철학을 배움으로써 철학하기를 할 수 있다는 헤겔의 주장을 비교해보고자 한다. 철학하기의 교육을 강조하였던 칸트와 철학의 교육을 강조하였던 헤겔의 입장이 대조적으로 보임에도 불구하고 궁극적인 지향점에 있어서는 차이가 없음을 알 수 있다.

3. '철학'교육과 '철학하기'교육의 대립을 통한 변증법적 통합

칸트와 헤겔은 오랫동안 대학에서 철학을 가르쳤고, 특히 헤겔은 김나지움에서도 철학을 가르친 경험을 가지고 있다. 그러나 이들의 철학교육에 대한 관점에서, 즉 방법으로서의 철학, 즉 철학하기를 가르쳐야 한다는 칸트의 주장과 내용으로서의 철학, 즉 철학의 개념과 이론을 가르쳐야 한다는 헤겔의 주장에서 그 차이가 잘 드러난다.

> 학교를 졸업한 젊은이들은 배우도록 습관화되어 있다. 이제 그는 자신이 철학을 배울 것이라고(Philosophie lernen) 생각하지만, 이제부터 철학하기를 배워야하기 때문에(philosophieren lernen) 이것은 불가능하다.(Kant. 1968a. 306)

이 말은 전통적인 볼프주의적인 학교의 교육철학과 당시의 프로이센에서 이뤄지는 교육의 주된 흐름에 반기를 든 것이다. 이런 주된 흐름에 반하여 독일 교육의 개혁에는 "교사가 아이들의 영혼의 힘 내지 이성의 힘을 깨워야 하며, 스스로 사유하기를 통해 이를 자극해야 한다"(Rohbeck, 2016, 220)고 강조하고 있다. 이러한 개혁의 지지자였던 칸트는 자신의 교육학 관련 강의에서도 아이들의 이성으로부터 인식을 끌어낼 수 있는 소크라테스적인 대화의 방법을 강조하였다.

이성의 인식을 이성 안으로 끌고 들어가는 것이 아니라 이

성으로부터 가지고 나오는 것이다.(Kant, 1968b, 477)

이성의 형성(Die Ausbildung der Vernunft)에서는 소크라테스적인 처치가 중요하다. 소크라테스는 스스로를 지식의 산파라고 불렀으며, 플라톤의 대화편에서 그는 어떻게 많은 관념들이 자신의 이성으로부터 이끌어낼 수 있는가 하는 예들을 보여주고 있다. 많은 부분들에 있어서 아동들은 그들의 이성을 연습할 필요가 없다. 그들이 모든 것에 대하여 사변하도록 허용해서도 안 된다. 그들에 대한 교육에 관한 모든 것의 근거를 그들이 알 필요는 없다. 그러나 의무의 근거에 대한 물음이 제기되는 경우에는 그들이 즉시 이를 알도록 해야 한다. 이 경우에 우리는 이성인식을 그들의 마음에 집어넣어주는 것이 아니라 그들로부터 이성인식을 이끌어내는 것이라는 점을 유념하고 있어야만 한다.(Kant, 1968b, 476)

칸트적인 의미에서 철학 수업의 중요한 과제는 학생이 사색적인 사유를 할 수 있도록 안내하는 데에 있다. 칸트는 소크라테스적인 대화법을 통해 이성적인 통찰로서의 의무개념이 학생들의 내면으로부터 도출될 수 있다고 본 것이다. 철학하기를 가르쳐야 한다는 칸트의 이러한 주장에 대하여 헤겔은 철학사의 개념에 집중하였다. 헤겔은 철학사가 흘러지나간 인식과 의견들의 단순한 저장고라는 통속적인 이해를 비판하면서 "철학적인 체계들의 일련의 과정이 역사 속에서 등장하는 것처럼, 역으로 역사적인 현상들 속에서 체계적인 진행을 찾아볼 수 있다. 그래서 철학은 발전하는 체계"(Rohbeck, 2016, 195)라고 말한다. 이를 근거로 해서 그는 철학사로서의 철학의 중요성을 강조하였다.

헤겔은 "마치 누군가 작은 탁자를 만드는 것을 가르쳤다하더라도 그것으로 (학생들이) 탁자, 의자, 문, 옷장 등을 만들 수는 없을 것"(Hoffmeister, 1936, 377)이라고 비유적으로 말하면서, "근대적인 시도, 특히 교육학의 시도에 따라 철학의 내용을 배워야 하는데, 내용 없이도 철학하기를 배워야 한다는 주장은, 대략적으로 말하자면, 도시, 강, 나라, 사람들 등을 알지 못하면서 여행을 해야 하는 것과 마찬가지"(Hegel, 1949, 310)라고 비판하였다. 칸트는 학생들이 "사상을 배워서는 안 되며 사유하기를 배워야 한다"(Kant, 1968a, 306)고 주장하였지만, 헤겔은 "사유 없이 생각할 수 없으며, 개념 없이 파악할 수 없다. 사상을 머릿속에 넣으면서 사유하기를 배우는 것이고, 사유와 개념들을 배워야 […] 파악할 수 있다"(Rohbeck, 2016, 223-4)고 주장하였다. 그렇지만 칸트와 헤겔의 이러한 차이는 단순한 대립이 결코 아니다. 칸트가 실제로 대학 강단에서 학습 내용을 체계적으로 강의했던 논리학, 인간학, 법학과 윤리학에 대하여 강의하는 것을 그의 비판적 입장으로 인해 그만두려고 하지는 않을 것이다. 이 점에서는 헤겔과의 차이가 없다.

헤겔의 입장을 칸트에 대한 단순한 반대로 설정한다면 헤겔의 입장도 마찬가지로 이해될 수 없을 것이다. 오히려 헤겔도 궁극적으로는 칸트와 동일한 목적을 가지고 있다. 헤겔은 "사변적으로 사유하기를 배우는 것은 그래서 확실히 필수적인 목적으로 간주되어야 한다"(Hegel, 1949, 316)[1]라고 밝히고 있다. 그리고 김나지움 연설에서 그는 학생들에게 독립적인 학습을 요청했는데, "이를 통해 청소년들을 단순한 파악으로부터 독립적으로 공부하고, 스스로 노력하는 것으로 이끌어야 한다. 왜냐하면 단순한 수용과 사태에 대한 사유로서의 학습은 수업의 가장 불완전한 측면이기 때문이다."(Rohbeck, 2016, 226)

칸트에 대한 헤겔 비판의 초점은 학생들로 하여금 독립적인 사유를 하도록 해야 한다는 공동의 목적에 있는 것이 아니라, 그러한 목적이 실현될 수 있는 방법에 대한 비판에 있다. 헤겔은 이러한 목적을 '직접적인' 방법으로 실현할 수 없다고 분명히 하고 있다. 그렇지 않다면 철학에는 단순한 형식적 활동, 즉 내용과 사태가 없는 활동만이 남게 된다. 헤겔이 보기에 철학하기와 같은 활동이 의미가 있으려면 철학하기에 있어서 대상이나 내용을 제공해주는 것이 반드시 필요하다는 것이다. 철학하기의 활동에서 요청되는 대상이나 내용은 바로 철학적인 사상과 개념들이다. 실제적인 작업에서처럼 사유도 대상, 산물 그리고 특정한 보조수단을 필요로 한다. 이것은 헤겔이 사용한 '작은 탁자'의 비유에 매우 적절하게 표현되어 있다. 직접적으로 철학하기는 마치 대상이 없는 순수한 활동처럼 어떤 성과에도 도달할 수 없다. 헤겔이 자신

---

1   Georg Wilhelm Friedrich Hegel, "Ueber den Vortrag der philosophischen Vorbereit-ungs-Wissenschaften auf Gymnasien", a.a.O. (Anm. 4), p. 316.

의 김나지움 연설 중에서 무엇보다도 강조한 것은 바로 "일련의 규칙, 보편적인 규정, 사상 그리고 법칙들을 가르쳐야 한다는 것이다. 이것들은 청소년들이 사용할 수 있는 것들을 가지고 있다. 마치 적용될 수 있는 지속적인 재료처럼 말이다. 개개인들이 시도해볼 수 있는 도구와 무기, 그와 같은 것을 이용하여 완성할 수 있는 힘"(Rohbeck, 2016, 227)을 학생들은 이러한 수업을 통해 갖게 된다고 강조한다. 사유는 사유의 도구 없이는 불가능하며 철학 수업은 이러한 두뇌의 작업도구를 나눠주는 것이다. 철학 수업에서 완성된 결과만을 배우는 것이 아니라 사유의 수단과 그 활용까지 포함하여 학습하게 된다. 획득한 도구를 독립적으로 적용하는 것을 배울 때, 학생은 이러한 수단을 자기 것으로 만들 수 있다. 헤겔이 이런 방식으로 철학하기에서 강조하는 것은 '독립적으로 철학하기'를 막는 것이 아니라 내용이 없는 순수한 숙고의 철학으로 돌아가는 것을 막고자 하기 위한 것이다.

헤겔이 '단순한 파악'을 불충분한 것으로 간주하는 것에서 그 이유를 알 수 있는 것처럼, 그는 학생들이 모든 것을 독창적으로 사유하고 만들어내게 하려는 시도에 대해 다른 측면에서 반대하는 것이다. 오랫동안 만들어져 내려온 것을 스스로 만들어내려는 즉흥적인 행위를 통해 단숨에 만들어 낼 수는 없을 것이다. 헤겔에 따르면 대상과 수단을 가지고 있다 하더라도 철학하기 내지는 숙고적인 사유의 직접적인 시작이 생겨날 수 없다. 철학하기를 위해서는 철학이 필요하며, 역으로 학생은 철학으로 이미 철학하기를 배우게 된다. 따라서 헤겔에 의하면 "철학의 내용을 배움으로써 철학하기뿐만 아니라 실제로 이미 철학하고 있다"(Hegel, 1949, 310)는 것이다.

헤겔의 주장에 의하면, 우선 형식적인 사유의 규정들을 배우고 나서 실제적인 철학을 배워야 한다. 헤겔은 학생이 단계적으로 이러한 목적으로 이끌어지길 바란다. 차이나는 것에 대한 이해로부터 이성을 통해 궁극적으로는 사변적인 것, 즉 적극적으로 이성적이면서 좁은 의미의 철학적인 것으로의 이행, 즉 '변증법적인 것으로의 이행'을 주장한다.

사상과 개념은 교사가 학생에게 직접적으로 줄 수 있고 완성된 형식으로 이를 획득할 수 있거나 혹은 돌처럼 사유 속에 던져질 수 있는 그런 단순한 것이 아니다. 수업에서 학술적인 개념의 매개는 학생 자신의 진정한 사유 행위를 요청한다. 학습한 사상에 대한 숙고를 통해서 독립적인 사유가 형성되며, 새로운 개념의 습득은 그래서 종료가 아니라 이미 습득한 개념의 더 넓은 발전을 위한 출발점이다.

칸트와 헤겔의 대립의 본질은 독립적인 철학하기와 수동적인 철학 배우기 사이의 대립이 아니라, 오히려 헤겔은 학생이 그때까지 연구되어 밝혀진 전제와 도움자료들을 가지고 학문적 수준으로 철학하기를 배워야 한다는 의미에서 철학과 철학하기를 매개하는 것을 중시했다. 사실 이렇게 본다면 칸트와 헤겔은 방법과 목적의 측면에서 거의 차이가 나지 않음을 알 수 있다. 칸트는 철학 수업에서 사유내용에 대한 섣부른 파악보다는 사유하기를 강조해야 한다는 것이고, 헤겔은 사유하기를 위해서는 사유의 도구가 될 수 있는 개념과 방법을 배울 때 가능하다는 것이다. 수학교육이나 국어교육처럼 가르치고 배워야 할 대상, 즉 교육의 내용체계가 비교적 가시적이고 행동으로 드러날 수 있는 것이 아닌 인성교육의 경우에서는 칸트와 헤겔의 이러한 방법론적인 차이와 본질적인 일치가 주는 의미가 중요할 것이다.

4. 통합적 인성교육의 의미

도덕교육은 도덕적인 문제를 철학적으로 취급하거나 윤리학의 주제화만을 의미한다고 볼 수 없다. 도덕교육에서 철학과 윤리학은 그 자체로 자기 목적이 아니라 도덕적 사고능력이나 판단능력 그리고 실천능력의 함양과 같은 실천적인 목적을 위해 기능적으로 설정되는 것이다.

칸트와 헤겔의 논의를 도덕교육에 대한 논의로 유추해보면, 칸트는 덕목에 대한 것을 배웠다고 해서 도덕적으로 사고하기를 배운 것은 아니며, 도덕적으로 사고하기를 배워야 한다고 보는 입장이라고 본다면, 헤겔은 덕목을 배우면서 도덕적인 사고를 배우게 된다는 입장이다.

철학수업의 중심적인 학습목표가 철학을 단지 골동품적인 관심으로 알고자 하는 것이 아니라 스스로 철학하기를 배우는 것에 있다면, 완성된 사유의 체계나 닫힌 체계로 종종 나타나는 철학을 과정과 활동으로 풀어내야 하며, 더 나아가 학생들이 능동적으로 체험하고 받아들일 수 있는 활동으로

까지 풀어내야 한다.(Rohbeck, 2016, 69)

철학과 철학하기가 구분될 수 있다면, '도덕적 내용으로서의 덕목'과 '도덕적으로 사고하고 실천하기'도 구분되어야 할 것이다. 그렇지만 이러한 구분은 다시 통합의 계기로서 작용해야 하며, '도덕적 내용으로서의 덕목'과 '도덕적으로 사고하고 실천하기'가 변증법적 과정을 거쳐 보다 통합적인 인성교육을 구성하는 기초로 작용한다.

여기서 이러한 인성교육의 내용으로서의 덕목은 전승된 가치와 규범만은 아니어야 한다는 것은 분명하다. 그리고 도덕적인 사고와 실천도 그 내용을 담보하고 있지 않으면 형식주의의 오류에 빠지기 쉽다는 것 역시 분명하다. 형식없는 내용이나 내용없는 형식이 아니라 내용과 형식의 결합을 통해서, 즉 '도덕없는 도덕함'이나 '도덕함없는 도덕'이 아니라 도덕과 도덕함의 통합이 중요하다. 이를 통해 앞에서 언급했던 포괄적인 지와 실천적인 지의 통합을 시도해볼 수 있고, 더 나아가 도덕적인 인성교육의 현실적인 문제들을 해결할 수 있는 방법이 제시될 수 있을 것이다.

13장
우울과 주체의 고독

1. 왜 마음의 평안을 가지려 할까?

내가 가지고 있는 것 중에 무엇을 놓아야 하고 무엇을 가지고 있어야 하는지를 고민하지 말고 그것조차 흘러가는 강물처럼 놔두어야 한다. 정도의 차이가 있는 놓아야 하는 그리고 놓을 수밖에 없는 것들, 놓고 싶지 않지만 놓아야 하는 것들이 나를 우울하게 만들지라도 그래서 창밖의 찬란한 햇살조차도 짜증을 불러일으킬지라도 이젠 놓아야 한다.

그런데 이것이 이기주의적 사고일까? 나의 평안을 위해 놓고 털어버리는 것이 정녕 나의 이기주의적 발상이라고 누군가는 비난할 수 있다. 좀 더 잘 했었더라면, 보다 신경을 썼더라면 하는 생각들이 나의 발목을 잡지만, 놓는 것이 어떻게 보면 도피행각처럼, 나 혼자 살겠다고 모두 버리고 도망가는 것처럼 보일 수도 있다.

욕심과 아집을 버리는 것은 구체적인 삶의 맥락에서 무엇을 해야 하는 것인지에 대한 결의론적 해석과 정당화가 필요하다. 그런데 문제는 이게 쉽지가 않다는 거다. 수많은 선택지와 갈림길에서 바람 부는 대로 발길 닿는 대로 가고 싶다고 하지만 자꾸 생각을 하게 된다. 어항 속에 아무 생각 없어 보이는 자그마한 물고기들도 나름의 방식으로 그 조그마한 세상을 온 세상으로 느끼며 자신의 생명의 시간을 마치 나처럼 보내고 있음을 알 수 있다.

2. 우울할 땐?

길가는 많은 사람들을 바라보면서 다들 자기 나름의 목표와 생각, 계획들에 의해 움직이겠거니 생각해보면, 나도 그들 중 하나일 뿐이며, 나와 그들이 뭐가 다른가, 다를 게 있나 싶은 생각이 든다. 저들도 나처럼 우울하고 슬퍼하고 힘들어하면서도 저렇게 열심히 살아들가고 있나 싶다.

우울할 땐 글을 써보라. 글을 통해 자신의 생각을 정리하다보면, 무엇이 나를 우울하게 만드는지 생각해낼 수 있을 것이다. 그것이 욕망인지, 욕심인지, 무지인지, 착각인지를 생각해볼 수 있을 것이다. 하고 싶은 걸 하지 못해서, 할 수 없는 것을 하려고 해서, 그것이 무엇인지 알았더라면 놓았었거나 잡았었거나 했어야 하는데 그렇게 하지 못해서, 이것이라고 생각했는데 저것이어서 우울해진다. 이런 다양한 원인의 우울의 가장 토대가 되는 것이 바로 존재의 우울일 것이다. 존재하지 않는다면 우울해하지도 않을 테니까. 문제는 존재 자체가 우울이라는 생각이 든다는 것이다.

존재와 고독과 우울은 결국 하나이다. 존재는 존재자로 드러날 수밖에 없으며, 존재자는 존재에 대한 독점적 지배를 의미한다. 여기에서 독점적이라는 것은 존재자 이외의 다른 어떤 존재자의 지배를 배제한다는 것을 의미한다. 존재는 배타적 지배이므로 존재는 고독일 수밖에 없다. 결국 천상천하 유아독존이다. 이 세상에 어느 누구도 나를 대신해서 존재하거나 나의 존재를 지배할 수 없다. 존재는 고독할 수밖에 없고 그래서 우울해진다. 고독과 우울은 결국 동전의 양면이다. 고독하지 않으면서 우울하기 어렵고, 우울하면서 고독하지 않을 수는 없을 것이다. 역으로 고독하기에 우울하고, 우울하기에 고독해진다.

우울은 대체로 부정적인 감정으로 생각된다. 우울증이나 조울증이 현대 사회에서 정신병으로 분류되고 있긴 하지만, 사실 우리 모두는 우울하다. 정도의 차이가 있을 뿐이다. 우울해본 적 없거나 결코 우울해질 수 없다는 것은 인간에게 적절한 표현이 아니다. 슬픔 속에서 카타르시스를 찾는 것처럼 우울이 최고조에 달하면 다시금 우리는 치열한 현실에 되돌아가 싸울 준비를 하게 된다. 우울 속에서 우리는 다시 은밀한 반전을 꾀하게 된다. 삶의 무게가 들기 어렵다고 느낄 때, 삶을 둘러싼 현실이 야속하게 느껴질 때, 이럴 때 우리는 다시 그 삶과 현실로 들어갈 용기를 내는지도 모르겠다. 자기 자신만의 것을 찾다가 결국 그것은 다른 존재를 통해 규정될 때 비로소 자기 자신이 명확해지는 것처럼 말이다. 우울에는 이런 반전의 계기가 들어있는 것이다.

우울해져보라! 바쁜 삶 속에서 내가 언제 우울해졌는지 기억해보라!

3. 레비나스의 주체의 고독

레비나스는 자신의 대표적인 저서인 『전체성과 무한』(1961)[1], 『존재와는 달리 내지 존재의 저편』(1974)[2]에서 타자의 윤리학을 주장한다. 레비나스 철학을 특징짓는 중요한 표현으로는 "제일 철학으로서의 윤리학", "전체성과 무한성", "타자에 대한 책임", "동일자와 타자", "표정, 근접과 감수성" 등이 있다. 레비나스에게 있어서 윤리학이 제1 철학이며 여기에서 책임개념은 중요한 역할을 한다. 그의 목표가 새로운 윤리학을 세우는 것이 아니라 윤리학의 의미를 찾고자 하는 데 있다 하더라도 그가 이성과 동일자 지향의 서구의 지적인 전통에 대한 비판을 전제로 한다는 점에서 그의 형이상학적 책임론은 중요하다. 특히 레비나스는 현대 사회가 갖고 있는 비인간적인 경험들과 관련하여, 그리고 존재의 총체성이라는 그의 표현과 관련하여 휴머니즘의 위기를 언급하면서 타자의 휴머니즘(der Humanismus des Anderen)을 주장한다. 그에 있어서 휴머니즘의 근원은 타자이며, 이런 휴머니즘 안에서 책임이 나의 유일성에 대한 중요한 근거로서 기여한다.

레비나스는 근대의 이성에 기초한 주체 개념, 즉 자율적인 주체에 대한 신랄한 비판을 가한다. 레비나스의 주체에 대한 분석에서 주체의 자율성보다는 오히려 타자에 대한 주체의 수동성,

---

1 Levinas, E.(1961, 71980): Totalité et infini-Essai sur l'Extériorité, Den Haag. 이하 TI 로 표기함.

2 Levinas, E.(Org. 1974, 1978): Autrement qu'etre ou qu-delà de l'essence, Den Haag. 이하 AQ로 표기함.

비대칭성 등이 중요한 역할을 수행한다. 레비나스에 있어서 책임은 '나(das Ich)' 자신이나 '나'의 결정으로부터 발생하는 것이 아니라 타자와의 만남에서부터 시작된다. 따라서 레비나스가 '나'와 '타자'를 어떻게 이해하는지가 그의 철학에 대한 이해의 첩경이라고 할 수 있다.

이 글에서는 레비나스의 철학에서 나오는 '나'의 구조를 차례로 살펴보고 나서, 어떻게 그것이 타자와의 만남에 다다를 수 있는가와, 그 만남에서 책임을 통해 휴머니즘이 어떻게 실현되는가를 살펴볼 것이다.

4. '나'의 구조

레비나스에 의하면 서양의 근현대 철학은 '나(das Ich)'에게 항상 애매한 성격을 부여하였는데, 즉 나(das Ich)는 실체(Substanz)가 아니면서도 항상 주체(Subjekt)로 간주되어왔다는 것이다.(TA 33 참조)[3] 레비나스의 존재와 존재자의 구분은 하이데거의 구분과 비교를 통해서 이해하려 할 때 보다 정확하게 파악이 될 것이다. 또한 레비나스에게 있어서 존재자가 '순수한 있음의 상태(il-y-a)', 히포스타제(hypostase), '나' 그리고 주체의 네 단계를 통해 구성되고 있음을 알 수 있다.

---

3   Levinas, E. (1948, 1979): Le temp et l'autre, Montpellier. 이하 TA로 표기함.

4.1. '순수한 있음(il-y-a)'과 '히포스타제(Hypostase)'

레비나스는 순수한 존재를 하이데거적인 존재개념과 비교한
다. 하나의 발생으로서의 순수한 존재에 대한 사유는 레비나스
자신의 철학의 출발점이기도 하다. 레비나스는 존재와 현존재
라는 하이데거의 구분을 받아들이면서도, 하이데거에게서는 존
재와 현존재가 구분(Unterscheidung)되기는 하지만, 분리(Trennung)
되지 못하고 있다고 비판한다.(TA 24 참조) 하이데거가 '있음(Es-
gibt)'을 존재의 가장 보편적이고 추상적인 개념으로부터 구분하
였다면, 레비나스는 현존재를 하이데거적인 'Es-gibt'로부터 분
리해내고자 하였다. 레비나스가 보기에 하이데거에게서 존재
가 항상 현존재에 의해 소유되었다면, 그래서 존재는 항상 누군
가에 의해 소유된다라는 면에서 Jemeinigkeit라는 용어를 주장
한 반면에, 레비나스는 'il-y-a'로서의 순수한 존재를 현존재로부
터 완전히 분리하고자 하였다. 하이데거적 'Es-gibt'가 의식, 사
유, 현존재의 이해와 관련될 수 있지만, 'il-y-a'는 "의식이 끝으로
서 그리고 의식 일반의 모든 지향적인 능력의 끝에 알려지는 것
이다."(Dickmann 1999: 163)[4] 현존재가 없는 상태의 존재는 비인격
적이며, 익명적이고, 순수한 존재이면서 존재의 순수한 동사적
의미이다. 이런 상태는, 레비나스에 의하면, 불면의 상태나 밤에

---

4   Dickmann, Ulrich (1999): Subjektivität als Verantwortung - Die Ambivalenz des
     Humanum bei Emmanuel Lévinas und ihre Bedeutung für die theologische Anthro-
     pologie, Tübingen/Basel.

경험될 수 있다.(EE 94-5, 109-113, TA 27-8 참조)[5] 불면의 상태에서는 우선 대상을 지향하는 우리의 주의를 깨어남, 즉 필연적인 존재의 취한 상태 속에서 잃게 되는 깨어남과 구분해야 한다. 그리고 "주의(注意)는 나에 의해 조종되는 자유를 전제로 한다. 우리의 눈을 뜨고 있게 하는 불면상태에서의 깨어남에서는 주체가 없다."(EE 110) 깜깜한 밤에는 사물의 형태가 사라지고, 밤의 어두움이 깔린다. 이런 어둠 속에는 사물 간의 구분이 없어지고, 이제더 이상 이것도 저것도 아니게 된다. 즉 이젠 '어떤 것'도 없으며단지 '있음' 일반만이 있게 된다.(EE 94-5 참조) 불면의 상태나 밤의 상태에서 "개개의 대상으로부터, 개개의 내용으로부터 떨어져나가지만 그래도 현재성(présence)은 있다. 무(無)의 뒤에 나오는이런 현재성은 현존재도, 그렇다고 의식의 기능도 아니라, 사물뿐만 아니라 의식도 포괄해 버리는 'es-gibt'라는 보편적인 사실이다."(EE 109) 그래서 순수한 'il-y-a'의 상태에서는 사물 내지 대상들의 구분이 사라지고 따라서 주체와 객체의 구분 또한 사라지게 된다. 주체와 객체의 구분은 이 상태에서는 등장하지 않는다.

존재자가 의식을 통해 순수한 있음으로서의 존재를 취하여 존재의 지배자로 된다. 이것을 설명하기 위해서 레비나스는 '히포스타제(Hypostase)'라는 용어를 사용한다. 이 용어는 철학사에서원래 발생(Ereignis)을 의미하는데, 이 발생을 통해 동사로 표현되는 행위가 주격에 의해 나타나는 존재자가 되는 것이다.(TA 28,

---

5   Levinas, E. (1947, 31981): De l'existence à l'exstant, Paris. 이하 EE로 표기함.

EE 140-1 참조) "히포스타제로 인해 익명의 존재가 순수한 있음의 성격을 상실하게 된다. 존재자는 동사 '있음'의 주어가 되고 그래서 존재의 운명을 지배하게 된다. …… 존재, 즉 그 순간부터 자기의 존재를 떠맡는 자가 실존한다."(EE 141 참조) 존재자가 존재를 떠맡는다는 것은 존재자가 존재를 지배한다는 것을 의미한다. 이것은 또한 "의식이 순수한 있음의 익명적인 상태의 파괴이며, 그것은 이미 히포스타제가 되어, 존재자가 존재와 관계 맺는 상황과 관련시킨다."(TA 31) 존재를 떠맡기 이전의 존재자가 이제 존재를 가진 존재자로 변한다. 존재하는 존재자는 두 가지 측면을 갖는다. 첫 번째는 존재와의 관계에서 히포스타제가 되고, 두 번째는 세계와의 관계에서 나(Ich) 혹은 주체(Subjekt)가 된다. 이와 함께 의식도 두 가지 기능을 갖는다. 히포스타제의 형성에서 설정(position)[6]의 기능과 '나' 혹은 '주체'의 형성에서 지향성(Intentionalität)의 기능이다.

레비나스는 의식이 왜 존재와 존재자의 결합에서 작용하는지에 대해서 특별한 설명을 하지 않는다. 그는 단지 의식의 자발성에 대해서 언급하고 있을 뿐이다.(EE 115-6, 122 참조)[7]

존재자의 등장 이전에 의식의 설정(position)이 일어난다.(EE

---

6   의식의 설정을 "존재와 구분, 분리된 주체존재에 대한 존재론적 근거 내지 기초나 조건"(Dickmann 1999: 184)으로 이해할 수 있다.

7   레비나스는 히포스타제(Hypostase)의 등장에 대해서도 마찬가지로 다음과 같이 설명한다. "우리는 분명히 왜 그것이 - 히포스타제의 등장이 - 일어나는지에 대해서 설명할 수 없다. 형이상학에는 어떤 물리학도 존재하지 않는다. 우리는 단지 히포스타제의 의미가 무엇인지를 보여줄 수밖에 없다."(TA 31)

120-121 참조) 레비나스가 존재를 떠맡은 존재자라는 의미로 쓴 실체는 의식의 사실도 아니며, 사유나 감정, 의지의 행위도 아니라 존재의 발생이자 인간 의식의 원초적인 설정이다.(EE 120 참조) 의식은 여기에서 레비나스에게 있어서는 존재의 양태(Seinsmodus) (EE 115참조)가 되며 존재에의 참여(EE 120 참조)이고, 의식의 설정은 주관적이지 않고 주체의 주관화를 의미한다.(EE 118 참조) 익명적인 상태의 존재에 대한 설정으로 인해 의식의 행위 이전에 실체가 입증이 되며, 실체로 인해 익명적 존재는 그것의 익명성을 상실하게 된다. 의식이 존재에 대해 관심을 가지고 존재에 대해 고려하기 이전에 이미 의식은 존재 안에서 '설정', 즉 '장소(lieu)'를 갖는다.(EE 9, 119 참조)[8]

---

8 히포스타제의 형성과 존재에 대한 책임의 문제는 다음과 같이 생각되어진다. 히포스타제는 주체적인 존재자 형성의 첫 번째 단계 혹은 책임질 수 있는 존재로서의 '존재자가 존재 안에 들어섬(Ins-Sein-treten des Seienden)'의 발생이다. "히포스타제적 정체성(die hypostatische Identität)이 의식보다 먼저 주어진 반성적 정체성(Reflexion-sidentität)이라고 할 수 있는지는 의문스럽다. 왜냐하면 이 개념은 결과로서의 자기 설정 행위를 이성적인 작용하에 놓게 되기 때문이다."(Dickmann 1999: 189 주 33) 존재와 존재자의 만남에서 그럼에도 불구하고 책임이 발생하는가? 존재자의 의식을 통한 설정 자체가 필연적이고, 다른 선택이 없다. 떠맡은, 그러나 아직 나의 존재로 확인이 되지 않은 존재가 존재자와 결합되며, 이 결합에서 존재자는 존재에 대한 책임을 맡을 수밖에 없다. 히포스타제적 정체성(존재자가 존재를 떠맡게 되면서 생기는 정체성을 의미한다.) 이 반성적 정체성(존재자가 떠맡은 존재를 자기의 존재로 확인하면서 생기는 정체성을 의미한다.)과 구분된다면, 추상적이거나 익명적인 존재가 아니라 아직 확인 안 된 존재인 존재 일반에 대한 책임이 히포스타제적 정체성으로부터 발생한다. 그리고 반성적 정체성으로부터는 존재자의 고유한 존재의 책임이 발생한다. 히포스타제적 정체성으로부터 기인되는 책임은 존재를 떠맡아야 한다는 필연성에 근거한다. 왜냐하면 비록 존재가 아직 나의 존재라고 확인되지는 않았다 하더라도 존재는 이미 어떤 방식으로든 존재자와 관련되어 있기 때문이다. 레비나스의

4.2. 나(das Ich) [9]

유럽적인 사고방식에서 '나'는 대체로 이성과 자유의지를 가진 자율적인 주체 혹은 독립적인 주권자로 간주되어왔다. 그러나 '나'는 자기 존재와의 관계에서 나만이 내 존재를 지배하기 때문에 항상 외롭다. 레비나스는 여기에서 두 가지 관계를 구분하는데, 즉 하나는 나와 세계의 관계이고, 다른 하나는 나와 존재의 관계이다. 첫 번째 관계는 타동사적이다. 그래서 늘 이 관계의 대상을 필요로 한다. 그러나 두 번째 관계는 자동사적이다. 나의 실존은 "절대적으로 자동사적인 요인, 지향성 내지 관련성이 없는 어떤 것이다."(TA 21) '나'는 존재자를 통한 존재의 자기화이다. '나'는 하이데거적인 '도구의 체계'라기보다는 '영양분의 집합'인 세계 안의 존재방식이며, 이 영양분의 향유를 통해서 세계와 관계를 갖는다. 이 영양분은 그 자체로 어떤 다른 외적인 목적으로부터 독립되어 있으며, 궁극적으로 그 안에 자기 목적을 갖는다.[10] 영양분의 향유는 세계와 관련된 '나'의 형성에서 중요하다.

이론에서 자기책임을 찾고자 한다면 히포스타제적 책임이 '나 자신(das Ich selbst)'에 대한 책임의 근본적인 전제가 된다. 여기에서 책임과 소유의 관계가 중요해진다. 존재에 대한 책임이 소유로부터 시작되는 책임인 반면에, 타자에 대한 책임은 나에 의해 소유될 수 없는 것들로부터 나온다.

9   레비나스는 '나(das Ich)'를 '의식의 자기성찰(Seblstreflexion des Bewußtseins)'로 이해한다.

10   "도구의 사용이 목적성을 전제하고 타자와의 관련에서 의존성을 표현하는 반면에, 향유는 본래적인 독립성을, 즉 모든 독립성의 근본적인 모델이 되는 향유와 그 행복의 독립성을 나타낸다."(TI 82) 예컨대 "누군가가 꽃향기를 맡는다면, 이 행위의 목적성이 제한되는 것은 바로 그 향기이다. 산책은 신선한 공기를 쐬는 것인데, 건강 자체를 위한 것이 아니라 공기 그 자체를 위한 것이다."(TA 45)

"주관성(Subjektivität)이란 그 근원을 독립성과 향유의 지배 안에서 찾는다."(TI 86) 그리고 향유 속에서 이기주의의 계기가 나타난다.[11] "누구나 자기 자신을 위해서 향유하며, 어느 누구도 다른 사람을 위해서 향유하는 것은 아니다. 「…」 여기에는 근본적인 자아중심주의와 이기주의가 놓여 있다. 향유와 함께 비로소 나의 자기성(Selbstheit)이 등장한다."(Strasser 1978: 74)[12] 삶의 이기주의는 레비나스에게 있어서 향유의 본질적인 특징이다. '나'는 이기주의 속에 처하게 되며 또한 고독 속에, 즉 배타적인 지배로부터 생기는 고독 속에 처하게 된다. 이 상태에서 타자는 등장하지 않으며, 설사 타자가 등장한다 하더라도 그 타자는 타자성을 포기해야 할 것이다.(TI 89 참조) 그 때문에 향유에서 등장하는 '나'는 아직 타자에 대한 책임의 담지자가 될 수 없다. 왜냐하면 여기에서는 단지 나의 개별화만이 발생하기 때문이다. 여기에서 향유 자체에 대한 책임의 발생 여부에 대한 물음이 생긴다. "실제로 나는 향유의 담지자가 아니다"라는 것을 생각해본다면, 어떻게 책임을 향유의 나, 즉 감각적인 존재자에게 지울 수 있는가? 레비나스에 의하면 '향유하는 나'는 향유의 과정에서 아무것도 소유하지 않으며(TI 131-2 참조), 단지 영양분의 요인들을 갖지 않으면서 그 안

---

11   "삶, 즉 향유라는 것은 이기주의다."(TI 150) 향유라는 것은 윤리적인 평가가 내려지지 않은 이기주의를 기술하는데, 이 이기주의는 한편으로는 초월관계에 있어서 필연적인 자기 존재를 구성하면서, 다른 한편으로는 사람들 사이의 공간에서 발생하는 세계관련이 아직 아닌 상태에 대한 것이다.(Dickmann 1999: 212 참조)

12   Strasser, Stephan(1978): Jenseits von Sein und Zeit - Eine Einführung in E. Lévinas' Philosophie, Den Haag.

에서 목욕하는 것처럼 떠다닐 뿐이다. 향유의 발생에서 '나'는 영양분의 층에서 어떤 요인을 선택할지 내지 향유할지에 대한 자유를 가지지만(TI 104 참조), 삶이라는 것은 본래 무언가에 대한 향유이기 때문에 무언가를 향유한다는 것은 필연적인 것이다.

이기적이고 독립적인 '나'의 존재에도 불구하고 타자가 어떻게 나타나는가? "Autochton이 지배와 예속의 속성을 동시에 가지고 있다"(TI 138)는 것을 본다면, 또 "향유의 지배와 그것의 독립성은 타자와의 관계에서는 의존성에 의해 유지된다"(TI 138)는 것을 본다면, 그리고 '산다는 것(Leben sein)'이 '자기를 유지한다(sich halten)'를 의미하기도 하지만 다른 한편으로는 '타자 속에 존재한다(im Anderen Sein)'를 의미한다는 것을 본다면(TI 138 참조), 여기에서 두 가지 상반된 요인의 결합을 발견할 수 있다. 사유화 내지 영양분의 수집[13] 과정에서 자율적인 '향유의 나'는 향유 그 자체에서 영양분의 요인들에 의해 결정되는 것으로 드러난다. 이런 의미에서 '나'의 지배는 '나'의 예속을 의미한다. '다른 것 속에서 자기가 될 가능성(Bei-sich-zu-sein-in-etwas-anderem)'을 발견하게 된다. 삶이라는 것은 무언가에 대한 향유이기 때문에 인간은 다른 무언가에 의해서 살게 된다. 여기에서 실체(Hypostase)를 주체(Subjekt)의 관점에서 향유와 비교해 볼 수 있을 것이다. 존재자가 익명적이고 비인격적인 존재를 떠맡는 것처럼, '나(das Ich)'는 향유 이전이나 이후에도 그 누구에게도 속하지 않는 요인들을 취한다.

---

13   레비나스는 노동을 이렇게 정의내린다.

그리고 레비나스에게 있어서는 존재자가 존재를 떠맡는 것과, 또 '내'가 요인들로 살아간다는 것은 필연적인 전제이다. 실체와 향유를 비교하면서 그 본질적인 차이가 소유의 형태에서 나타난다. 향유에서 '나'는 요인들을 소유(ergreifen)하지 않으면서 향유하는 반면에 실체에서 존재자는 존재를 소유한다. 요인들이 향유되면서도 그 요인들은 다른 사용자에게 열려있는 반면에 존재는 '나'에 의해 전적으로 소유된다. 그 때문에 향유에서는 책임의 문제가 발생하지 않지만, 실체에서는 책임의 문제가 발생한다고 볼 수 있다.

4.3. 주체(Subjekt)

주체는 "존재가 객체와 상관적인 주체를 받아들임"(AQ 167 참조)으로써 등장한다. 이것은 첫째 주체가 세계 안의 객체와 좁은 그리고 상관된 관계하에 있다는 것을, 둘째 주체가 의식의 지향성과 관련있다는 것을, 그리고 전체성의 유지에 기여한다는 것(AQ 171 참조)을 뜻한다. 주체를 통해 '나'는 개념이 된다.(AQ 171 참조) 주체의 등장 역시 존재자나 실체 혹은 '나'의 등장과 마찬가지로 'esse' 혹은 'essance', 즉 존재의 실현, 존재의 자기 발생에 속한다.

객체와 상관되는 것으로서의 주체 개념으로부터 벗어나기 위해서, 그리고 레비나스가 주장하는 외부성을 지향하는 주체 개념에 도달하기 위해서, 레비나스는 진정한 주체성(Subjektivität)의 개념을 제시한다. 그에게 있어서 진정한 주체성이란 "자기의 종속

(sujétion: Unter-worfen-heit des Sich), 자기 제공(das äußerste Sich-anbi-
eten), 상처받기 쉬움"(AQ 70)이다. 주체의 진정한 주체성은 주체
를 '타자를 위한 일자(der-Eine-für-den-Anderen)'로, 즉 레비나스에
게서 '대체(substitution: Stellvertretung)'로 이해된다. 이것을 통해 주
체는 세계와 결합된 존재를 넘어서서, 그리고 소유를 초월할 수
있고, 타자를 만날 수 있다. 그러나 이 만남은 존재의 저편이 아
니라 이편에서 이뤄진다. 타자와 대체될 수 있는 주체가 바로 타
자와의 만남의 전제가 될 수 있으며, 전체성에 대한 윤리적 저항
을 할 수 있다.

　레비나스는 주체의 개념에 '인질(otage)'의 개념을 추가한다. 보
드리야르(Baudrillard)도 인질의 개념을 책임과 연결하지만 그의 책
임은 익명적이고 임의적이어서, 모든 주체가 전체 체계 내에서
교체 가능하고 익명적인 것이 된다.(Baudrillard 1982 104-115 참조)[14]
이와 달리 레비나스의 주체는 타자를 통해서 전통적인 의미에
서 정체성(Identität)과는 다른 자신의 유일성[15]을 갖게 된다. 타자
를 손님으로 맞이하는 주체, 초대자로서 그리고 인질로서의 주체
는 교체 가능한 것이 아니다. "주체는 타자를 위해 존재한다."(AQ
67) 이런 의미에서 주체는 객체와 상관되는 것으로서의 주체와
구분된다.

14　　Baudrillard, J.(1982): "Metaphysik der Geisel", in: Tumult, 4, pp. 104-115.

15　　레비나스는 이것을 unicité sans identité라고 한다.(AQ 72-3, 173 참조)

5. 타자와의 만남

5.1. 타자와 동일자의 만남

타자는 동일자와 관련한 타자가 아니라 그 자체로 타자이며, 동일자는 그 자체로 동일자이다. 이런 의미에서 타자는 동일자에 대하여 절대성과 독립성을 가진다. 타자와 동일자는 공통된 근거를 가지지 않으며, 양자가 상관적인 것으로서가 아니라 서로 완전히 분리된 채 존재한다.

타자를 인식하는 것이 불가능하다 하더라도 레비나스는 타자에 대한 동일자의 관계가 존재의 저편이 아니라 이편에서 가능하다고 본다. 물론 동일자와 타자가 동일한 인식의 지평에서 파악되지는 않는다 해도, 이 양자는 운명적으로 만나게 되며, 이 만남은 처음부터 받아들이는 것, 그리고 얼굴 대 얼굴의 만남 속에 이뤄진다.(TI 53 참조) 이 만남은 그러나 타자를 다른 동일자로 생각하지 않으면서 동일자 속의 타자를 생각할 때 가능하다.(DVI 130 참조)[16] 그렇다고 해서 이 만남을 통해 타자가 전체성 안에 포함되는 것은 아니다.

> 동일자와 타자의 관계는 동일자에 의한 타자의 인식을 항상 가져오는 것은 아니다.(TI XVI)

만남의 과정은 다음과 같이 이해되어진다. 우선 '내'가 타자에

---

16   Levinas, E.(1982, 21986): De Dieu qui vient à l'idée, Paris. 이하 DVI로 표기함.

게 접근하게 되고, '내'가 타자의 표현, 즉 표정(visage)을 감수성
으로 받아들이며 - 그러나 인식의 방식이 아니라 '나' 또는 '의식'
이 무엇이 나를 촉발하는지 모르는 채로 - , 그래서 내가 나를 타
자의 위치로 대체시킨다. 이런 대체를 통해, '타자에 의한'을 '타
자를 위한'으로의 전이를 통해 1격으로서의 '내'가 4격으로서의
'내'가 된다.

왜 이런 만남이 생기는가? 동일자 혹은 '내'가 타자와의 만남
없이 산다는 것이 불가능한가? 내가 타자를 만날 수밖에 없는가?
왜 타자가 나에게 간섭하는가? 이런 물음들의 이면에는 "내가 자
신만을 고려한다"(AQ 150)는 전제를 갖고 있다. 레비나스는 이런
전제에 대해 형제성(fraternité: Brüderlichkeit)(TI 189-190, 257 참조)과
인질로서의 자기(AQ 150 참조)를 대립시킨다. 레비나스에게 모든
인간이 형제라는 이 형제성은 인간의 본질에 덧붙여지는 말이 아
니라 그 자체로 인간의 본질인 것이다.

5.2. 표정(visage, Antlitz): 타자의 등장

타자의 등장을 레비나스는 표정에서 찾는다. '나'는 타자와의
만남에서 표정을 체험한다. 레비나스는 표정이 어떻게 나타나느
냐에 대해 다음과 같이 설명한다. "그 자체로 직접이고 그래서 외
부로부터 '나'에게 표현될 수 있는 것의 등장"(DEHH 173)[17] 직접

---

17   Levinas, E.(1949, 41982): En découvrant l'existence avec Husserl et Heidegger, Par-
      is. 이하 DEHH로 표기함.

적으로 표현된다는 것은 외부로부터 오는 어떤 것을 의식에 의해 인식할 수 있는 수단의 부재를 의미하며, 표정은 지향적인 대상 구성의 저편에서 발생한다는 것을 뜻한다. "표정은 우리 세계 안에 아주 절대적으로 낯선 영역으로부터 우리 세계 안에 발을 들여놓는다."(HAH 48)[18] 인식할 수단의 부재는 직접성과 나체(nudité, 裸體)의 성격과 관련있다. 직접성이란 "표정은 의미인데, 맥락 (Kontext)이 없는 의미이다."(EI 80)[19] "표정은 어떤 기호를 매개로 해서가 아니라 '나'에게 직접적으로 스스로 표현된다."(Esterbauer 1992: 52)[20] 표정은 이해의 대상이 아니라 주체에 의해 수용되어야 하는 것이다. 레비나스가 표정이 나체의 성격을 지녔다고 한 것은 표정이 어떠한 형태(Form)도 갖지 않음을 의미한다. 레비나스는 표정의 등장을 예기치 않은 '방문(visitation)'이라고 설명한다.(Esterbauer 51 참조)

표정은 인식능력의 바깥에 있어서 소유의 영역을 벗어난다.(TI 172 참조) 그것은 개념이나 표상, 이미지가 아니며 현상성(Phänomenalität)을 넘어선다. 현상이 늘 상(像)인 반면에 표정의 등장은 살아있는 어떤 것이며, 현상적인 형태의 파괴 속에 놓여 있다.(AQ 112, HAH 48 참조) 표정이 인식의 한계를 벗어남에도 불구하고, 표

---

18   Levinas, E.(1972): Humanisme de l'autre homme, Montpellier. 이하 HAH로 표기함.

19   Levinas, E.(1982): éthique et infinie - Dialogues avec Philippe Nemo, Paris. 이하 EI 로 표기함.

20   Esterbauer, Reinhold(1992): Transzendenz Relation - Zum Transzendenzbezug in der Philosophie Emmanuel Levinas, Wien.

정은 '나'에게 말을 걸며, 타자와의 만남을 촉구한다. "표정으로
서 표현된다는 것은 표현된 형태나 현상적인 형태의 저편에서
실현된다는 것이며, 표현으로 소급되지 않는 방식으로 드러난다
는 것이며, 어떤 것의 매개없이 직접성하에 드러난다는 것을 말
한다."(TI 174) 예를 들어 내가 부자이고 강자인 반면에 타자는 약
자, 가난한 자, 과부와 고아이다. 레비나스가 이런 성경적인 표현
에서 말하고자 한 것은 타자의 곤궁함일 것이다. '나'는 타자의
곤궁함을 이용할 수 있지만, 그래서는 안 된다. 타자가 약하고 무
방비하기 때문에 죽일 수 있지만, 바로 그 때문에 타자의 첫마디
는 "너는 죽여서는 안 된다" 내지 "너는 어떤 살인도 해서는 안
된다"(TI 285)이다. 표정이 나에게 무엇을 말하며, 또 무엇을 요청
하는가? "표정은 최초의 말을 하는데, 그것의 첫 단어는 의무이
다."(TI 175)

5.3. 말

존재의 이편에는 '나', 동일자, 전체성이 놓여 있고, 존재의 저
편에는 타자와 무한성이 놓여 있다. 어떻게 존재의 두 편이 서
로 만나는가? 어디에 이 두 편을 연결하는 가교(架橋)가 놓여 있
는가? 그것은 바로 표정으로서 그리고 흔적으로 등장하는 '말'이
다.(TI 9 참조) 내가 타자를 만나는 곳, 즉 보다 정확하게 말하자면,
표정을 접하게 되는 곳에서 무언가가 타자에 의해 나에게 전해진
다. 그 전해진 것은 내가 이해할 수 없는 것이지만, 그럼에도 불
구하고 그것을 들을 수 있는 가능성이 있다. 레비나스는 이 가능

성을 말을 가지고 설명한다. 타자는 말 속에서 표현된다. 그렇다면 레비나스가 '말'이라는 것을 어떻게 이해하는가? 말은 레비나스에게 있어서 타자와 '내'가 서로서로 결합되는 양식인데, 타자가 내 안에 포함되지만 그럼에도 불구하고 이 양자가 분리된 채 존재하게 되는 그런 결합의 양식인 것이다.

말은 두 가지 기능을 갖는다.(AQ 43-5 참조) 우선 명명의 기능인데, 이것은 말의 명사체계와의 결합이며 정체성을 구성하는 기능이다. 두 번째 기능은 고유한 동사성의 기능인데, 이것은 말해진 것, 즉 말의 전체적인 체계와 상관된 것이 아니라 말하는 것이 말해진 것을 넘어서게 되는 그런 기능이다. 말의 이 두 가지 기능에 의하면 레비나스에게서 말하는 것 자체(langage, dire)와 말해진 것(langue, dit)을 구분할 수 있다. 레비나스는 이것을 다음과 같이 구분한다.

말해진 것을 말하는 것은 감각적으로 지각가능한 영역에서 이것을 저것으로 확정하는 첫 번째의 행위이다.(AQ 144)

말해진 것으로서의 말은 존재자를 확인하는 하나의 명사체계로, 즉 기호체계로 파악될 수 있다.(AQ 51)

말하는 것과 말해진 것의 구분에서 우리는 존재와 존재자의 구분과 유사함을 발견한다. 말해진 것 없이 말하는 것 자체가 고유한 말이며, 처음에 내게 말을 하는 것이다. 그래서 레비나스적 의

미에서 말하는 것은 타자에게 가까이 간다는 것을, 그래서 그 의미를 받아들이는 것이다.(AQ 61 참조)

타자는 표정을 통해 내게 말을 건다. "타자는 그 자체로부터 스스로 말하는 타자이다. 그 자체로부터라는 것은 그것이 이 말에서 존재론적인 지평에 의해 이해될 수 있는 그 어떤 것에게로도 환원될 수 없다는 것을 의미하는데, 현상학적으로 말하자면 인식하는 주체의 감각적인 지향성에 근거하는 그 어떤 것에도 환원되지 못함을 뜻한다."(Wiemer 1988: 32)[21] 표정에서는 '본다'가 중요하며, 말에서는 '듣는다'가 중요하다. '나'는 타자를 보고, 타자가 내게 말하는 것을 본다. 타자는 내게 자기의 표정을 보여주며, 자기의 요청을 말하는데, 레비나스에게 이 요청은 동시에 명령을 의미한다. 그렇다면 듣고 보는 것에 대한 '나'의 노력이 있어야 하는가? 표정과 말이 이런 노력없이 보여지고 들릴 수 있는가? 주체의 수동성을 생각해본다면, 이 물음에 부정적인 대답이 주어질 것이다. '나'에게는 오직 한 가지 가능성이 있는데, 그것은 즉 타자가 표현하는 것을 수용해야 할 가능성인 것이다.

6. 타자에 대한 책임으로서의 휴머니즘

레비나스는 휴머니즘의 위기의 원인을 점점 커져만 가는 인간의 힘에서 역설적으로 나오게 되는 현대인의 무력함에서 찾는

---

21   Wiemer, Thomas(1988): Die Passion des Sagens - zur Deutung der Sprache bei E. Lévinas und ihrer Realisierung im philosophischen Diskurs, Freiburg/München.

다.(HAH 67 참조) 인간의 무력함은 인간의 기술적 힘과 관련이 있다. 기술의 힘이 커질수록 인간은 기술의 힘이 인간에게 허용해 주는 가능성들로 인해 더 많은 두려움을 갖게 된다. 독립적이고 자율적이고 자유로운 존재로서 인간을 규정하는 고전적인 휴머니즘은 현대 사회의 비인간성에 직면하게 되면서 인간을 회의 속에 빠뜨린다. 자기규정과 자아실현의 의지는 그 자체가 다른 사람의 의지에 대한 폭력의 원인이 되어버린다. 그래서 레비나스는 모든 인간적인 것을 인간 외적인 것에서 찾는다. 그래서 레비나스는 타자의 휴머니즘을 주장한다. 타자의 휴머니즘의 구체적인 형태가 바로 책임이며, 여기서는 레비나스의 책임론이 어떻게 휴머니즘과 연결되는지가 논의될 것이다.

레비나스의 책임은 우선 타자에 대한 책임이다. 이 책임의 가장 큰 특징 중의 하나가 바로 가장 수동적인 수동성이다.

> 타자에 대한 책임은 모든 수동성보다 수동적인 수동성이다.(AQ 18)

이 책임은 타자의 표정을 받아들임으로써 발생하는 것이지 자발적인 어떤 의지와 행위로부터 발생하는 것이 아니다. 이런 의미에서 레비나스의 책임론은 일반적인 책임론과 구분된다. 책임은 이전의 어떤 관련이 없어도 발생하는 것이다.(AQ 195 참조) 내가 아무 행위를 하지 않아도, 나는 타자에 대한 책임을 져야 한다. 비상호적이고 일방적인 형태의 책임에 대해서는 요나스(Hans

Jonas)도 언급하고 있지만, 요나스에게서는 책임이 존재의 이편에서, 즉 존재의 합목적성에서 발생하는 반면에, 레비나스에게서는 책임이 존재의 저편에 머물러 있으면서도 존재의 이편에 등장하는 타자의 요청으로부터 생겨난다. 타자에 대한 책임은 '대체(substitution)', 즉 "타자의 위치에 서는 것"(AQ 147)이다. 대체를 통해서 나는 타자에게 다가가며, 비로소 진정한 주체가 된다. 그래서 레비나스는 "형이상학, 초월, 동일자에 의한 타자의 수용, 나를 통한 타인의 수용은 구체적으로 타자를 통한 동일자의 구체적인 문제 제기, 즉 윤리학으로서 발생한다."(TI 13) '나'의 의미는 "나를 봐, 여기에 내가 타자를 위해 있어."(AQ 233), 즉 주격으로서의 '내'가 목적격으로서의 '내'가 되는 것이다.

레비나스는 자신의 책임론을 도스토예프스키의 『카라마조프의 형제들』의 한 구절을 들어 설명한다.

> 우리 모두가 모든 것에 대해 모든 것에 잘못이 있지만, 나는 다른 모든 사람보다 더 잘못이 있다.[22]

타자에 대한 책임은 그 자체로 너무 추상적이고 무한한 책임이기에 실제 생활에서 그것을 어떻게 적용할 수 있는가라는 물음이 생긴다. 레비나스적 책임은 타자를 위해 모든 것을 해야 한다고 주장하지만, 결국 그것의 구체적인 형태는 타자를 위해 모든 것

---

22 예를 들어 AQ 186이나 DVI 135 참조.

을 할 준비의 책임일 것이다. 무한한 책임에 대한 인간적인 준비
가 유한한 인간 존재에게 가능하고 또 현실적일 것이다. 여기서
이런 준비의 책임과 이타주의를 구분해야 할 것이다. 이타주의가
타자에 대한 태도라기보다는 타자를 또 다른 나의 관점에서 본다
면 레비나스적 책임론의 준비성과 이타주의는 본질적으로 상이
한 것이 된다. 그렇다면 이런 준비의 책임을 어떻게 행할 수 있는
가? 그 대답으로 제시되는 것이 바로 대체(substitution)이다. 이 대
체는 상호적인 대체가 아니다. '내'가 타자의 위치를 대신할 수
있지만, 결코 타자는 '나'의 위치에 오지 않는다. 그래서 대체의
과정에서 '나'는 늘 타자를 위해 존재한다고 레비나스는 주장한
다. 이런 비상호적인 대체의 설득력은, 상호적인 대체보다 더 강
력하다. 상호적인 대체에서 자기의 역할을 하지 않는다면, 그 상
대자 역시 상호대체에 더 이상 참여하고자 하지 않을 것이다. 상
호적인 대체는 이미 대체를 하겠다는 쌍방 간의 합의를 암묵적인
전제로 깔고 있는 것이며, 레비나스는 '나'와 타자 간의 상호적인
대체에 깔려있는 동등성을 넘어서고자 한 것이다.

레비나스적 책임은 '나'의 의지나 자유와 상관없이 발생한다.

나는 아무것도 하지 않았다 하더라도 항상 관련되어 있
다.(AQ 145)

렝크(H. Lenk)는 실제로 일어났던 두 가지 사건의 예를 들어 뮌
헨의 올림피아공원에서 일어났던 소년들의 익사사건(Lenk 1998:

18-9, 220-1, 265 참조)[23]의 경우에서 레비나스적 책임을 관련성 책임(Betroffenheitsverantwortlichkeit) 내지 만남의 책임(Begegnungsverantwortlichkeit)으로 이해한다. 렝크는 "책임으로서의 무관심할 수 없음(Nicht-Indifferenz als Verantwortung)"을 들어 이 사건의 구경꾼들에게 책임을 묻고 있다. 레비나스적 책임은 과거 지향적인 책임개념(ex post Verantwortung)을 넘어서는 것이다.

> 나의 자유에 근거하지 않는 책임은 타자의 자유를 위한 책임이다. 내가 구경꾼으로 머물러 있을 수 있다 하더라도 나는 책임이 있다.(HAH 79)

책임의 실현방식에 대해서 레비나스는 뚜렷한 설명을 하지 않지만, 책임에 대한 그의 설명 속에서 그것을 도출해 낼 수 있다. 특히 리투르기(Liturgie)와 손해(Defizit) 개념을 통해 책임의 실현방식을 추측해 볼 수 있다. 리투르기의 원래 의미는 관직의 행사인데, 특히 무보수일 뿐만 아니라 그것의 행사에 들어가는 비용조차 자기가 지불해야 하는 그러한 관직의 행사를 의미한다.(DEHH 192 참조) 이런 의미에서 리투르기는 자기희생이며, 그 때문에 레비나스적 책임은 '나'에게 있어서는 손해(defizitär)이다.(DEHH 500 참조) 심지어 타자가 '나'에게 손해나 부당한 것을 가한다 하더라

---

23   Lenk, Hans(1998): Konkrete Humanität - Vorlesungen über Verantwortung und Menschlichkeit, Frankfurt a.t M.

도 그에 대한 책임을 떠맡아야 한다고까지 주장한다.

나는 타자에게 모든 것을 빚지고 있다. '나'는 그를 위해 존재한다. 그리고 이것은 타자가 '나'에게 행하는 악(惡)에게도 유효하다.(DVI 134)

이외에도 일(Werk)이라는 개념24 역시 이러한 위의 두 개념과 동일한 의미를 가져온다. 이 개념(Werk)은 '내'가 타자에게 다가가는 방향만을 의미하지, 그 역을 의미하지는 않는다. 따라서 타자로부터의 보상 내지 감사란 것은 없게 된다.

그렇다면 이런 유형의 책임, 즉 타자에 대한 전면적이고 무한한 책임을 어떻게 실현해야 하는가라는 물음이 제기된다. 레비나스의 책임론에서 타자는 규칙제정적(normgebende), 실현적(ver-wirklichende), 판단적(beurteilende) 심급(Instanz)으로서 기능한다. 이것은 타자가 책임을 주고, 그 책임이 실현되는 것을 받으며, 책임 실현 과정을 감독하는 역할을 하게 된다. 심급으로서 타자는 누구인가? 타자가 '너'나 '제3자' 혹은 '이웃'인가? 레비나스는 부버(M. Buber)적인 나-너의 관계에서 동등성과 상호성을 분석해낸다.

부버에게서 '나'를 부르는 '너'는 이런 부름 속에서 이미 '나'에게 '너'라고 말하는 또 다른 '나'로 이해된다. '나'를

────────────

24 레비나스는 '나'의 타자에게로의 일방적인 운동으로 정의된다.(DEHH 191 참조)

통해 '너'라고 하는 것은 아마도 '나'에게 있어서 상호관계
내지 동등성, 정의(正義)의 성립일지도 모른다.(HS 64)[25]

그래서 레비나스는 윤리적인 비동등성, '나'의 타자에 대한 종
속, 주격으로서가 아니라 목적격으로서의 '나'에 대해 언급한
다.(HS 65 참조)[26] 레비나스에게 있어서 '나'-'너' 관계는 나와 너
의 대등한 관계가 아니라 '너'를 위한 '나', 달리 표현하자면, 타
자를 위한 '나'의 관계이다. 만약 '너'가 낯선 자, 과부나 고아
의 모습으로 '나'에게 나타난다면 이런 '너'는 타자이다.(Strasser
1987B: 522 참조)[27]

'나'와 '타자' 외에도 항상 제3자가 존재한다. 제3자는 다른 이
웃일 수도 있고, 타자의 이웃일수도 있다. 그러나 제3자와 이웃의
차이는 다음과 같은 말에서 드러난다.

비록 '내'가 - 개개의 질문에 대하여 - 내 이웃에 대해 책임
있다 할지라도 타자는 '내'가 완전히 책임질 수 없는 제3자
와의 관계 속에 놓이게 된다.(AQ 200)

제3자의 등장은 적어도 레비나스에게는 "의식의 사실(Faktum

---

25   TI 40-1 참조

26   Levinas, E.(1987): Hors sujet, Paris. 이하 HS로 표기함.

27   Strasser, Stephan(1978): "Buber und Lévinas - philosophische Besinnung auf einen
      Gegensatz", in: Revue internationale de philosophie, 32, pp. 512-525.

des Bewußtseins, AQ 201 참조)"이며 동시에 정의가 의식의 기초로서 시작이 된다.[28] 정의는 "제3자에 대한 타자의 예외적인 참여"(AQ 205)로부터 발생하며, 그때그때의 요구들에 대한 판단의 척도로 주체에게 기여한다. 정의 안에서 어떤 급변화가 일어난다.

주체는 더 이상 타자에 대한 절대적인 수동성 속에 있지 않게 되며, 특정한 결정 공간을 가진 결정의 심급이 된다. … 타자가 표정이면서 동시에 현상인 것처럼, '나'역시 피고인이면서 심판관이다.(Krewani 1992: 242)[29]

책임의 무한성의 의미가 이런 변화 속의 '나'에 대한 중요한 힌트를 제공한다.

책임의 무한성이 책임의 실제적인 무한함(Unermeßlichkeit)이 아니라, 책임이 받아들여지는 정도만큼의 책임의 증가이다.(TI 222)

이 책임을 떠맡는 자는 궁극적으로 '나'이다. 결국 책임의 무한성은 '내'가 책임을 인수하는 정도만큼으로 증가한다는 것이다. 레비나스적 책임은 이미 행해진 어떤 행위에서부터 생겨나는 것

---

28 "의식은 '얼굴 대 얼굴'의 친밀함 속으로 제3자가 등장하는 것이다."(AQ 204)

29 Krewani, W. N.(1992): Emmanuel Lévinas - Denker des Anderen, Freiburg/ München.

이 아니라 내가 무언가를 하기 전에, 그리고 특정한 행위책임이 일어나기 전에 발생하는 책임이다. 그 때문에 그 책임은 모든 일상적이고 구체적인 책임의 근원적 전제가 되는 것이다.

7. 맺는 말

레비나스에게 있어서 인간성의 근원은 바로 타자이다. 그럼에도 불구하고 그가 제시한 '타자의 휴머니즘'은 개별적인 주체가 없이는 불가능하다. 이런 이해가 레비나스의 전반적인 흐름과 상반되는 것처럼 보일지라도, 타자는 '나' 혹은 '주체' 없이는 존재하지 않는다. '나'와 타자는 함께 걸어가지만, 같이 길을 걸어가는 것이 아니다. '나'의 힘과 타자의 무력함으로 인해 나는 타자를 또 다른 나로서가 아니라 나의 도움을 절대적으로 필요로하는 자로서 돌보아야만 한다. 이런 도움의 실현은 결코 강제가 아니다. 타자가 "약자, 가난한 자, 과부와 고아인 반면에 나는 부자요 힘 있는 자이기 때문이다."(TA 75) 레비나스의 근본적인 생각은 "만남의 상황에서 도움을 필요로 하게 되는 관련성과 타자의 실존은 나를 책임있게 하며, 내가 근본적으로 책임자로서 존재하게 된다. 나는 책임을 진다. 그러므로 나는 존재한다."(Lenk 1997: 58)[30] 그래서 '타자의 휴머니즘(Humanismus des Anderen)'은 '타자를 위한 나의 휴머니티(die Humanität des Ich für den Anderen)'를 의미한다.

---

30   Lenk, Hans(1997): Einführung in die Angewandte Ethik - Verantwortlichkeit und Gewissen, Stuttgart/Berlin/Köln.

14장
틈의 미학과 바보 같음에 대하여

1.

예전에 가끔 산에 오르다 보면 돌의 틈바귀에서 자라나는 나무나 들꽃을 혹은 오래된 사찰의 기와 사이에 돋아난 풀들을 보곤 감탄하곤 했다. 우리가 어떤 이를 놓고 빈틈없는 사람이라고 했을 때는 그 준비의 철저함에 놀라워하면서도 한편으로는 은연중에 그 꽉차있음에 질려하기도 한다.

어느 경비회사의 광고 중에 도둑의 대사로 처리되는 "틈이 없네" 역시 그 안전함에 안도하면서도 그 틈 없음으로 인한 답답함 역시 느낄 수 있을지 모른다. 아무리 물샐틈없이 경계를 해도 꼭 틈은 생기게 마련이다.

틈은 또 한 세계에서 다른 세계로 관망해볼 수 있는 통로이다. 집과 집 사이의 틈이 길인 것처럼, 또 그 틈으로 보이는 것보다 더 많은 것을 보여줄 수 있다는 것을 의미하기도 한다. 예전 담벼락에 난 개구멍처럼 향수를 자아내는 틈도 있다. 또 음탕한 틈도 있다. 그 틈 사이로 우리는 관음의 성향을 충족시키기도 한다. 그 틈은 보는 이로 하여금 그리고 동시에 보이는 이로 하여금 자극을 던져주기도 한다.

그러나 틈은 구멍이 아니다. 신방 문의 창호지를 뚫어 보는 그런 인위적인 구멍이 아니라 자연스러운 균열이기에 그 자연스러움에서 멋과 맛을 찾아낼 수 있다.

난 틈이 좋다. 더 정확히 말하자면 그 틈에서 생겨나는
여유가 좋다.
마치 꽉 차 있는 스케줄 사이에 난 한 토막의 틈처럼.
인간 자신의 내부의 틈도, 인간들 사이의 틈도 어찌 보면 그
틈이 없으면 보다 많은 충돌과 갈등을 겪을지도 모른다.

물론 틈 자체로 오는 문제도 많다. 틈이 너무 벌어지면
무너진다.
결국 틈이란 연결과 만남의 전제하에서 생겨나는 것이다.
돌과 돌의 만남이 없다면 그 사이에서 생겨나는 틈도
생겨나지 않는다.

이 틈은 자연스러워야 한다.
인공적인 틈은 자연스러워지기 위해서는 많은 시간을
필요로 한다.

틈은 질서에 대한 반란이며, 제3의 가능성이 싹트는 모태일수도 있다. 그래서 틈은 또한 새로운 원동력이 될 수 있다. 변화의

계기도 되는데, 개혁이 되어버리면 틈이 무너지기 때문에 온건한 변화의 시작이 될 수 있다. 결국 이 틈은 같으면서도 다르기 때문에 생기는 균열이다.

2. 바보 같음?

만약 누군가 나에게 '너 참 바보 같구나'라는 말을 한다면 나는 그에게 화를 내야 할까? 우선 바보 같다는 말을 우리는 결코 '진짜' 바보에게 하지 않는다. 바보는 바보 같을 수가 없고 바보 그 자체이기 때문이다. 그렇게 생각하면 바보 같다는 말은 바보가 아니라는 말이 되므로 화를 낼 필요가 없다.

'같음'은 '다름'과 대비되어 이해되어야 하고, 다양한 같음과 다름이 있음을 알 수 있다. 그렇다면 '있다'와 '없다'도 같음과 다름의 대비로 이해될 수 있을까? 우리가 '없다'라는 개념을 이해할 때 우선 무언가가 있다가 눈앞에서 사라졌을 때 '없다'라고 말하는 것을 배우게 된다. 여기에 없다는 것은 있었음을 말한다. 있었다는 말은 지금 없다는 것을 말한다. 더 나아가서 '없음이 있다'고, 그래서 없음의 있음을 말한다면, 없음도 있음이 된다.

그렇다고 해서 나에게 바보 같다고 말하는 사람에게 바보가 아니라고 말해줘서 고맙다고 할 필요까지는 없다. 바보 같음은 바보는 아니지만 바보와 같은 짓을 하고 있다는 것을 말해주는 것이니까.

같음과 동일자에 대하여 '차이'와 '타자'를 강조하는 철학자들이 있다. 레비나스는 서양철학이 늘 '나'에게 이중적인 성격을 부여해 왔다고 한다.

'나'는 실체(Substanz)가 아니면서도 그럼에도 불구하고 탁월
한 의미에서 존재자이다.(TA 33)

이 '나'의 역설은 "'나'를 존재자가 아니라 그 자체로서 존재하
는 방식으로 파악한다면 해소될 수 있을 것이라고 말한다."(TA
33) 하이데거에게서 인간은 항상 더불어 있는 존재(Miteinandersein)
로서 등장한다. 여기에서 'mit'이란 관계를 의미한다. 타인도 역시
나와 상관해서 있는 또 다른 '나'인 것이다. 그러나 전술한 바와
같이 존재자는 존재에 대한 지배를 통해 고독해진다. 존재자는 오
로지 자기 존재와의 관계에서 독점적 지위를 누리는 실체의 성격
을 가지면서 의식의 단계로 향하는 맹아를 내포하고 있다.

주체의 고독은 존재와의 관계를 통해서 촉발된다. 존재에
대한 지배는 자기 자신으로부터 벗어나려고 시작할 수 있는
능력이다. 행위하기 위해서도 아니고 사유하기 위해서도 아
니라 존재하기 위해서 자기 자신으로부터 벗어나려는 것이
다.(TA 51)

여기서 자기 자신으로부터 벗어난다는 것은 존재자가 자기의
존재에 매여 있다는 사실을 망각하고 외부의 사물에로 지향하게
된다는 것이다.

레비나스는 죽음, 에로스, 부자 관계의 예를 들어 타자를 설명한다. 그는 죽음[1]의 분석을 통해 두 가지를 말하는데, 하나는 순수한 수동성의 경험(TA 57 참조)이고, 다른 하나는 주체의 존재에 대한 지배의 상실(TA 62 참조)을 언급한다. 죽음은 주체가 수동성을 경험하는 계기다. 그러나 경험은 대상이 주체에로 복귀하는 것을 의미하는 한에서, 내가 접하는 대상은 나에 의해 파악되는데, 즉 다시 말해 나에 의해 구성되는 반면에, 죽음은 하나의 발생(사건)으로, 주체가 더 이상 주인이 되지 못하는 사건이라는 것이다.[2]

죽음의 근접에서 중요한 것은 '더 이상 어떻게 할 수 없음'이다. 죽음의 근접은 절대적으로 다른 어떤 것과 관계를 가진다는 것을 의미한다. 존재자의 고독함은 죽음을 통해서 입증되는 것이 아니라 죽음을 통해 사라진다.

---

1   하이데거에게 있어서 죽음은 현존불가능성의 가능성(die Möglichkeit der schlechthinnigen Daseinsunmöglichkeit)이다. 우선 인간에게 있어서 죽음은 하나의 가능한 형태라는 점에서 존재가능성(Seinsmöglichkeit)이지만, 죽음을 뛰어넘을 수 없다는 점에서 불가능성이라고 볼 수 있다. 죽음은 Seinsmöglichkeit이지만 동시에 Daseinsunmöglichkeit를 의미하는 현상이다.(Heidegger, 171993: 250)

2   레비나스는 죽음의 사건에서 주체가 더 이상 주도권을 잡을 수 없다는 것으로부터 수동성을 도출하는데, 사실 죽음의 원인이야 주체의 외부에 있을 수 있을 뿐만 아니라, 주체 자신의 결정에 의해 일어날 수도 있을 것이다. 즉, 죽음을 당하는 것뿐만 아니라 죽음을 행하는 것(예를 들어 자살)을 고려해본다면 죽음의 사건에서 수동성과 능동성의 양 측면이 고려되어야 하지 않을까 하는 물음이 생긴다. 그리고 또 죽음이라는 사건 그 자체에서 그 누구도 '나'를 대신 할 수 없다. 주체의 능동성이 결여된 죽음이라는 사건에서 바로 죽는 건 그 누구도 아닌 바로 '나'이다. '죽는다'라는 술부의 주격은 바로 '나'라는 주체이다.

죽음 속에서 존재자의 존재에 대한 관계(지배)가 사라진다. 물론 스스로 드러나는 타자는 주체가 존재를 소유하는 것과 같은 방식으로 존재를 소유하지는 않는다. 타자가 존재자의 존재를 빼앗는 것은 비밀스럽다. 알려지지 않은 것이 아니라 알 수 없는 것이며, (그것을 밝히려는) 모든 빛에 저항한다. 타자는 '나'와 공통된 실존에 참여하는 그런 '또 다른 나'가 아니다. 타자와의 관계는 …… 우리 바깥에 있다. 타자와의 관계는 비밀스런 관계이다.(TA 63)

타자와의 관계는 공간적이지도 않으며 개념적으로 파악될 수 있는 성질의 것이 아니다. 죽음의 순간에서 주체는 존재에 대한 주도권을 상실하면서 타자와의 관계로 들어간다. 주체가 더 이상 어떤 가능성도 가질 수 없는 죽음의 상황에서도 타자에 대한 존재의 관계를 알 수 있는 다른 징후들을 끄집어 낼 수 있을 것이다. 이런 비밀스런 관계를 분석하는 토대를 제공하는 것이 에로스와 부자 관계이다.

타자의 타자성(altérité)이 가장 순수한 형태로 남아 있는 상황이 무엇인가? 이 물음에 대해 레비나스는 여성적인 것(le féminin)이라고 대답한다. 성의 차이 즉 성별이란 모순이나 대립이 아닐 뿐만 아니라 그렇다고 해서 서로 보완적인 두 요인(남과 여)의 이원성을 의미하는 것도 아니다. 물론 이런 성의 이원성이 하나의 전체를 전제로 한다고 말해질 수도 있을 것이다. 마치 사랑을 통해 두 남녀가 하나가 되는 것처럼 보여진다면 말이다. 그러나 레비나스는 사랑의 정열은 존재자의 극복될 수 없는 이원성에 있다고 말한다. 다시 말해 "항상 자기 자신으로부터 멀어지는 것과의 관계"(TA 78)이다. 정열적인 사랑을 통해 내가 그가 되고 그가 내가 되는 것 같은 경험을 할 수 있을지도 모르지만, 달리 보면 내가 그가 될 수 없고 그가 내가 될 수 없기 때문에 그런 사랑의 정열이 생긴다고 볼 수 있을 것이다. 레비나스가 절대적 타자, 타자의 타자성의 예로서 든 여성적인 것은 우선 "인식할 수 없는 것일 뿐만 아니라, '빛'으로부터 벗어나려는 그런 존재양식이다."(TA 79) 그리고 여성적인 것의 실존방식은 자기 은폐이며 자기 은폐의 이 사실은 바로 부끄러움이다. 여성적인 것이라는 범주는 "존재와 무라는 대립에 속하는 것도 아니고 그렇다고 존재자의 개념에 속하는 것도 아니다. 그것은 존재의 사건이며, 존재자가 드러나는 실체와는 다른 것이다. 존재자가 '주어', '의식' 속에서 실현되는 반면에 타자성은 여성적인 것에서 실현된다."(TA 81) 에로스[3]는 타자와의, 비밀과의, 즉 미래와의 관계이며, 모든 것이 거기 있는 세계에서 결코 존재하지 않는 것과의 관계이다. 모든 가능성들이 불가능해지는 곳에서, 더 이상 어떻게 할 수 없는 상황에서 주체는 에로스를 통해 주체가 될 수 있다.

---

3   Totalité et infini에서 말과 에로스가 타자와의 중요한 관계로 등장하는데, Autrement qu'être ou au-delà de l'essence에서는 에로스의 중요성이 줄어든다. 이것은 레비나스의 윤리는 일방적인 비대칭적 관계를 의미하는데, 에로스는 상대를 구하고 상대와의 동등한 관계를 통해 이뤄지기 때문이다.(Krewani, 181-2 참조)

사랑은 가능성이 아니며, 우리의 결정에 기인하는 것도 아
니다. 사랑은 이유 없는 것이고, 우리에게 기습적으로 다가
오며, 우리를 상처주지만 그 사랑 속에서 '내'가 살아나간
다.(TA 82)

죽음과 에로스 외에도 "나를 너 속에 흡수되도록 놔두거나 상
실해 버리지 않으면서도 내가 너의 타자성 안에서 머무를 수 있
는 상황"(TA 85)은 부자 관계를 통해서 일어난다. 부자 관계란 타
인임에도 불구하고 '나'인 낯선 사람과의 관계이다. 자식은 대상
이나 소유, 능력의 범주에 속하는 것이 아니다.

나는 나의 자식을 갖지 않는다. 나는 어떤 면에서는 바로 나
의 자식이다.(TA 85, TI 254)

부자 관계는 감정이입을 통해서가 아니라 바로 나의 존재를 통
해서 나는 나의 자식이다. 자식은 가능성인데, 아버지에게는 불
가능한 그러나 그러면서도 아버지에게 가능한 가능성이다. 이것
은 한편으로는 주체의 존재론적, 논리적 조건에서이고, 다른 한
편으로는 초월적 주관성에서 본 것이다.(EI 54 참조) 유한한 존재
인 인간이 자기 자식보다 더 지속할 수 없다는 측면에서 불가능
한 것이지만, 존재의 지속으로서의 자식의 존재는 또한 그 아버
지에게는 또 다른 가능성일 것을 생각해볼 수 있을 것이다.

레비나스는 시간과 타자(Le temps et l'autre)에서 他人에 대해 다음

과 같이 설명을 한다. 첫째는 他者를 떠맡은 자(TA 67, TI 229)이고, 두 번째는 타인이란 바로 내가 아닌 것(TA 75)이다. 타인은 바로 자기의 타자성(altérité)으로 인해 타자가 된다. 예를 들어 '나'는 부자이고 힘있는 사람인 반면에 '타인'은 약한 자, 불쌍한 자, '과부와 고아'이다. 타인은 "파악되거나 소유되거나 인식될 수 없으며"(TA 83), '빛'의 세계 저편에, 인간의 능력의 저편에 있는 것이다.

레비나스는 타인과의 관계를 존재로부터의 해방으로 설명하고 있다. 타인은 사유하는 주체가 갇혀있는 감옥의 문을 여는 자이다. 레비나스는 타인의 이러한 해방의 차원을 세 가지의 경우에서 보았다. 죽음, 사랑(Eros) 그리고 부자 관계. 타자는 여성적인 것이다. 타인은 '나'에게 새로운 시간을 열어줌으로써 존재에 대한 속박으로부터 '나'를 구제해준다.

> 나는 죽음의 개념, 여성적인 것의 개념에서 시작하여 자식의 개념으로 끝냈다. 나는 현상학적인 방식으로 한 것이 아니다. 이 전개의 연속성은 변증법의 연속성인데, 이것은 동일성에서 실체로, 존재에 대한 '나'의 얽매임에서 시작하여 동일성의 유지로, 존재자의 유지로, 그리고 자기 자신으로부터 '나'의 해방으로 진전된다.(TA 87)

3. 무한자와 타자

타자를 동일자로 이해하고, 환원시키려는 작업은 소크라테스 이래로 서양철학이 해온 작업이었다. 바깥으로부터, 타자로부터 내 안으로 들어온 것, 내가 파악한 것, 나에 의해 이해된 것만을 받아들이는 것이다. 동일자의 영속성은 이성이며, 이성을 통해서 인식은 이 동일성의 전개가 된다.

> 존재와의 관계란 존재를 이해하고 파악하기 위해서 존재자를 중립화시키는 것이다. 이 관계는 그 자체로서의 타자와의 관계가 아니라, 타자를 동일자로 환원시킨 것이다.(TI 16)

동일자와 타자의 관계는 이미 데카르트에게서부터 찾아진다. 결코 무한한 것을 가질 수 없고 또 무한한 것으로부터 분리되는 '나는 생각한다'라는 데카르트적 명제에서 '무한자의 이념'이라고 불리우는 무한한 것과의 관계를 생각해보자.

> 무한자의 이념에 대한 데카르트적 사유는 존재자와의 관계를 나타내는데, 자기의 완전한 외부성을 그것을 사유하는 존재자와 관련해서 유지하는 존재자이다. 데카르트적 사유는 만질 수 없는 것을 만지려는 것을 표현한다.(TI 20-21)

유한한 것에서 무한한 것, 적은 것 안에서 보다 많은 것을 찾는 것을 레비나스는 '욕망, désir'(TI 21)[4]이라고 한다. 무한자가 무한

---

4   레비나스는 생리적 욕구(le besoin)에 대해 욕망이란 개념을 사용한다. 생리적 욕구와는 달리 욕망은, 우선 결코 채워질 수 없는 것이고, 오히려 심화되며, 둘째 욕망하는 존재자가 유한하고 그 욕망되는 것이 보여질 수 없는 것이라면 그 욕망은 절대적이

자의 이념 자체를 넘어섬으로써, 타자가 내 속에 타자의 이념을 넘어섬으로써 자기 자신을 드러내는 방식을 레비나스는 '얼굴, visage'(TI 21)이라고 한다. 얼굴은 표현이며, 이것은 이미 그 자체로 말(discours)이다. "타인에게 말한다는 것은 그의 표현을 받아들이는 것을 의미한다."(TI 22) 마치 죽음이나 사랑의 경험에서처럼 주체의 능동성이 사라지고 대신 수동성이 주가 되는 것이다.

"무한자의 이념은 동일자와 타자의 분리를 전제로 한다."(TI 23) 그러나 이런 분리는 동일자와 타자의 대립에서 나오는 것은 아니다. 대립이란 서로 상반되는 정립과 반정립의 관계인데, 이 상반된다는 것은 어떤 의미에서는 이미 하나의 전체성을 전제로 하는 것이다. 이것은 차이의 철학에서 이미 일반화된 논의이지만, 다시 말해 동일성을 전제로 하는 차이의 개념이 아니라, 절대적 차이라고 표현될 수 있는, 동일성이 전제되지 않은 차이의 개념을 여기서의 타자의 개념으로 이해 가능할 것이다.

타자와 분리된 "동일자는 불확실성하에서만, 그리고 진리추구의 모험 속에서만 타자에 다다를 수 있다."(TI 31) 여기에서 진리

다. 보이지 않는다는 것이 없다는 것을 의미하는 것은 아니기 때문이다.(TI 3-4 참조) 셋째 "욕망이란 욕망되어지는 것으로부터 생기는 노력이다. 욕망은 그것의 대상으로부터 생겨나는 것이며, 하나의 계시이다. 욕구란 영혼의 공허함이요, 그것은 주체로부터 나오는 것이다."(TI 33) 욕망이란 자기 자신으로부터 시작되는 것이 아니라 항상 타인의 요청에 대한 대답의 성격을 갖는다. 넷째 욕망은 자연을 넘어서는 것이며, 인간의 형이상학적 본질을 구성하는 것이며, 무한한 것인 반면에(SA 24 참조), 욕구는 동일자, 회귀, 향수, 동일화, 이기주의와 맥을 같이한다.(SA 218 참조) 다섯째 욕구는 실재하는 것으로의 접근을 가지며 충족될 수 있는 반면에, 욕망 속에는 존재에 대해 접근할 수 없으며, 결코 만족될 수 없는 것이다.(TI 89-90 참조)

는 인식하는 자와 인식된 것의 간격을 상쇄하는 것도 아니며, 통
일성이나 전체성을 이루는 것도 아니다. 레비나스의 진리는 존재
와 근본적인 관계를 갖는 것이 아니라 존재의 범주를 벗어나는
것이다. 나와 내면성으로부터 바깥으로 나가게 하는, 그래서 진
리를 추구하게 하는 외부성(Exteriorität)의 이념은 무한자의 이념으
로서만이 가능하다.

> 영혼을 외부성으로, 절대적인 타자로, 또는 무한자로 전환
> 시키는 것은 영혼의 동일성으로부터 이뤄지는 것은 아니다.
> 왜냐하면 이 전환은 영혼의 척도에 따른 것이 아니기 때문
> 이다. 무한자의 이념은 '나'나 내 안의 어떤 욕구에 의해 생
> 기는 것이 아니다.(TI 33)

무한자의 이념은 나로부터 또는 내 안에서 나오는 것이 아니
라, 그 자체로 드러난다. 그리고 무한자는 인식의 대상이 아니라,
욕망을 일깨워주는 것, 결국 자기가 사유할 수 있는 것보다 더 많
은 것을 사유하게 만드는 것이다. 왜냐하면 "동일자와 타자는 그
것을 포괄하는 인식 속에 같이 나타나지는 않기"(TI 53) 때문이다.
　진리는 타자 속에서 찾아진다. 진리는 타자로부터 분리된 존재
자가 말하는 곳에서 나타난다. 그가 타자와 말의 관계에 대해 언
급된 부분을 살펴보면 다음과 같다.

> 동일자의 타자에 대한 관계는 근본적으로 말로서 실현된다.

말속에서 동일자, 즉 '나'로서의 자기성 속에서 집약된 동일
자가 자기로부터 나올 수 있다.(TI 9)

타인을 알아야 하는 요청, 타인을 만나야 하는 요청은 타인
과의 언어관계 속에서 실현된다.(TI 41)

언어는 개별자에서 보편자로 넘어가는 과정이기 때문에, 그
리고 내게 속한 사물들을 타인에게 제공하기 때문에 보편적
이다. 말한다는 것은 개념의 보편성과 관계되는 것이 아니
라 공동의 소유를 위한 기초를 제공하는 것이다.(TI 49)

그러나 타인에게 말한다는 것은 일반적인 의미의 대화상황이
아니다. 그것은 직접 얼굴을 마주보면서 타인의 얼굴의 표현을
감지하고 받아들이는 것을 의미한다. 타인은 비참한 얼굴을 가지
고 나타나는데, 레비나스는 비유적 표현으로 과부와 고아의 얼굴
이라고 한다.

얼굴을 본다는 것은 세계에 대해 말하는 것이다.(TI 149)

타자와의 관계는 세계 밖에서 일어나는 것이 아니며, '내'가
가진 세계에 대해 문제를 던지는 것이다. 타자와의 관계, 즉
초월은 타자에게 세계를 말하는 것 속에 놓여 있다.(TI 148)

내가 받아들이는 얼굴 속에서, 즉 말속에서 나는 타자가 제기하는 문제에 노출되며, 그 문제에 대해 대답해야 하는 긴박성이 나의 책임을 불러일으킨다.(TI 153 참조)

4. 존재와는 달리

타자는 동일자와 관련해서 있는 타자가 아니라 그 자체로 타자이며 동일자 역시 그 자체로 동일자이다.(SA 23)

타자는 그 자체로 존재하는 것이며 그 자체로서 타당하므로 타자를 어떤 개념으로 이해하려는 시도는 불가능하다. 타자는 이해와 소유의 범주를 벗어나는 것이다. 그래서 동일자와 타자의 관계는 인식이 아니라 예기치 못한 그러나 필연적인 만남이다. 타자가 동일자 안에 있을 수 있는 방법은 바로 '타자를 통한' 그리고 '타자를 위한' 것에 있다. 수동과 순종의 형태로서 '나'는 타자와 만날 수 있는 것이다. 이 만남이 바로 얼굴인데, 이것은 존재의 저편, 경험의 저편에서 비밀스럽게 오는 것이다. 그래서 레비나스는 타자가 나타나는 방식, 즉 나타나지 않으면서도 나타나는 방식을 '수수께끼, 비밀'(SA 246)이라고 말한다.

존재의 저편은 1인칭, 즉 '나'에 의해 정의될 수 없는 3인칭으로서의 '그(il, illéité)'이다.(SA 229 참조) 왜냐하면 "동일자와 타자는 그것을 포괄하는 인식 속에 같이 나타나지는 않는다 …… 동일자와 타자의 결합은 …… 처음부터 그리고 얼굴과 얼굴을 직접

맞대고 환영해 주는 것에 있다."(TI 53) 동일자와 타자가 만나는 과정은 다음과 같다. 나는 타인에게로 근접해가면서 감수성으로 타인의 얼굴에 나타난 표현을 수용함으로써, 그러나 이것은 인식의 방법이 아니라 내가, 의식이 무언가에 의해 촉발되는데, 무엇이 나를 촉발시키는지 모르는 채 내 의식이 그 무언가에 의해 점령당하는 거와 같은 방식으로 접촉하게 되어 주격의 내가 목적격의 나로 바뀌면서 내가 타자의 위치를 대체하는 것이다. 나는 타인을 위해 타인을 통해 있는 자이다.

15장
스키와 철학

1. 차이와 반복

들뢰즈 철학의 중요한 개념이 바로 반복과 차이이다. 스키를 타고 산 위에서 아래로 내려왔다가 다시 올라가서 내려오는 과정에서 우리는 수많은 턴을 한다. 수많은 턴을 반복하면서도 실은 똑같은 턴이란 있을 수 없다. 아니 어찌 보면 반복이라는 것 자체가 존재할 수 없는 것일지도 모른다. 마치 우리가 똑같은 강에 발을 두 번 담글 수 없다고 주장하는 어느 고대철학자의 말처럼 말이다. 그럼에도 불구하고 우리가 느끼는, 그래서 생각하는 그 반복 속에서 우리는 차이를 알아차리게 되며, 그 차이를 통해 비로소 반복이 의미를 갖게 된다. 차이가 없는 반복이나 반복이 없는 차이라는 것에 대하여 의미를 부여할 수는 없을 것이다. 어찌 보면 동일자라는 것은 이데아에서나 가능한 것일지 모른다. 동일자, 불변자, 영원자 이것들은 결국 인간에게는 꿈일지도 모른다. 영원한 사랑, 불변의 진리들이 어떻게 보면 한갓 꿈이요 불완전한 인간의 희망, 그것도 이루어질 수 없는 희망일지도 모른다.

2. "오르막길과 내리막길은 결국 같은 길이다."

스키를 탈 때 인식의 전환이 반드시 필요하다. 패러렐(parallel)에서건 숏턴에서건 턴이 이쁘게 나오기 위해서는 몸을 우리의 느낌과 평지에서의 균형감각과는 정반대로 산 아래쪽으로 던져야 한다. 그래야 에지가 제대로 먹힌다는 것을 아무리 머릿속에서 이해해도 막상 경사가 상당한 슬로프에서는 저절로 몸이 산 위쪽으로 기울게 된다. 오르막길과 내리막길을 우리 머릿속에서 떠오르는 표상을 보면 결국 같은 길인데도 불구하고 전혀 다른 길로 생각된다. 어찌 보면 이것이 인간의 본래적인 자기중심성의 좋은 예가 될 수도 있을 것이다. 똑같은 길이 보는 관점을 보는 주체에게 한정한다면 오르막길과 내리막길은 전혀 다른 길이다. 그것은 우리가 걸어가다 뒤로 돌아서면 오르막길이 내리막길이 되고 또 그 반대가 된다. 오르막길과 내리막길은 경사있는 길일 뿐이다. 이때 우리는 언어의 편견에 사로잡힐 수도 있을 것이다. 사자가 인간처럼 말을 할 수 있다면 우리가 사자를 이해한다는 것은 불가능할 것이라는 철학자의 말을 되새겨 볼 필요가 여기에 있다. 예를 들면 나는 예전에는 분재를 보면서 인간의 잔인함과 이기심을 보는 것 같아 매우 불쾌하게 생각했던 적이 있다. 그런데 이것도 관점을 달리해서 보자면, 분재의 그 식물과 인간의 협동으로 무언가를 만들어보는 것이라고 생각한다면 분재를 보는 새로운 해석이 생겨난다. 결국 철학자들은 이러한 관점과 해석의 다양성을 제시해준다.

3. 스키의 멋은 바로 턴의 맛이다.

스키의 멋은 바로 턴에 있다고 본다. 에지가 걸리면서 눈 위에 미끄러질 때의 그 느낌은 직접 타보지 않은 사람에게 설명하거나 이해시키는 것은 불가능하다. 골짜기를 바라보면서 스키가 떨어질 때까지의 긴긴 인내의 시간이 흐르고 마침내 폴라인으로 스키가 떨어질 때 다운이 시작되고 이 다운이 바로 에지의 시작이 발과 다리를 통해 중추신경에 전해지면서 느끼는 그 짜릿함이야말로 스키의 멋이지 않을까 싶다.

에지가 시작될 때 스키어의 인내와 다운이라는 자연의 법칙과 산과 눈이라는 자연이 삼위일체가 되어 턴이 시작되는 것이다. 스키가 폴라인으로 떨어질 때까지의 찰라의 순간임에도 불구하고 매우 긴 시간처럼 느껴지며, 성급해지기 마련이다. 속으로 계속 기다려라 기다려라 되뇌여봐도 어느새 스키를 돌리게 되는 게 초보 스키어들이 하는 실수이다.

경험과 기술로 인해 이러한 기다림을 꿋꿋이 기다려야 비로소 턴의 첫 번째 조건이 갖춰지는 것이다. 가끔 자연설에서 스키를 타본다. 압설 작업을 하지 않은 눈길은 초보스키어들에게는 매우 힘들다. 시골의 비포장도로를 달리는 차의 서스펜션을 생각해보라. 그런 서스펜션을 하는 것이 바로 우리들의 무릎이다. 반면에 압설 작업을 한 슬로프는 아스팔트와 같다. 다만 넘어지면 '조금' 아플 것이다. 그리고 다운이 몸을 다운하는 것이 아님을 안다면 초급딱지는 떼는 셈이다. 이러한 세 가지의 조화가 이뤄지지 않으면 제대로 턴이 되지 못한다. 매 턴마다 이러한 조화를 느끼고 싶지만, 그게 경사가 쎈 곳에서는 그리 녹록지 않다. 아마 그래서 반복적으로 턴을 하게 되나 보다. 이 세상에 동일한 골프 스윙은 없다라는 말처럼 이 세상에 동일한 스키의 턴도 없을 것이다.

4. 스키는 턴의 철학이다.

우리는 스키를 탄다. 스키를 타는 과정은 내려가는 운동이고, 이 운동은 수많은 턴의 결과이다. 수많은 턴의 반복을 통해 멋있게 내려오는 스키는 정말 겨울이 주는 매력이다. 슬로프 정상에서 발아래의 경사를 보면서 느끼는 불안과 공포를 뒤에 남겨두고 첫 턴을 시작으로 정해진 목표를 향해 내려가면서 짜릿한 쾌감을 맛보게 된다.

우리의 삶도 매일매일 반복되는 턴의 연속이다. 매일, 매월, 매년 주기가 다른 턴을 하면서 죽음에 대한 공포를 뒤로 둔 채 삶의 쾌락을 즐긴다. 우리 인생 자체가 하나의 턴일지도 모른다. 턴의 반복을 통해 차이가 생겨나고 이 차이를 통해 그 무수한 반복은 의미를 갖게 된다. 반복은 차이를 낳고 차이는 반복할 힘을 준다. 이 턴은 자연의 힘에 대한 인간의 저항이면서 순응인 셈이다. 우리를 밑으로 끌어내리려는 자연의 힘에 저항하면서도 결국 다음 턴을 준비할 땐 자연의 힘에 몸을 맡기면서도 끈기있게 그 힘에 저항할 타이밍을 엿보아야 한다. 시간의 어찌할 수 없는 흐름 속에서 우리는 시간을 잊고 혹은 시간을 거스른 것처럼 살면서도 결국 시간의 흐름을 따를 수밖에 없는 것처럼 말이다. 나약한 인간이 자신의 힘으로 자연의 힘에 반기를 들게 되는 것이다.

스키의 턴은 수평 운동과 수직 운동의 결합이다. 이 단순한 두 운동의 결합으로 턴이 이뤄지며, 결합의 완급과 세기에 따라 다양한 턴이 이뤄진다. 우리가 턴에 끌려가게 되면 급해진다. 준비도 미처 안 된 상태에서 무리한 턴을 해야 한다. 그러지 않기 위해서는 턴을 위한 준비가 항상 필요한 것이다. 우리가 삶을 사는 과정이 곧 죽음을 준비하는 과정이 되는 것처럼 늘 준비해야 한다.

16장
윤리적인 로봇?

1. 로봇의 존재를 무엇으로 정의해야 하는가?

일반 사람들은 '로봇'이라는 단어를 듣고 어떤 생각을 가질지 궁금할 때가 많다. 아마도 로봇을 경험할 수 있는 시대와 삶의 환경 등에 따라 다르게 생각하는 것 같다. 과거 산업시대에서 로봇은 사람들의 분업을 원활하게 해 주었던 컨베이어 벨트와 같은 자동화기기의 모습을 가질 것이고, 또는 다시 돌아올 것이라는 예언만을 남기고 용광로 속으로 사라지는 터미네이터의 모습도 등장할 것이다. 반면에 최근의 로봇 관련 영화 속에서는 다양한 모습과 능력을 갖춘 로봇들도 등장하고 있다. 인간과 자연스럽게 대화하는 것은 기본이고, 인간에 기분을 맞출 수 있는 능력도 갖추고 있다. 그래서 현재 유아들에게 로봇은 단순한 기계가 아니라, 언젠가 자신의 친구가 될 지도 모르는 존재로 여겨지고 있다. 적어도 기본적인 감정 반응을 할 수 있는 애완용 로봇의 등장만 봐도 알 수 있다. 인간은 어떤 식으로든 끊임없이 로봇을 만들어 내고 있다. 도대체 왜?

이에 대한 대답 또한 우리에게 있다. 행복을 위해서. 로봇의 어원은 인간의 노동을 대신하는 존재라는 생각에서 비롯된다. 점차 인간의 노동을 대신할 수 있는 능력치는 인간의 능력보다 우위를 점하게 되면서, 결국 로봇은 인간을 위협하는 존재가 되거나 아니면 인간의 행복을 극대화하는 존재가 될 수밖에 없는 운명이다. 이러한 이중적 특성은 로봇을 소재로 하는 다양한 영화들에서 매우 중요한 모티브로 활용된다. 하지만 이 또한 인간이 정해 놓은 운명의 덫과 같다. 수학에서 연산자에 따라 정확한 계산이 수행되는 것처럼, 로봇에게 입력된 프로그램에는 어떤 예외적인 선택 사항도 있을 수 없다. 그래서 로봇공학자들과 같은 전문가들에게 그와 같은 모티브는 말 그대로 영화 속의 이야기일 뿐이다.

그렇다면, 현실적인 모습을 보자. 백화점이나 대형마트를 방문하면 매우 신기한 눈빛을 보내는 매장이 있다. 가전제품 매장이다. 거기에는 다양한 스마트형 전자제품들이 전시되어 있다. 이제는 TV와 같은 단일 기기가 스마트한 것을 넘어서, 집에 갖춘 모든 전자제품들이 하나의 리모컨으로 모두 제어가 가능하다는 것이다. 심지어 반복 학습기능이 추가되면서, 자율적인 기능을 수행할 수도 있다. 제 시간에 맞춰 집에 들어가 밥을 지어야 하는 불편함도 사라져가고 있고, 청소나 빨래도 아주 낮은 수준이지만 로봇에게 맡겨도 큰 불편함이 없다. 최근에 한국 로봇기술의 위상을 드높이는 소식이 있었다. 재난발생 시 로봇기술을 개발하기 위한 목적으로 미국 다르파(DARPA: 미국 국방부 산하 방위고등연구계획국)가 주최하는 로봇챌린지에서 한국 KAIST 팀의 휴보(Hubo-DRC)가 1위를 차지했다는 소식이다. 이 대회는 인간이 대처할 수 없는 재난 현장에 투입할 로봇의 개발을 목표로 한다. 이런 대회에서 로봇 선진국들을 제치고 한국 팀이 1위를 차지한 것이 매우 대단한 일이다. 그러나 이제 앞으로 후쿠시마 원전 사태와 같은 현장에서 재난 로봇이 현장에 즉각적으로 투입되어 인명 및 재산 등 각종 피해를 최소화할 수 있는 날이 곧 실현될 수 있다는 것도 매우 놀랍다.

어느새 로봇은 우리 삶의 일부가 되어가고 있다. 과학기술이 발달하면서 로봇의 형태도 매우 다양해졌다. 그럼에도 불구하고, 우리는 로봇의 존재를 무엇으로 규정해야 할지 난감할 뿐이다. 일상에서 청소 및 재난 구조처럼 인간의 노동을 대신하는 기계인가? 아니면 인간 소유자의 반복적 사용과 패턴을 학습하고 나름대로 해독하여 자율적인 기능을 수행할 수 있는 기계이지만 동시에 인간과도 유사한 것인가? 로봇이 우리의 대리인(agent) 역할을 담당하고 있다. 인간 노동의 대리 행위를 하는 것이다. 특히 3D(힘들고, 더럽고, 위험한) 임무 또는 인간으로서는 도저히 불가능한 임무를 대리하고 있다. 그래서 지금까지 로봇은 인간의 행복을 증진하는 유익한 도구이자 기계인 것이다. 하지만 이 대리의 범위가 정신적 영역까지 나아가게 되면 문제가 달라진다. 인간의 정신적 활동은 인간 고유의 본질을 규정짓는 작업이다. 로봇이 우리의 활동을 학습하고 패턴을 분석하여 자율적으로 대응하는 알고리즘이 그저 프로그램일 뿐이라고 하더라도, 그 알고리즘 자체는 인간이 갖는 고유의 정신적 활동 영역에 속한다. 만약 우리가 이러한 대리 역할을 허용한다면, 미래 로봇의 양상은 매우 폭

넓게 전개될 수 있을 것이다. 아마도 영화 속의 이중적 모티브가 공상이 아닌 두려운 현실로 간주되어야 하는 이유가 여기에 있을 것이다. 반대로 이를 엄격히 제한한다면, 로봇은 지금과 같은 수준의 인간의 육체노동의 제한적 대리를 수행하게 될 것이다. 미래의 로봇은 현재의 로봇공학 수준에서 볼 때 후자보다는 전자의 모습으로 전개될 가능성이 매우 크다. 이런 점에서 우리는 계속 진화를 거듭하고 있는 '로봇'을 무엇으로 규정할 것인지에 대한 진지한 물음을 끊임없이 제기할 수밖에 없는 운명에 처해 있는 것 같다.

2. 수술 로봇의 안전성 여부를 넘어서

로봇수술의 개요를 간단히 살펴보면, Frederic Moll, MD는 인투이티브 회사(Intuitive Surgical, Inc.)를 설립하여 다빈치(da Vinci) 로봇수술 시스템을 개발하였고, 이 기계를 이용하여 1997년 벨기에에서 처음으로 환자에 적용되었다고 한다. 이 다빈치 시스템은 외과수술기구가 손목처럼 마음대로 구부러지는 동작을 구현함으로써 마치 환자의 바로 앞에서 바로 보면서 자유로운 동작을 구현하는 수술이 가능하여 실질적인 외과수술을 하는 것으로 여겨질 정도로 수술의 습득력(learning curve of achievement)을 높일 수 있게 되었다.(세브란스병원 로봇수술 개요 참조)

다빈치 시스템을 이용한 로봇수술은 기존의 의사가 직접 시술하던 수술을 의사가 로봇 장비를 조종하여 수술을 진행한다. 이 장비는 카메라, 수술에 필요한 가위, 집게, 소작기 등을 모두 갖추고 복강경 수술처럼 환자의 아픈 부위를 치료하기 위해 매우 작은 구멍을 뚫어 세밀한 수술을 진행할 수 있다. 그래서 로봇수술은 환자의 고통 경감, 수술의 정확성과 안정성 등에서 매우 장점이 많은 시술이라고 말한다. 현재 대부분의 대형병원에서는 로봇수술센터와 같이 전문적인 로봇수술 시스템을 갖추고, 로봇수술의 안정성과 효과를 널리 알리고 있다. 전 세계적으로 그 안정성을 인정받고 있기 때문에, 앞으로도 수술용 로봇의 진보 또한 더욱 가속화될 것으로 보인다. 나아가 국가경쟁력 확보에 있어서도 매우 중요한 분야로 간주되고 있다.

그런데 우리의 경우 로봇수술이 대중적으로 널리 알려진 계기는 유감스럽게도 2011년 故 박주아 탤런트의 사망 사건이라고 할 수 있다. 당시 이 사건으로 인해 일반인들에게는 다소 생소한 로봇수술이 안정성보다는 오히려 부작용이 일어날 수 있다는 점이 크게 각인되었다. 하지만 이로 인해 로봇수술 자체가 위축된 것은 아니다. 그렇다면 로봇수술은 안전하다는 것을 의미하는 것일까?

우리는 로봇이 수술한다는 것에 대해 좀 더 깊이 생각해 볼 필요가 있다. 본질적인 문제에서 출발해 보자. 로봇수술의 주체가 인간인가 로봇인가에 대한 질문을 해 보자. 현재로서는 분명 인간이다. 전문 의사가 다빈치 시스템을 통해 전 수술 과정을 통제하고 시술하기 때문이다. 이럴 경우, 다빈치 시스템은 말 그대로 하나의 수술용 도구에 불과할 것이다. 의사는 커다란 도구 대신에 매우 세밀한 작은 수술 도구를 갖추고 사람의 손으로는 도저히 손 댈 수 없는 부분에 대해 수술을 진행하고 있는 것이다.

실수를 하더라도 로봇이 아닌 사람이 하는 것이기 때문에, 그 책임 또한 수술을 담당하는 의료진에게 전가된다. 하지만 이 과정을 좀 더 주시해보면, 다빈치 시스템은 대리인(agent)의 성격을 일정하게 갖는다고 할 수 있다. 직접 수술 조종을 하는 것은 의사이지만, 환자에게 수술 자체를 시행하는 것은 바로 로봇이기 때문이다. 즉 환자에게 의사의 수술 행위를 전달하는 매개됨과 동시에 직접 수술을 하는 행위자인 것이다. 여기에서 수술 로봇은 도덕적 행위자로서의 성격을 일정 정도 갖게 된다.

기술적 정확성은 수술 로봇의 도덕적 대리인 자격을 갖추는 데 매우 중요한 요인이다. 그러나 그것이 완벽한 안정성을 담보하지 않는다면, 도덕적 대리인으로서 인간과 공존해서는 안 된다. 어떤 방식으로든 어떤 경우에서는 도덕적 대리인은 인간에게 불이익, 침해, 고통을 끼치는 행위 및 조치를 구현할 가능성은 존재하기 때문이다. 바로 이런 이유로 로봇기술의 진보와 의료진의 로봇수술의 안정성과 효율성에 대한 확신에도 불구하고, 나아가 로봇수술 과정의 직접적인 문제가 없었다고 하더라도, 환자와 일반인들은 수술 로봇의 도덕적 대리인으로서 불안 또는 공포를 갖는 것이라고 하겠다.

전문 의료진의 입장에서 볼 때, 수술 부작용은 로봇수술의 문제가 아니다. 법률상 판단에서도 로봇수술 과정에서 직접 발생한 것이 아니기 때문이다. 그러나 반대로 일반 환자의 경우에는 로봇수술이 아닌 전문 의료진이 직접 수술했을 때, 그러한 부작용이 발생할 가능성이 거의 없지 않을까라는 의문을 제시할 수밖에 없다. 이는 단순히 전문적 지식의 부재에서 발생하는 의문이라기 보다 근본적으로 수술용 로봇이 갖는 도덕적 대리인으로서의 불안감이 반영된 것이라고 봐야 한다.

사회의 분배와 복지의 수준에서도 로봇수술은 논쟁이 되고 있다. 로봇수술에는 많은 비용이 들어가기 때문에, 병원으로서는 큰 수익을 기대할 수 있다. 그래서 대형 병원이 지나치게 로봇수술을 확대하고 있다는 비판이 따르기도 한다. 이를 해소하기 위해 공공의료보험에 로봇수술 비용을 포함시키자는 주장도 점차 증가하고 있다. 이는 수술 로봇의 안정성의 확보, 도덕적 대리인에 대한 불안감이 사라질 때, 공적 합의가 충분히 가능할 것이다. 그러한 현재로서는 너무나 높은 비용으로 인해 오히려 로봇수술이 불평등을 조장하는 기제가 될 수 있다.

또 다른 한편에서 수술 로봇의 개발과 진보가 과연 의료진에게도 정말 유익한 것인지의 문제를 제기해 볼 수 있다. 가까운 미래에 누구나 로봇수술의 혜택을 받을 정도로 로봇수술이 일상화된다면, 아마도 의료진의 모습이 현재와는 많이 다를 것이다. 무엇보다 의사가 되기 위해 배워야 하는 대학정규 교육내용에 로봇수술 관련분야가 추가될 것이다. 하지만 로봇수술과 직접 의사가 시술하는 수술은 분명 차이가 있다. 적어도 윤리적 본질에서는 그렇다. 마치 화면만으로 현장 전투에 참가하는 무인 전투기 조종사처럼, 의사도 현장의 실질적인 의료 기술보다는 단지 수술 로봇의 조종할 수 있는 기술과 능력이 강조될 수 있다. 수술 로봇이 진화하면 진화할수록, 인간 의료진의 기술은 점차 이에 의존하게 되면서 더욱 퇴보하지는 않을까 우려되는 지점이다.

이상의 모든 논의는 결국 수술 로봇의 미래에 달려 있는 쟁점이 될 수밖에 없다. 도덕적 대리인으로서 로봇의 행위가 진화한다는 것, 말하자면 훌륭한 수술을 대신할 수 있게 되는 것은 적어도 일반인들의 우려가 사라진다는 것을 의미한다. 현재 수술 로봇이 의사의 명령을 충실히 전달하는 과정에서 문제가 발생했다. 과연 미래 이런 우려가 사라진 수술 로봇은 의사의 통제를 완벽히 받고 있을까 아니면 의사의 손을 떠나 있을까? 의료진과 환자, 일반인이 모두 어떤 수술 로봇을 원하는지를 윤리적으로 그려볼 필요가 있을 것 같다.

3. 로봇이 집을 지을 수 있을까?

이미 도로에서 주행하는 차량들은 로봇기술을 통해 제작되고 있다. 과거 자동차 제작 공정에서 부품을 나르는 단순 자동화 공정을 담당하는 기술이 이제는 사람이 작업했던 부품재료 조립공정까지 담당하고 있다. 아마 일의 작업량으로만 가늠한다면, 로봇팔을 활용한 제조공정은 인간의 생산 능력을 훨씬 넘어선다. 24시간 쉴 틈 없이 가동될 수 있으니까 말이다. 하지만 여전히 자동차 제작 공정에는 인간이 필요하다. 부품의 조립 및 다음 제작 단계로의 이동과 같이 로봇기술이 담당하는 단순노동 덕분에 숙련된 인간 기술자는 자신이 맡은 분야에만 집중하면 된다. 우리가 도로에서 접하는 차량들은 로봇과 인간의 협동(?)의 결과물이다.

인간과 로봇의 협동이 얼마나 지속될 수 있을까? 현재 일상에서 우리가 사용하는 대다수의 물품들이 앞으로는 더 이상 인간의 손길을 거치지 않고 로봇에 의해 생산될 것이다. 이러한 질문의 배경에는 로봇이 제조 및 산업 현장에 투입될 때, 이른바 3D 업종에서 인간은 혜택을 볼 수 있다는 낙관론과 오히려 인간의 일자리를 빼앗아 최후에는 노동하는 인간은 사라질 것이라는 비관론이 함께 등장하고 있다. 로봇기술이 발전하면서 로봇은 인간보다 더 정교하게 작업할 수 있다. 여기에 장인이 갖고 있는 전문화된 기술력을 프로그래밍으로 전환시켜 주입한다면, 로봇은 평범한 다수의 노동자보다 훨씬 더 높은 경쟁력을 갖춘 하나의 '전문' 기계가 될 수 있다. 이로 인해 우리는 양질의 제품을 안정적으로 공급받아 사용할 수 있는 것이다. 그러나 이를 반대로 해석하면, 이는 인간이 점차 일할 수 있는 자리, 즉 인간을 필요로 하는 노동 현장은 점차 사라지게 된다는 것을 의미한다. 현재 인간과 로봇의 협업은 로봇이 인간의 일자리를 점차 빼앗아 가는 신호탄이라는 것이다. 점차 자율적으로, 인공지능형으로 발달하면서, 인간의 모습까지도 닮아가는 다양한 유형의 로봇들이 오히려 인간을 더 기계에 의존적이게 만들 수도 있다. 물론 이에 대해 로봇의 등장이 인간으로부터 기존의 일자리를 줄이겠지만, 그 못지않게 새로운 일자리를 제공할 것이라는 반론도 제기된다.

여기에서 우리가 진지하게 고민해야 할 사항이 있다. 로봇기술의 적용범위에 어떤 경계를 설정해야 하는가? 인간이 기술을 필요로 하고 발전시키는 궁극적인 이유는 인간의 '행복과 번영'이다. 그리고 행복을 실현하는 그 과정, 즉 노동하는 활동 자체가 창조적인 활동이며, 인간의 본질이 된다. 로봇 자체를 개발하는 것 자체가 인간의 본질적인 활동인 것은 분명하다. 그러나 논리적으로만 본다면, 로봇이 모든 일을 담당하게 된다면, 우리가 할 수 있는 것은 결국 아무것도 없게 된다.

집 근처에 두 군데의 공사장이 있다. 하나는 대형 아파트 단지를 건설하는 현장이고, 또 다른 하나는 3층 연립주택 가옥을 건설하는 현장이다. 규모로 본다면, 후자는 전자에 비교할 수가 없을 정도로 작다. 자세히 볼 수도 없고, 전문적인 과정을 모르지만, 아파트 공정은 흡사 레고 블록처럼, 대형 크레인들이 커다란 블록들을 쌓아 놓으면 사람들이 그 안에서 뭔가를 붙이는 조립 과정으로 보인다. 그래서 건설 속도도 매우 빠르게 느껴진다. 대형 크레인이 필요가 없는 연립주택을 건설하는 소규모 현장은 노동하는 사람들로 가득하다. 이런저런 자재들이 부딪히는 소리도 요란하다. 이런 장면을 보면서 드는 생각은 '만약 이 두 건설 현장도 로봇이 담당해야 할까?' 아마도 로봇이 담당할 수 있는 분야들은 개발될 수 있을 것이다. 건축, 토목 등의 관련분야들이 정밀한 기술, 자료수집 및 분석에 있어서 로봇기술을 활용할 수 있을 것이다. 이는 자동차 제조공정처럼 분명 경제적인 비용 절감에서도, 효율적인 인간 노동의 측면에서도 도움이 되는 것이다.

우리는 기본적으로 일정한 프레임을 갖춘 대형 공정에서 입력된 프로그램에 따라 작동할 수 있는 로봇시스템이 앞으로 건설현장의 단순노동자의 일자리도 대체할 수 있다는 것을 어떻게 이해해야 할까? 제조업 공장에서 단순노동은 점차 로봇기술로 대체되고 있다. 이제 창고물품 분류, 부품 나르기, 단순부품 조립과 같은 단순노동을 담당하는 인간의 일자리는 사라지고 있다. 건설현장은 3D 업종으로 여겨지는 대표적인 현장이다. 이 현장에 일정한 프레임을 갖추어서 로봇으로 하여금 아파트 주택 등 집을 건설하게끔 하는 것이 제조업 분야의 효과처럼, 인간으로 하여금 높은 수준의 전문성에 매진하도록 하게 만드는 것인지는 의문이다. 육체적 고통을 해소하기 위해 로봇의 편리를 추구하는 것과 인간의 본질적 활동인 노동을 대체하는 것은 구분되어야 한다.

로봇만으로도 집을 지을 수 있는 세상. 얼핏 보면 인간의 위대함을 증명하는 편리한 세상일지도 모른다. 그러나 이는 실현 불가능하고, 실현되어서는 안 되는 세상이라고 말하고 싶다. 노동하고 창조하는 인간의 본질이 상실되는 세상이기 때문이다. 아무리 단순노동이라고 하더라도, 노동은 인간의 본질을 규정하는 마지노선이다. 그래서 인간의 중요한 본질 중의 하나인 노동하는 인간(homo laborans)이 지속될 수 있는 노동의 형태들이 로봇사회에서 새롭게 제시되어야 한다.

4. 로봇이 캐리커처(caricature)를 그릴 수 있을까?

우리는 지금 이 순간에서도 다양한 꿈들을 갖는다. 그 원인은 제각각이지만, 매우 복합적인 감정들로 이 꿈들을 설계하기도 하고, 실현하기도 하고, 그저 꿈들에 위안을 갖기도 한다. 조용히 휴가를 보내며 아름다운 경치를 오래도록 기억 속에 각인시키고 싶기도 하고, 아니면 현실에서 전혀 경험하지도 못했지만 뭔가를 부여잡고 싶은 이상향을 간직하기도 한다. 누군가의 슬픔이나 기쁨을 다른 무엇인가로 표현하여 그 감정에 충실한 인간적 소통을 하면서 인간의 삶이 나약하지만 그럼에도 살아볼 만한 가치가 있는 것임을 표현하고 싶기도 하다.

그동안 인간의 감정, 생각, 상상을 표현하는 것은 고등동물로서 인간을 규정하는 본질적인 표현활동, 즉 예술 활동을 의미했다. 그런데 이제 인간 삶에서 로봇공학은 이러한 예술 활동을 새롭게 규정해야 할 정도로 진화(?)하고 있다. 현재 기술로는 자동차 조립 공정에서 활용되고 있는 로봇팔(robot-arm)이 조립부품이 아닌 붓을 들고 사람의 초상화를 그리고 있다. 오늘날 인터넷에서 e-Daivd와 같은 화가로봇(painting robots)의 사례들을 쉽게 찾을 수 있다.(https://vimeo.com/56750935) 그리고 각종 로봇 전시회에서 우리의 얼굴을 그려주는 로봇화가를 만나는 것도 이제 자연스러운 일이 되고 있다.

앞으로 많은 분야에서 인간과 로봇의 공존이 진행될 것으로 예견되지만, 그림을 그리고 연극을 하는, 즉 인간의 순수한 정신과 감정을 대신 표현하는 로봇을 기대하는 것에 대해 우리는 좀 더 신중한 고민들을 할 필요가 있을 것 같다.

첫째, 근원적인 고민이다. 로봇이 인간의 감정과 상상력을 구현하는 것이 가능하다면, 적어도 로봇은 인간과 별개인 하나의 종임을 의미한다. 로봇화가의 그림은 자기만의 독특한 감정과 상상의 표현이다. 그러나 아직 기술적으로 이와 같은 로봇화가를 완성시킬 수는 없다. 아무리 정교한 인공지능형 로봇화가라고 하더라도, 인간이 정해놓은 정교한 알고리즘의 통제를 벗어나는 학습이 불가능하기 때문이다. 아마도 외계에서 전혀 다른 종이 그린 그림이 아닌 이상, 알고리즘의 통제를 받는 로봇화가는 인간과 동등하면서도 별개인 종으로 진화할 가능성은 크지 않은 것 같다.

둘째, 청중의 해석과 소통의 문제이다. 그림에 대한 해석을 통한 소통은 우리의 몫이다. 예술 작품의 감상 및 창작에 관해 전문적인 식견을 갖추지 못한 사람이 초상화 전시회에 갔다고 해보자. 만약 화가에 대한 정보를 알리지 않는다면, 이 사람은 로봇이 그린 초상화와 인간이 그린 초상화를 정확히 구분할 수 있을까? 심지어 이 사람은 어둠의 상자에서 보이지 않은 화가로봇이 내민 자신의 초상화에 감탄할 수도 있다. 정밀한 알고리즘 덕분에, 화가로봇이 그린 그림은 인간 화가가 그린 그림보다 현장 상황에 대한 세밀한 분석을 통해 정확한 정보를 갖고서 배경, 인물 묘사, 감정 표현을 그림에 반영할 수도 있다. 청중으로서 우리는 이와 같은 기술적 정확성에 기초한 그림에 대해 어떤 해석과 태도를 가질 수 있을까? 화가에 대한 사전정보를 갖고 있을 때와 갖지 않고 있을 때, 청중으로서 우리는 그림에 대한 해석과 태도를 가질 수 있을까?

현재 화가로봇이 그림을 그리는 기본적인 방식은 대상의 사진과 이미지의 정보를 습득, 점, 선, 면에 기초하여 이를 다시 캔버스에 구현한다. 여기에 다소 복잡한 학습기능을 갖춘 알고리즘을 더한다면, 그 대상과 둘러싼 환경, 가령 습도와 온도 그리고 이를 인간의 심리와 대비시켜 정형화한 감정 표현의 틀을 마련하여 적용한다. 화가로봇 MEART는 1,300km 떨어진 곳에서 보내는 실험쥐의 뇌의 자극을 그림으로 표현하기도 하였다.

셋째, 편리성의 문제이다. 화가로봇의 등장은 그림의 기본 기술을 정확하게 구현할 수 있다. 우리의 자녀들은 로봇으로부터 표준화된 정확한 그림의 기초에 대해 교육을 받을 수도 있다. 그림의 유형에 따라 색의 배합, 물과 물감의 농도, 붓의 종류와 터치의 방식, 데생 등의 그리기 기초 연습 등에 관한 정확한 연습과 지도의 기회를 가질 수 있다. 이는 또 다른 문제를 파생시킨다. 교육현장에서 교사의 불필요성에 관한 문제로서, 로봇기술의 발전에 따른 인간의 일자리 감소 문제와도 연결된다.

이 시점에서 나는 다음의 물음을 던져 보았다. "로봇이 풍자로 대변되는 캐리커처(caricature)를 '자율적으로' 그릴 수 있을까?" 캐리커처는 풍자의 전형이다. 그러나 이는 작가의 상상적 표현을 기반으로 한다. 즉 나에 대한 캐리커처는 나를 바라보는 작가의 의도에 따라 다양한 모습으로 나타날 수밖에 없다. 어떤 학생이 나에게 준 캐리커처에는 볼이 너무 볼록했고, 다른 학생이 그린 캐리커처에는 입술이 너무나도 두툼했다. 처음에는 내가 이렇게 못 생겼나 싶었지만, 이내 곧 거울에 비친 얼굴과 두 개의 캐리커처를 나란히 비교해 보니, 나의 볼이 매우 귀엽게 보이기 시작했고, 입술도 생각보다 매력적으로 느껴졌다. 물론 이는 나 자신의 해석이자 그 학생들과의 소통이었다. 나 자신도 모르는 매력을 느끼게 해 주었을 뿐만 아니라 사람들이 나를 바라보는 시선들과 감정들이 다르고 다양할 수 있다는 점을 확인한 계기였다. 기술적으로 본다면, 화가로봇이 과연 이 작업을 할 수 있는지에 대한 질문은 어리석은 일인지도 모른다. 그러나 한 대상을 바라보고 이를 표현하는 활동 자체가 고도의 알고리즘과 기술적 학습능력만으로 해결될 수 있을 것 같지는 않다. 학생들이 캐리커처를 어떤 감정을 갖고서 그렸는지는 나와 이 학생들과의 일상의 맥락을 이해하지 않고서는 불가능하다. 유명인사의 캐리커처가 대중과 풍자의 형식으로 소통할 수 있는 이유도 우리가 일상을 그 그림에서 읽을 수 있기 때문이다.

5. 부모님께 어떤 케어 로봇을 사 드릴까?

로봇기술의 발달은 건강/의료 분야에서도 예외가 아니다. 최근 의료분야에 적용되는 과학기술은 매우 다양하다. 이미 수술 로봇은 시행되고 있고, 나아가 나노기술이 로봇공학과 결합하면서 우리 신체에서 적어도 사각지대는 사라질 수 있는 희망도 갖게 되었다. 또한 환자가 의사를 직접 방문할 필요가 없는 시스템도 곧 구축될 전망이다. 네트워크를 통한 의사의 원격진료 서비스가 화두가 되고 있고, 안전한 사회복지망으로 자리매김할 수 있는지에 관한 논의가 한창 진행 중이다. 이런 점에서 보면 저출산 고령화 사회로 접어들고, 삶의 환경들이 다시 변화하면서, 실생활에서 로봇공학이 필요한 이유는 점차 확대되고 있다고 볼 수 있겠다.

특히 노인 케어 분야에서 로봇의 중요성은 점차 확대될 것이고, 그 속도도 매우 빠를 것 같다. 과거 도시 지역을 중심으로 가

스보일러가 대중화되었을 때, 땔감을 사용하는 고향의 부모님을
위해 사용된 한 보일러 회사의 광고회사의 문구가 생각난다. 농
촌지역에서 부모님들이 추운 겨울을 따뜻하게 보내시기 위한 광
고였다. 이제 농촌지역에서 가스든 석유든 산업구조를 지탱하는
기본적인 연료체계가 완전히 변화되었기에, 오히려 땔감을 사용
하는 난방체계를 찾기는 점차 어렵다. 그리고 대다수 고령의 노
인들을 중심으로 거주하는 농촌지역에서 생활의 개선은 복지와
건강, 관리차원에서 계속 이루어지고 있는 실정이다.

　이제 당장은 농촌이 아니더라도, 도시에 거주하는 고령의 노
인들도 걱정이다. 나이에 상관없이 불치병을 갖고 있거나 심각한
장애를 갖고 있어서 누군가 계속 집에서 상황을 체크해야 하는
환자들도 걱정이다. 가족이나 전문 간병인들이 이들을 모두 실시
간으로 보살피는 것은 거의 불가능에 가깝다. 과연 이들을 집에
서나 어디서든 보호할 수 없을까? 빠른 시간에 직접적인 의료용
로봇보다 생활지원의 차원에서 다양한 케어 로봇이 우리 삶의 환
경과 질을 바꾸게 되는 가장 절실한 과제이다.

　이미 우리는 일상에서 케어에 대한 관심이 삶의 환경과 질을
바꾸고 있는 모습을 경험하고 있다. 이른바 웨어러블(wearable) 시
장이 헬스와 케어 중심으로 급격히 성장하고 있다. '핏빗(Fitbit)'
과 같은 대표적인 웨어러블 밴드 제품은 착용자의 기본적인 기본
적인 건강과 다이어트 관리 기능을 갖는다. 영화 '아이언맨'에서
볼 수 있었던 웨어러블 로봇 관련 제품은 인간의 신체 기능을 강
화하기 위해 고안된 보조장치이다. 다리 기능을 상실한 장애인도

이 장치를 이용해서 충분히 걸을 수도 있다. 하지만 이제 케어 분야에서 이러한 장치는 수동적인 신체 기능의 보조수단에서 점차 인간(환자)과의 적극적인 소통으로 넘어간다.

케어 로봇은 '어딘가 불편해서 의사의 진료를 자신이 편한 장소에서 원격으로 받고자 하는' 환자를 '케어 로봇이 각종 건강 상태를 확인한 후 문제가 있을 때, 의사와 가족에게 즉각 연락한다.' 예를 들면, 케어 로봇은 치매환자와 충분한 소통을 할 수 있다. 노래와 오락게임을 함께 즐길 수 있다. 이런 소통에서 치매환자의 정서 상태도 확인할 수 있다. 치매환자는 대화의 상대방이 로봇이라고 인식하더라도 케어 로봇의 반응에 재반응함으로써 마치 주변 사람, 가족 및 의사와 대화를 하는 것처럼 생활하며 지낼 수 있는 것이다. 언제 어떤 상황에서든 케어 로봇은 환자를 보호할 수 있게 되는 것이다.

곧 실현될 것 같은 낙관적인 모습이 과연 바람직한가의 문제를 고민해 볼 필요가 있다. 무엇보다 케어 로봇 자체가 인간에 의해 인격화되는 경우가 가장 심각할 것 같다. 특히 노약자나 어린 아이, 치매나 우울증을 앓고 있는 환자에게 케어 로봇은 말 그대로 안전한 케어 기능을 하는 도구일 수도 있지만, 의료진, 가족 또는 간병인 못지않은 인격체일 수도 있다. 케어 로봇이 정해진 알고리즘에 따라 반응을 하더라도, 이 반응으로 인해 사람과 사람 간의 관계에서 비롯되는 존재감이 인정될 수 있기 때문이다. 다음으로는 케어 로봇이 판단하는 '케어'의 결정권을 누가 가져야 하는지의 문제가 발생할 수 있다. 케어의 범위가 점차 인간의 정신과 내면으로 심층적으로 좁혀지게 될 때, 그 케어를 조정하는 주체가 누구인지에 따라 인간의 존엄 자체가 위협을 받을 수 있다. 마지막으로 인간 대 인간의 관계 단절을 더 심각하게 부추기는 결과를 낳을 수도 있다. 네트워크망을 기반으로 하는 케어 로봇은 환자 및 가족에게 많은 편리함을 가져다줄 것임이 분명하다. 그런데 이런 편리함의 이면에는 케어의 대상인 인간 간의 면 대 면 접촉의 약화가 있음을 인식할 필요가 있다. 물론 만나는 횟수의 많고 적음이 인간 간의 관계 단절에 절대적인 영향을 미치는 요인이라고 할 수는 없다. 하지만 오늘날 우리 삶의 가족 거주 형태만 보더라도, 가족 간의 거주 거리는 상당히 멀리 떨어져 있다. 경제적 환경, 교육의 여건 등의 변화에 따라 가족의 가치와 틀이 바뀌고 있는 상황이다. 우리가 '부모님께 어떤 케어 로봇을 사 드릴까?'라고 고민하는 것이 과연 어떤 배경에서 나올지 자못 궁금하다.

6. 섹스 로봇방을 규제해야 하는가? - 섹스 로봇은 필요한가?

미래를 예측하는 일이란 결코 쉽지 않다. 이미 일어난 일의 의미를 제대로 파악하는 것도 쉽지 않으니 말이다. 나날이 새로운 과학과 기술의 출현이 우리들 삶의 모습을 바꿔놓을 것에 대한 기대와 우려가 항상 동시에 공존해 왔다. 섹스 로봇의 출현이 우리들의 성생활과 연애 및 가족제도에 미칠 영향을 논한다는 게 너무 시기상조라고 생각할 수도 있다. 이미 8,90년대에 사이버섹스에 대한 논의가 있어왔음에도 불구하고 리얼섹스는 그 의미를 상실하지 않고 있다. 그때에도 사이버섹스가 리얼섹스를 대체할 것이며, 섹스의 의미나 성격까지 바뀔 것이라는 우려가 제기되기도 했었다. 그렇다고 해서 이러한 새로운 기술들의 출현을 애써 무시하고 본질은 변하지 않을 거라고 안이하게 생각하는 것 역시 새로운 변화에 대응하지 못하는 문제를 야기한다. 전통적으로 윤리학에서는 실천하는 행위(praxis)와 무언가를 만들고 생산해내는 행위(poiesis)를 구분하고, 윤리학은 전자에 관한 것이라고 보아왔다. 그러나 현대 사회에 들어와서 기술이 인간의 행위에 미치는 영향력을 생각해보면 이젠 윤리의 고려 대상을 'praxis'에서 'poiesis'로까지 확장할 수밖에 없다. 가령 현대인을 이해하려고 할 때 컴퓨터와 인터넷에 근거한 페이스북, 블로그, 인터넷 까페 및 동호회, Social Network Services를 통한 다양한 삶의 변화를 제외한다면 불가능할 것이다. 이런 맥락에서 섹스 로봇의 출현도 우리가 예의주시해야 한다. 그리고 지금 언론에서 회자되고 있는 록시라는 섹스 로봇이 여성용이 아니라 남성용 섹스 로봇이라는 점에 주목해야 할 것이다.

섹스 로봇의 찬성 근거들을 생각해보면 우선 인간의 성적 자기결정권과 취향의 존중일 것이다. 정말로 섹스 로봇이 정교하게 만들어져 휴먼섹스와 로봇섹스의 차이가 없거나 오히려 더 쾌감적이라면 어쩌면 인간의 자리를 대체할 수도 있을 것이고, 그리고 또한 마치 어떤 차를 구입하느냐의 문제처럼 섹스 로봇의 구입과 활용의 결정이 이뤄질지도 모른다. 물론 여기에서 섹스토이와 섹스 로봇을 구분해야 하는지에 대해서도 논의해야 할 것이다. 섹스 로봇을 반대하는 사람들은 섹스토이와 로봇의 차이를 전제하고 있는 것이다. 그 차이가 없다면 굳이 이걸 반대할 이유가 없을 것이다. 비유하자면 자동차나 블럭같은 장난감을 장난삼아 짓밟고 있는 모습과 인형을 짓밟고 있는 모습을 볼 때 느껴지는 감정의 차이가 없다면 섹스토이와 섹스 로봇에게도 적용될 것이다.

둘째, 우리 사회에서 성적인 측면에서 소외받고 있거나 성적인 문제를 가지고 있는 사람들을 치료하는 데 섹스 로봇이 유용하게 활용될 수 있을 것이다. 예컨대 성적 트라우마를 가지고 있거나 조루나 지루증 혹은 성도착증 환자들의 치료에 이용될 수도 있을 것이며, 더 나아가 성교육용으로도 쓰일 수 있다. 정상적으로 성적인 욕구를 해결하지 못하는 사람들에게는 하나의 해결책의 수단으로 섹스 로봇이 기여할 수 있을 것이다.

이에 대한 반대 주장으로는 섹스 로봇이 남성과 여성, 어른과 아이, 그리고 사람들 간의 관계에 해를 끼친다는 것이다. 이러한 비판이 아직은 비현실적인 것처럼 들리지만, 이에 근거해서 이 분야의 연구에 반대할 근거가 명확해 보이진 않는다. 물론 영화 속에서 보여지는 로봇의 모습을 우리가 현실에서 볼려면 앞으로 많은 시간과 연구가 투입되어야 할 것이다. 자동차의 발전 모습을 보면 지금의 자동차가 있기까지 많은 시행착오를 거쳐 오늘의 자동차의 모습이 된 것을 고려해본다면, 지금은 아무도 좋아할 것 같지 않은 여성 섹스 로봇이 앞으로 가져올 사회적 파장을 고려해 보지 않을 수 없다. 그리고 아마도 곧 여성을 위한 남성 섹

스 로봇도 등장하게 될 것이라는 예측을 하게 된다. 그 파장의 부
정적인 면을 극대화시킬 필요는 없겠지만, 이러한 섹스 로봇이
가져올 위해에 대한 논의가 불법포르노물이 가져올 위해와는 그
성격이 다를 것이다.

　최근 들어 기계학습(machine learning) 개념이 도입되면서 정서로
봇에 대한 관심도 점점 높아지고 있는데, 치매환자나 자폐증환자
에게 상호작용을 통해 심리치료를 하는 로봇 파로(Paro)를 생각해
본다면 섹스 로봇의 발전 가능성은 매우 클 것이다. 그러나 그렇
다고 해서 인류가 휴먼섹스보다 머신 내지 로봇섹스를 더 원하지
는 않을 것이다. 아마도 초기단계의 섹스 로봇은 좀 더 발전된 형
태의 섹스토이 수준이겠지만, 기술의 발전으로 더 리얼섹스의 수
준으로 발전해간다면, 그래서 우리가 영화에서나 볼 수 있는 수
준의 섹스 로봇이 등장하게 되면, 이러한 수준의 섹스 로봇은 휴
먼섹스를 대체하기보다는 보조하는 수단으로 사용되거나 섹스
트러블을 가진 사람들의 치료용으로 제한되어야 할 것이다. 사실
어떻게 보면 이러한 논의가 아직 일어나지도 않은 일에 대해서
미리 앞 북 치는 얘기처럼 들릴 수도 있고, 섣불리 예단하는 얘기
처럼 들릴 수도 있다. 그렇다고 해서 이러한 논의가 불필요하다
거나 무용하다고 보지는 않는다. 섹스 로봇이 가져올 영향과 문
제에 대한 논의는 섹스 로봇의 개발에 영향을 미칠 것이고, 보다
긍정적인 쪽으로 전개되리라고 희망해본다. 그리고 아마도 언젠
가는 우리나라의 방(?) 문화를 생각해보면 섹스 로봇방이 생기거
나, 혹은 전체 사용가 로봇과 19금 로봇을 구분하는 날이 올지도

모르겠다는 엉뚱한 상상을 하면서 이 글을 끝내고자 한다.

17장
음악과 윤리

1. 음악의 의미

'Music'이라는 말은 'mousa'에서 유래된 단어인데, 이 말은 원래 '묵상한다'와 '조화의 경지'를 의미한다. 음악이라는 말에서 음(音)은 마음의 상태를 나타내는 소리를 뜻하고 악(樂)은 그것을 본성으로 하는 것을 의미한다. 그래서 음악이란 소리를 통하여 인간내면의 정서를 표현하는 것이다.

동양에서도 음악의 근원을 인간의 마음에서 찾고, 예술의 가치를 규정하는 것은 인간의 마음의 감동과 정신의 순수함이라고 보고 있다. 음악의 창작은 궁극적으로 천지(天地)의 조화에 참여하는 일이며, 훌륭한 음악은 자기와 세계의 근원을 깊이 연구하고 그것을 어떤 형태로 표현한 것이다. 雪漢隨錄禮記 中 樂記編에 보면 음과 악의 생성이 마음의 상태에서 비롯한다고 설명하고 있다. "마음의 움직임에 따라 음악이 일어난다. 사람이 외물(外物)과 접촉할 때 마음이 움직이고 마음의 움직임을 소리로 나타낸다. 소리는 원래 청, 탁, 완, 급, 고, 하가 있는데 이런 소리가 외물과 접하여 감동하면 소리가 난다. 마음이 슬프게 감동하면, 소리

가 낮고 약하며, 마음이 기쁘게 감동하면 소리가 높고 빠르며, 공
경하는 마음으로 감동하면 소리가 곧고 빠르며, 사랑하는 마음으
로 감동하면 소리가 부드럽다"고 하였다.

　고대 희랍 철학에서도 음악은 사람의 심성을 표현하는 수단이
될 뿐만 아니라 인간의 심성을 형성하는 요인으로 작용한다. 바
른 음악, 좋은 음악을 들으면 바르고 착한 심성을 가질 수 있는
데 반해 경박하고 향락적인 음악은 사람의 심성을 타락시킨다고
보았다. 플라톤은 철인왕(哲人王)의 교육에 있어서 음악적 수련의
중요성을 강조하고 있으며, 특히 음악과 실천철학 즉 윤리학과의
관계를 중시하였다. 그래서 절제와 정의의 덕을 기르기 위해 음
악교육이 필요하다고 보았던 것이다.

　한국에서 악학궤범을 쓴 성현(成俔)은 그 서문에서 "음악이란
하늘에서 나와 사람에게 머무는데, 빈 것에서 시작하여 자연에서
이뤄지면, 사람의 마음을 감동하게 한다. 그래서 음악은 사람의
혈맥을 잘 통하게 하고 정신을 기쁘게 한다."라고 쓰고 있다.

2. 음악과 철학, 문학, 종교와의 관계

　음악은 인간의 경험을 음악적 형태로 표출한 것이다. 음악은
인간이 생각하고 느끼는 것을 나타내는 한 양식이기 때문에 음악
은 인간정신의 표현이며, 의미의 산출이기도 하다. 음악에 대한
철학의 관심은 음악의 본질과, 인간, 사회, 자연, 초자연적인 것
에 대한 음악의 영향, 그리고 역사, 지성, 감정의 영역에서 음악
이 차지하는 위치나 인간 사회에서 음악의 역할 등이다. 하이데

거(M.Heidegger)는 "인간은 시인으로서 비로소 산다"라고 말했는 데, 시인이란 어떤 의미에선 음악가라 할 수 있기에, "Gesang ist Dasein"이라는 말을 이해할 수 있다.

문학과 음악의 관계를 보면 다음과 같다. 음악에 가사가 들어 온 것은 16,7세기경(프랑스의 샹송, 이태리의 마드리갈, 네덜란드의 에무 라토)부터이며, 이 시기에는 음악이 단순한 절대기악의 음의 세계 로부터 의미, 정감, 인간적인 표현의 세계를 추구하는 경향이 나 타났다. 음악과 문학의 관계는 성악곡에서 언어와 음악의 관계, 기악곡에서 문학의 영향, 언어와 문학의 음악적 요소 등을 살펴 보면 알 수 있을 것이다. 음악이란 감정의 언어이고, 영혼의 언어 이며, 언어가 끝나는 곳에서 시작하는 언어인 것이다. 괴테와 슈 베르트의 '방랑자의 밤 노래', 아이헨도르프와 슈만의 '달밤'에서 시의 음악과 흐름을 살리면서 음악은 시의 뜻과 구체적인 이미지 를 바탕으로 하여 언어가 표현할 수 없는 영역으로 인도하고 열 어준다. 슈만은 "노래 속에 합일되어 있는 것은 지고(至高)의 것, 즉 말과 음의 합일이요, 말과 음은 나뉘지 않는 인간의 문자이다" 라고 말했다. 음악 자체 내에서도 언어중시파와 언어제거파로 구 분되는데, 전자는 시에 접근하는 음악으로서 바그너처럼 음악 속 에 시를 도입하여 단순히 음악에서 시를 가사로 도입하는 단계를 넘어 드라마와 철학적 관념까지 도입하고자 시도하는 것이다. 이 에 비해 후자는 음이 그 자체로 표현되어야 한다는 입장으로서 모차르트처럼 음은 그 자체가 즐거움을 주어야 한다고 주장하면 서 순수한 소리를 지키려는 것이다.

예로부터 음악과 종교는 밀접한 관련을 맺어왔다. 어느 종교든 그 의식을 행할 때 음악을 이용한다. 이러한 관계의 대표적인 것이 교회음악이다. 기독교에서는 미사와 오라토리오를 중심으로 발전되었으며, 종교의식에서 사용되는 각종 기도문과 신에 대한 찬미가 '노래'라는 예술적 수단으로 승화되어 하느님께 바쳐지면서 종교에서 음악의 이론적, 예술적 가치가 중시되었다. 그래서 음악은 신에 대한 찬미와 감사의 수단으로서, 영혼을 승화시키고 경건하게 해주는 힘을 가진 것으로 간주된다. 종교와 음악의 친밀한 관계는 음악을 통한 감정의 승화에 그 요인이 있음을 알 수 있다.

3. 현대음악의 주요 경향과 문제점

3.1. 인상주의와 신고전주의 음악

인상주의음악은 19세기 말에서부터 20세기 초에 성행했던 음악운동으로서 드뷔시가 그 대표적 작곡가이다. 인상주의음악은 서술적이라기보다는 암시적이다. 독일의 고전음악을 낳는 데 많은 기여를 했던 건축물의 미에서 음화(音畵)의 미라는 것으로 음악미적 관심이 바뀌어졌다. 음화의 개념이 중요시되었다는 말은 소리의 색깔이 중요시되었다는 말이다. 이것은 음색의 변화가 주제의 변화보다 더 중요시되었다는 것을 뜻하며, 결국 음색이 형식적 요인으로서 중요한 역할을 하게 됐음을 의미한다. 예를 들면 바다의 색깔은 구성이 되는 것이 아니라 햇빛의 조명에 따라 변할 뿐만 아니라 햇빛의 변하는 과정은 손에 잡히는 성격의 것이 아니다. 인상주의음악은 이러한 막연하고 손에 잡히지 않는 변함의 순간이 마련하는 분위기를 그리고 싶어 한다. 그러나 인 상파 음악운동은 오래 계속되지 않았으며, 대표적 작곡가인 드뷔 시 스스로가 인상파작곡가로 일컬어지는 것을 좋아하지 않았다. 20세기 초엽에 들어서면서 새로움만을 추구하기에 급급할 필요 가 없지 않느냐, 오히려 과거로 되돌아가는 것이 좋지 않느냐 하 는 생각이 대두되면서 신고전주의음악이 등장하게 되었다.

3.2. 구체음악

작곡의 과정에서 사용되는 재료는 일반적으로 기존의 재료이 다. 음계도 기존의 재료이고, 악기가 산출하는 음의 질도 기존의 재료이다. 피아노라는 악기가 산출하는, 음질적 차원에 있어서의 기존조건은 작곡가가 변경할 수 없다. 결국 재료의 속성은 기존 의 개념과 관계된다는 것을 의미한다. 쉐이퍼(P. Schaeffer)는 악기 나 성대에서 제조되는 소리만을 음악의 재료로 사용할 것이 아니 라 녹음기에서 녹음된 소리를 재료로 사용할 수도 있지 않느냐는 제안을 하였다. 그러나 녹음기에 녹음된 소리는 소리가 있기까지 는 그 소리의 성격이나 질에 대한 일반화는 가능하지 않다. 즉 재 료의 속성은 녹음된 소리가 마련하는 구체성에서만 발견될 수 있 으며, 그래서 구체음악이란 용어가 생기게 된 것이다.

3.3. 전자음악

이것은 전기의 힘으로 소리를 제작, 변질, 녹음, 재생시킴으로써 만들어지는 음악이다. 작곡가가 음악적 생각을 독창적으로 상상하고 싶어도 기존의 악기가 지니고 있는 음색이나 음질적 속성으로부터 벗어날 수가 없었다. 이 음악적 숙명에서 벗어나려면 음악적 생각과 그 생각에 알맞은 음악적 재료 자체를 마음대로 만들어 낼 수 있는 방법이 있어야 한다. 즉 기존 음악재료의 구속력은 완전한 새로움의 창조를 불가능하게 한다는 것이다. 그러나 전기를 수단으로 하여 제작해낼 수 있는 소리의 가능성은 기존 악기 체계에서는 상상도 할 수 없을 정도로 크다.

이제는 소리 자체가 작품의 구조를 탄생시키는 현상까지도 일어나게 된다. 전통적 창작의 문제에서 주제의 발견이 중요했듯이, 전자음악에서는 소리의 발견이 중요시되었다. 음악의 주제가 악곡의 구조적 역할을 했지만 전자음악에서는 소리가 악곡의 구조적 역할을 하게 되었다는 것이다.

3.4. 불확정성음악

불확정성음악은 연주 결과를 연주 전에 예측할 수 없는 음악적 재료가 음악 속에 투입되어 있을 때를 말한다. 연주 전에 예측할 수 있는 재료가 음악 속에 있다 하더라도 그 연주 결과가 우연에 의해서 생겨지도록 만들어진 음악도 여기에 포함된다. 이 음악을 추구하는 사람에게는 소리가 일단 소리이기만 하면 - 심지어 무성(無聲)까지도 포함해서 - 그것이 어떤 소리라 할지라도 모두가 좋은 소리로 받아들여질 수 있다. 그리고 소리의 조합은 그것이 어떤 조합이든지 간에 모두가 타당한 조합이 된다.

3.5. 문제점

현대음악의 문제점으로 우선 전자음의 재생을 들 수 있다. 본래적으로 음악은 자연스러운 것이며, 음의 장단과 고저를 통해 조화롭게 결합된 것을 의미한다. 그러나 전자음은 그것이 제공할 수 있는 다양한 음의 영역이라는 장점이 있지만, 음의 자연스러움을 그 대가로 지불해야만 하는 것이다.

둘째, 음악상업주의이다. 이것은 음악수요자들을 조작하고 다양한 음악의 매매에서 상업적 이익만을 추구한다. 이것은 음악의 미적 가능성의 감상에 유해한 방식을 선전하고, 음악을 그 자체로 놔두지 않는다. 모든 유형의 음악을 상업주의의 메커니즘으로 끌어들여 음악적 경험을 제한하게 하는 역효과를 가져온다. 아도르노(T.Adorno)는 서구 사회에서 음악을 예술에서 상품으로 전락시킨 요인을 비판사회학적으로 연구하였다. 즉 음악이 상품화되는 과정과 이에 수반되는 음악적 변질에 관심을 두었다. 그에 의하면 자본주의 경제 질서 속에서의 시장법칙은 음악을 상품가치, 교환가치로 평가하도록 만들었고 그 결과 음악에서의 예술성은 사라지게 되었다고 비판하였다. 결국 음악의 인간적인 의미를 상실했다는 것이다.

셋째, 예술적 가치의 두 조건의 분리이다. 첫 번째 조건은 물질을 재료로 전환시키는, 그리고 그 한계의 준거를 제공하는 본질적 제한이고, 두 번째 조건은 현재와 미래에 중요한 의미를 가진 과거와의 본질적인 관계인데, 이 두 조건이 분리되면 음악이 의미있는 형태를 구성하려 하는 것은 헛된 일이 된다. 현대의 전위 음악이라 할 수 있는 Antimusic(아름다운 소리를 배격하고 아무렇게나 튀어나오는 소리, 즉 바이올린이나 피아노가 깨지는 소리에서 음악적 가치를 찾고 무언가를 느껴보려는 시도)을 생각해본다면 그 뜻을 알 수 있을 것이다.

결론적으로 현대음악은 역사적, 문화적 가치가 사라져 가는 음악의 세계를 초래하고 있다는 것이다. 여러 요인들, 즉 사회·문화적 변화에 의해 음악의 인간적 가치는 침식되고 파괴당하고 있다.

4. 음악과 도덕성

음악의 영향은 총체적이기 때문에 인간의 의지뿐만 아니라 감정에도 영향을 미친다. 음악은 인간의 영혼을 정화하고 능력을 고양시킨다. 음악과 도덕성의 관계는 다음과 같다.

음악 자체가 본래적으로 그것이 만들어진 세계의 정신이 반영되었다는 것에서 나온다. 음악에서 느껴지는 질서와 조화는 그대로, 인간, 사회, 자연, 우주의 본질을 반영한 것임을 알 수 있다. 즉 음악 안에는 인간, 사회, 문화가 존재한다. 플라톤이 지적한 것처럼 음악의 타락은 그 시대정신과 도덕성의 타락을 초래하고 또 그것을 반영하게 된다.

두 번째 음악의 도덕성 근거는 음악의 교육적, 사회적 이용에 있다. 교육 내에서의 음악의 위치는 사회 내에서의 음악의 위치에 대한 견해를 제공해준다. 음악의 에토스(Ethos)는 인격의 도야와 사회질서의 보존을 위한 강력한 영향력을 가지고 있다. 교육은 음악을 매개로 인간의 품성, 인격의 도야를 가능하게 한다는 것은 고래로부터 제시된 것이다. 여기에서 음악교육의 중요성이 나온다. 음악교육은 생활 속에서 음악적 경험을 통하여 인간의 정신을 순화하고 인간의 거친 감정을 어루만져줄 수 있는 기회를 제공해주어야 한다.

끝으로 음악의 사회성인데, 작곡가나 연주자가 곡을 만들고 연주하는 것은 그 자신만의 만족을 위해서는 아닐 것이다. 그들의 음악을 들어주는 청중이 있어야 되며, 그래서 음악은 본질적으로 사회적인 것이다. 사람들은 예술적 경험을 공유하면서 사람들 간의 유대감을 갖는다. 국가(國歌), 군가, 교가(校歌), 사가(社歌) 등이 있는 것도 바로 이런 의미가 음악 속에 내포되어 있기 때문이다. 공유를 통한 연대감은 그 집단이나 사회의 존속을 위한 기반을 마련해 주는 것이다.

음악은 인간의 마음에 가장 강하게 호소하는 힘을 갖고 있다. 아름다운 하모니와 리듬은 인간의 삶을 살아가는 리듬과 깊은 관계가 있으며, 그렇기 때문에 생명이 있는 곳에 아름다운 음악이 흐르고, 음악이 있는 곳에는 곧 아름다운 삶이 있는 것이다.

참고문헌

4장 책임 이야기 1

Bayertz, Kurt (Hrsg.)(1995): Verantwortung - Prinzip oder Probelm?
Darmstadt.

Haefner, K.(1984): Mensch und Computer im Jarhe 2000. Basel.

Holl, Jann(1980): Historische und systematische Untersuchung zum
Bedingungsverhältnis von Freiheit und Verantwortlichkeit.
Königstein.

Lenk, Hans(1992): Zwischen Wissenschaft und Ethik. Frankfurt a. M.

Lenk, Hans(1987B): "Gewissen und Verantwortung als Zuschreibung", in:
Zeitschrift für philosophische Forschung 41, 571-591.

Weber, Max(1992): "Politik als Beruf", in: Weber, M.: Wissenschaft als
Beruf. Politik als Beruf. Tübingen, pp. 157-252.

6장 공동체의 도덕적 책임에 대하여

D. Vogel(2006), 『기업은 왜 사회적 책임에 주목하는가』, 김민주·김선희
역, 거름.

변순용(2007), 『책임의 윤리학』, 철학과현실사.

Corlett, J.A.(32006): Responsibility and Punishment, Springer, Dordrecht.

Feinberg, J. (1970): Doing and Deserving, Princeton Univ. Press, Princeton,

French, P. A.(ed.)(1972: Cit. 21998): Individual and Collective Responsibility, Schenkman Books, Vermont.

French, P. A.(1984): Collective and Corporate Responsibility, Columbia Univ. Press, N.Y.

Geser, H.(1989): "Organisationen als moralische Akteure", Arbeitsblätter fuer ethische Forschung, H. 1., pp. 28-37.

Haefner, K.(1984): Mensch und Computer im Jahre 2000, Basel.

Heidbrink, L.(2003): Kritik der Verantwortung, Goettingen.

Jonas, H.(1979, Cit. 1984): Das Prinzip Verantwortung, Frankfurt a. M.

Jonas, H.(1987): Technik, Medizin und Ethik, Frankfurt am Main.

Lenk, H.(1987): Gewissen und Verantwortung als Interpretationskonstrukte, Zeitschrift fuer philosophische Forschung 41, pp. 571-591.

Maring, M.(2001): "Verantwortung von Korporationen", in: Wieland, J.(Hrsg.): Die moralische Verantwortung kollektiver Akteure, Konstanz, pp. 103-145.

May, L.(1992): Sharing Responsiblity, Chicago Univ. Press, Chicago.

May, L. & Hoffman, S.(1991): Collective Responsibility, Rowman & Littlefield Publishers, Maryland.

Rendtorff, T.(1982): Vom ethischen Sinn der Verantwortung, in: Hertz, A.(Hrsg.): Handbuch der Christlichen Ethik, Bd. 3, Freiburg i. Br. 117-129.

Scheffler, S.(1995): "Individual Responsibility in a Global Age", Social Philosophy and Policy, 12.

Toumela, R.(1991): "We Will Do It: An Analysis of Group-intentions",
Philosophy and Phenomenological Research, 60, pp. 249-277.

Watkins, J.W.N(1953): "Ideal Types and Historical Explanation", in: Feigal,
H. & Broadbeck, M.(ed.): Readings in the Philosophy of Science,
Appleton-Century-Corfts, N.Y.

Wieland, J.(Hrsg.)(2001): Die moralische Verantwortung kollektiver Akteure,
Konstanz.

Van den Beld, T.(ed.)(2000): Moral Responsibility and Ontology, Kluwer
Academic Pub., Dordrecht.

8장 말하기와 말듣기 그리고 철학적 멘토링

강원대 인문과학연구소(2011), 『인문치료의 이론과 원리』, 산책.

김성호 역(2003), R. Arrington, 『서양 윤리학사』, 서광사.

김양선, 「대학 글쓰기에서 첨삭-상담-고쳐쓰기 연계 교육의 효과
연구: 한림대학교 글쓰기 멘토링 수업의 사례를 중심으로」,
『교양교육연구』, 6권 4호, 2012, pp. 377-406.

김영필 외(2008), 『정신치료의 철학적 지평』, 철학과현실사.

류현종, 「현장 교사와 교대 학생 간의 멘토링 사례 연구」, 『교육과학연구』,
12권 2호, 2010, pp. 279-309.

변순용(2005), 「철학, 철학학 그리고 철학함」, 『철학과 현실』, 67권, pp. 98-
109.

이강조역(2009), 『철학교과서 I - 학문론』, 서광사.

이광래 외(2011), 『마음, 철학으로 치료한다』, 지와사랑.

이기상 외역(2008), M. Heidegger, 『강연과 논문』, 이학사.

이재영 역(2006), C. J. Vamvacas, 『철학의 탄생』, 알마.

진교훈(1982), 『철학적 인간학』, 경문사.

한국직업능력개발원, 『대학에서의 직업교육 활성화를 위한 멘토링 시스템

　　모형 개발』, 2002.

홍병선외(2011), 『인문학 교육 실태 분석 및 진흥 방안 연구』, 한국교총

　　한국교육정책연구소.

Pieper, A.(1991), Einfuehrung in die Ethik, Tuebingen, Francke.

10장 힘의 논리와 진실의 논리
- 악의 평범성과 밀그램 실험 이야기

변순용, 『삶의 실천윤리적 물음들』(서울: 울력, 2014).

변순용, 『책임의 윤리학』(서울: 철학과현실사, 2007).

연성진, 안성훈(2014), 『검찰 수사 중 피조사자의 자살 발생원인 및

　　대책연구』(서울: 한국형사정책연구원 연구총서 14-AB-09, 2014).

Weischedel, W., Der Mut zur Verantwortung, (Stuttgart, 1946).

French, P. (ed.), Individual and Collective Responsibility, (Vermont:

　　Schenkman Books Inc., 1998).

Arendt, H., 김선욱 역, 『예루살렘의 아이히만』(서울: 한길사, 2006).

Milgram, S., 정태연 역, 『권위에 대한 복종』(서울: 에코리브르, 2009).

Plato, 박종현 역(2006), 『국가』(서울: 서광사, 2006).

변순용(2016), "책임지지 않는 사회에 대한 고찰", 『환경철학』, 21집(서울:

　　한국환경철학회, 2016).

임성진(2011), "트라시마코스 정의 규정의 일관성 고찰", 『철학사상』,

  41(서울: 서울대 철학사상연구소, 2011).

조나영(2016), "한나 아렌트의 예루살렘의 아이히만", 『한국여성신학』,

  84(서울: 한국여신자협의회, 2016).

11장   공간이란 무엇인가?

변순용, 『삶의 실천윤리적 물음들』(서울: 울력, 2004).

Binswanger, L. Grundformen und Erkenntnis menschlichen Daseins(Zuerich: Munich/Basle, 1942).

Bollnow, O. F., Mensch und Raum,(Stuttgart: Kohlhammer GmbH, 1963, zit. 71994).

바슐라르, G., 『공간의 시학』, 곽광수 역(서울: 동문선, 2003).

하이데거, M., 『강연과 논문』, 이기상외 역(서울: 이학사, 2008).

볼노프, O. F., 『인간학적 교육학』, 한상진 역(서울: 양서원, 2006).

강순, "볼노우의 인간학적 공간론에 있어서의 '거주'의 의미", 『하이데거 연구』, 제16집(서울: 한국하이데거학회, 2007).

김재철, "공간과 거주의 현상학", 『철학논총』, 56집 제2권(서울: 새한철학회, 2009).

Anderson, Richard J., "Marxism and Secular Faith", American Political Science Review, 79-3(September, 1965).

Lewin, K., "Der Richtungsbegriff in der Psychologie. Der spezielle und allgemeine hodologische Raum", Psychologische Forschung, Bd. 19(1934).

Straus, E., "Formen des Raeumlichen. Ihre Bedeutung fuer die Motorik

und die Wahrnehmung", in: Psychologie der menschlichen Welt,

Gesammelte Schriften,(Berlin, Goettingen, Heidelberg: SpringerVerlag,

1960).

12장 철학교육의 방법

변순용(2014), 「삶의 실천윤리적 물음들」, 서울: 울력.

이브 미쇼 외, 강주현 역(2003), 「문화란 무엇인가 1」, 서울: 시공사.

S. J. Lopez(ed.), 권석만 외역(2011), 「인간의 강점 발견하기」, 서울: 학지사

R. Descartes, 김진욱 역(2002, 22014), 「방법서설」, 서울: 범우사.

J. Rohbeck, 변순용 역(2016), 「철학·도덕 교육의 교수법」, 서울: 어문학사.

Heel, Georg Wilhelm Friedrich, "Ueber den Vortrag der philosphischen

Vorbereitungswissenschaften auf Gymnasien. Aus einem

Brief vom 23. Oktober 1812 an den Koenigl. Bayerischen

Oberschulrat Immanuel Niethammer", in: Hegel, Saemtliche

Werke(Jubilaeumsausgabe), hg. v. Hermann Glockner, Bd. III,

Stuttgart 1949, (Anm. 4), p. 310.

Heidegger, Martin(1926, 199317), Sein und Zeit, Max Neimeyer Verlag,

Tuebingen.

Hoffmeister, Johannes (Hg.), Dokumente zu Hegels Entwicklung, Stuttgart

1936.

Kant, Immanuel(1968a), "Nachricht von der Einrichtung seiner Vorlesungen

in dem Winterhalbjahre von 1765-1766", in: Kants Werke.

Akademie Textausgabe, Bd. II, Berlin 1968.

Kant, Immanuel(1968b), "Ueber Paedagogik", in: Kants Werke. Akademie
Textausgabe, Bd. IX, Berlin 1968.

Ryan, K. & Bohlin, K.E.(1999): Building character in schools: Practical
ways to bring moral instruction to life, San Francisco, Jossey-
Bass Publishers.

14장 틈의 미학과 바보 같음에 대하여

1. 레비나스의 주요 저작 색인

AQE   Autrement qu'être ou au-delà de l'essence, La Haye 21978.

AQS   Autrement que savoir: Emmanuel Lévinas, Paris 1988.

AV   L'au-delà du verset, Paris 1982.

CNI   La conscience non intentionelle, in: F. Poirié, Emmanuel Lévinas,
Lyon 1987.

DEHH   En découvrant l'existence avec Husserl et Heidegger, Paris 1949,
41982

DL   Difficile liberté. Essai sur le judaisme, Paris 21986.

DD   De dieu qui vient à L'idée, Paris 1982, 21986.

EE   De l'existence à l'existant, Paris 1947, 31981.

EI   Ethique et infini, Paris 1982.

HAH   Humanismus de l'autre homme, Paris 1972.

HN   A l'heure des nations, Paris 1988.

HS   Hors sujet, Paris 1987.

NP Noms propres, Paris 1975.

SA Die Spur des Anderen-Untersuchungen zur Phänomenologie und

    Sozialphilosophie, Freiburg/München 1983, übers. und hrsg. von

    W. N. Krewani.

SAS Du sacré au saint. Cinq nouvelles lectures talmudiques, Paris

    1977.

TA Le temps et l'autre, Montpellier 1979.

TI Totalité et infini. Essai sur l'exteriorité, La Haye 71980.

TEL Transcendence et intelligibilité, Genf 1984.

    Entre nous. Essais sur le penser à l'autre, Paris 1991.

    Theorie de l'intuition dans la phénomenologie de Husserl, Paris

    1930, 41978.

    De l'evasion, Paris 1935.

    Quatre leçons talmudique, Paris 1968.

    Sur Maurice Blanchot, Paris 1975.

2. 관련 문헌

Desccombes, Vincent, Raulff Ulrich (Hrsg.): Das Selbe und das Andere:

    Fünfundvierzig Jahre Philosophie in Frankreich, Frankfurt a. M.

    1981.

Esterbauer, Reinhold: Transzendenz-"Relation", Wien 1992.

Freyer, T. & Schenk, R.(Hrsg.): Emmauel Levinas - Fragen an die Moderne,

    Wien 1966.

Funk, Rudolf: Sparche und Transzendenz im Denken von E. Lévinas,

　　　Freiburg/ München 1988.

Heidegger, Martin: Sein und Zeit, Tübingen 171993.

Krewani, W. N.: Emmanuel Lévinas: Denker des Anderen, Freiburg/

　　　München 1992.

Huizing, Klaus: Das Sein und der Andere : Lévinas' Auseinandersetzung

　　　mit Heidegger, Frankfurt a. M. 1988.

Llewelyn, John: Emmanuel Levinas : the genealogy of ethics, London/ N.Y.

　　　1995.

Mayer, M. & Hentschel, M. (Hrsg.): Parabel : Levinas. Zur Möglichkeit

　　　einer prophetischen Philosophie, Gießen 1990.

Strasser, Stephan: Jenseits von Sein und Zeit : Eine Einführung in E.

　　　Lenias' Philosophie, Den Haag 1978.

Taureck, Bernhard: Lévinas : zur Einführung, Hamburg 1991.

Wiemer, Thomas: Die Passion des Sagens. Zur Deutung der Sprache bei

　　　E. Lévinas und ihrer Realisierung im philosophischen Diskurs,

　　　Freiburg/München 1988.

개정증보판

삶과 철학 이야기

초판 1쇄 발행일 2021년 08월 27일
지은이 변순용
펴낸이 박영희
편집 박은지
디자인 어진이
마케팅 김유미
인쇄·제본 제삼인쇄
펴낸곳 도서출판 어문학사

　　　　서울특별시 도봉구 해등로 357 나너울카운티 1층
　　　　대표전화: 02-998-0094 / 편집부1: 02-998-2267, 편집부2: 02-998-2269
　　　　홈페이지: www.amhbook.com
　　　　트위터: @with_amhbook
　　　　페이스북: www.facebook.com/amhbook
　　　　블로그: 네이버 http://blog.naver.com/amhbook
　　　　　　　다음 http://blog.daum.net/amhbook
　　　　e-mail: am@amhbook.com
　　　　등록: 2004년 7월 26일 제2009-2호

ISBN 978-89-6184-978-4(03100)
정가 16,000원